爸爸豐子愷

豐一吟 著

中国青年出版社

（京）新登字 083 号

图书在版编目（CIP）数据

爸爸丰子恺 / 丰一吟著. —北京：中国青年出版社，2015．3
ISBN 978-7-5153-3160-7

Ⅰ．①爸… Ⅱ．①丰… Ⅲ．①丰子恺（1898～1975）—传记 Ⅳ．①K825.72

中国版本图书馆 CIP 数据核字（2015）第 039164 号

爸爸丰子恺

丰一吟 / 著

责任编辑	申永霞
原版编辑	李佼佼
装帧设计	后声文化
出版发行	中国青年出版社
社　　址	北京东四 12 条 21 号
邮政编码	100708
网　　址	www.cyp.com.cn
编辑部电话	（010）57350501
门市部电话	（010）57350370
印　　制	北京科信印刷有限公司
规　　格	880×1230　1/32
印　　张	15.5
字　　数	350 千字
版　　次	2015 年 8 月北京第 1 版　2018 年 8 月第 2 次印刷
定　　价	76.00 元

※ 本书如有印装质量问题，请凭购书发票与质检部联系调换　　联系电话：（010）57350377

一九三四年爸爸在缘缘堂廊下读书
他对诗词的酷爱,已到了难以用笔墨形容的地步。他晚年曾说他死后只有一样东西舍不得抛弃,那就是诗词。

一九三七年春爸爸在缘缘堂二楼书房。

抗日战争时期爸爸在武汉着中山装留长须照。

一九五五年爸爸在莫干山芦花荡公园留影。

一九六二年爸爸在金华大桥上。

"饮酒看书四十秋,功名富贵不须求,粗茶淡饭岁悠悠。"爸爸作于日月楼。

"切勿诉苦闷,寂寞便是福。"
"文革"时爸爸寄给幼子新枚的诗句。

一九七五年爸爸最后一次回故乡。

一九七五年九月,爸爸在本子上画了一些不成形状的图形,成为他留给世人的绝笔。

目 录

序 言

第一章 缘缘堂

爸爸总是有胡子的 /008

家里分两派 /010

李家大妈 /012

接待寺 /015

十二年住十三处 /018

六年"华屋" /024

一天之内改变了称呼 /034

缘缘堂的夏天 /036

我也住过"行宫" /040

弟子鲍慧和 /043

丰同裕染坊 /046

满娘 /049

第二章 沙坪小屋

一天之内石门顿成死市 /056

宁为流亡者 不当亡国奴 /060

晒太阳,"偷"萝卜 /076

决心去长沙 /084

到萍乡被挽留住了 /092

以五寸不烂之笔抗敌 /099

《护生画集》/107

从长沙到桂林 /111

独秀峰前谈艺术 /113

崇德书店 /117

"一只新枚酒一杯" /120

泮塘岭村居 /126

宜山用警报欢迎我们 /132

"艺术的逃难" /140

都匀一月 /150

遵义罗庄 /153

课儿 /157

星汉楼 /164

我家第一桩喜事 /171

遵义的往事纪实 /175

沙滩上的惨事 /178

贵州访旧 /181

逃难最后一站——重庆 /184

风生书店 /189

刘家坟 /191

沙坪小屋 /193

京剧迷 /196

重庆时期的交游 /199

外婆永远离开了我们 /206

终于胜利了 /208

第三章　湖畔小屋

比逃难还辛苦 /218

终于踏上了江南的土地 /224

湖畔小屋 /228

京剧缘 /234

弟子胡治均 /239

在台湾五十六天 /244

南国之行 /250

第四章　日月楼（上）

共和国诞生 /260

苦学俄文 /263

日月楼中日月长 /267

耳目一新 /273

外公纸 /291

阿咪 /295

白头今又译"红楼" /297

我家第一台电视机 /299

困难时期 /301

日月楼鼎盛时期 /303

有朋自远方来 /310

第五章 日月楼（下）

当时只道是寻常 /318

终于向《阿咪》开炮了 /320

"说明他们已束手无策" /322

她竟在偷听 /325

风卷落花愁 /327

"打倒丰一吟！" /329

半夜敲门 /333

好像在搞地下活动 /335

"日月楼"只剩一半了 /337

护生画集出事了 /341

烧《护生画集》 /347

两次抄家 /350

无穷尽的批斗 /354

运交华盖欲何求 /361

串联和外调 /365

"隔离审查" /368

狂妄之至！ /374

我们呢？ /376

一对可怜的青梅竹马 /378

日月楼中的邻居 /384

欲加之罪 何患无辞 /389

枕边雪和半盆水 /393

"未须寂寞养残生" /399

"寂寞便是福" /405

"地下活动" /410

千呼万唤始出来 /419

最忆是杭州 /425

旷世巨著《护生画集》 /436

卷土重来 /442

少小离家老大回 /446

暂时脱离人世 /455

第六章 重回缘缘堂

向爸爸道别 /462

重见天日 /467

妈妈也走了 /469

重建缘缘堂 /472

爸爸魂归故里 /474

潇洒风神永忆渠 /478

我与爸爸

序 言

爸爸如果在世，今年一百一十五岁了！

我曾为他写过两本传记。这已是第三本。一本比一本写得畅所欲言。遗憾的是，我一年比一年老，记性一年比一年差。看了前面写的传记，有些内容如今已经依稀仿佛了，幸亏当时写了下来。

有鉴于此，我写这本传记一定要把自己记得的事一点不漏地写下来。否则就会随着我的身躯进入黄泉。不能让后人知道，岂不可惜！

正因为如此，有关父亲晚年的事我多写了一些，因为那时的某些事，只有我一个人知道啊！一吐为快，从此我不必再提这伤心的往事了。

第一本《丰子恺传》是浙江人民出版社于一九八二年二月出版的。由六人合作写：丰一吟，潘文彦，胡治均，丰陈宝，丰宛音，丰元草。人名的先后次序本来是按照所写的章节次序，只是临时出版社把我的名字移到了最前面，惭愧。这本传记连插图也只有十二万字。

人生无常。这六个人中，胡治均先生和二姐丰宛音已于二零零五、二零零七年谢世。如今，大姐丰陈宝和二哥丰元草也已进入耄耋之年。

第二本《潇洒风神——我的父亲丰子恺》是华东师范大学出版社于一九九八年十月出版的。我一人写。后由团结出版社于二零零七年一月重新出版,改名《我的父亲丰子恺》。二十六万字。

写这第三本传记,起初我不愿定下交哪家出版社,这样,我可以写写停停,自由自在。也记不起是哪年开始动笔的。应该是十年前就开始写的吧。

后来,为了赶在爸爸诞辰一百一十周年出版,我就紧张起来。那段时间晚上一躺下去,想的就是这传记的内容,有时想到失眠的程度。每想起一个必须加入的内容,连忙记下。床头常备纸笔,暗中摸黑写下备忘。甚至半夜醒来,也会如此。这段时期好比一块大石头压在身上,日子难过啊!我当时毕竟已是八十高龄了。

写《潇洒风神》时,我只花了八个多月,赶上了爸爸诞生一百周年。如今却是老牛破车,幸而能赶在爸爸诞生一百一十周年前完成,自己觉得已经不错了。这本书先由百花文艺出版社于二零零八年出版,而今适逢爸爸诞辰一百一十五周年，交中国青年出版社重新出版。

《潇洒风神》与《我和爸爸丰子恺》除了历史上的事实必然同样介绍外，写的角度完全不一样。前者较全面地提到爸爸的作品，也介绍了他的艺术观；后者则较多叙述生活上的事。这两本书是"姊妹篇"。

有两点需要说明：第一，我对爸爸的交友缺少关心，所以在两本传记里都提得很少，只得有劳从事"丰子恺研究"的专家另外撰文补充。第二，我虽知道得不多，但我所写的必是事实，绝不假造（除非记错）。

我曾说过：写完了《潇洒风神》，编好了爸爸的文集（其实几乎是全集），再编好了他的漫画全集，好比三块大石头从我身上落了下来，让我松了一口气。后来却又来了三块大石头。这第一块《我和爸爸丰子恺》已经落地，但是文（全）集和漫画全集都已收集到了不少新资料，应该再作补充。以前与我"并肩作战"的大姐早已声称要退出"战场"，只能当我的顾问了。幸而余下的两块石头不算很大，因为毕竟已出版过，有了基础，而不是从无到有。我年事虽高，可以慢慢做。做爸爸的事，我义不容辞，鞠躬尽瘁,死而后已。

《潇洒风神》出版时,爸爸还躺在骨灰盒里。这本《我和爸爸丰子恺》出版时,爸爸的骨灰已入土为安,和妈妈一起葬在家乡的五人墓里了。五人者,爸妈和爸爸的三姐丰满、妹妹雪雪、妹夫蒋茂春也。

我写这部传记时,也像写以前的传记时一样请教了许许多多亲友,在此一并致谢!

丰一吟 二零零八年八月于上海

二零一三年十月略加修订

第一章　缘缘堂

爸爸总是有胡子的

"小阿倌,给我到新房子里去拾点发火柴来!"李家大妈递给我一只小篮子。我欣然应命,接过小篮子,踮着一双幼小的脚,噔噔噔噔地出后门,穿过梅纱弄,往正在建造的新房子里去拾刨花了——这是我关于缘缘堂最早的记忆。那一年,我虚龄五岁。以前的事,就依稀仿佛了。

所谓"新房子",指的是"缘缘堂"。

一九三二年末缘缘堂开始施工时,爸爸虚龄三十五岁。爸爸出生于一八九八年农历九月廿六日,公历十一月九日。在造缘缘堂以前,爸爸带着一大家子东迁西搬,用开明书店送的一支红色派克钢笔,写出了二十多本书。一九三二年,他总算在养家糊口之余,攒够了为自家筑一个安乐窝的钱。一九三三年春,缘缘堂落成。

爸爸的老师和皈依师——李叔同弘一大师,在一九二六年时就为爸爸的住处取好了"缘缘堂"的名称,是弘一大师在上海立达学园永义里丰家宿舍里释迦牟尼像前叫爸爸拿了两次阄所得的结果。可那个"缘缘堂"指的是永义里的宿舍。后来"缘缘堂"这名称一直随着爸爸的搬迁而转移。直到六年后,爸爸方始在自己的故乡浙江省石门镇有了自建的这个缘缘堂。(石门镇当时属于崇德县,现在属于桐乡市。)

那时的爸爸,已经长着胡子。不仅嘴唇上有髭,下巴也留着长长的胡须。他在心情悠闲时,常用手捋捋胡须,好像在自我欣赏。我从未见过没胡须的爸爸。所以,后来我看到爸爸没长胡须时的照片,总以为那是我叔叔。其实，我虽然有两个叔叔，却都夭折了。

听说爸爸的胡须是在我祖母去世后开始留的。按当时习惯，服丧期间不可理发。爸爸从此就开始蓄须，那是一九三零年的事。如果现在我看到一个三十三岁的人蓄须，一定会感到这人老气横秋。可是爸爸留胡须，丝毫没有留给我这种感觉，反而觉得他潇洒得很。

祖母死后，按当时习惯，在开吊、出丧期间，作为唯一一个"孝子"的爸爸必须穿麻衣，还要在麻冠前面挂两个棉花球，表示悲伤得要塞住双眼，什么都不想看了；两侧挂两个棉花球，表示悲伤得要塞住双耳，什么都不想听了。实际上这都是形式主义，哪有人真的塞起来的！这种丧服引起爸爸的反感，他坚决不穿。族中的长辈表示一定要穿，才算孝顺。爸爸为了彻底反抗，把别人为他准备好的麻冠麻衣裁成了数片。族中人拗不过他，只得让他和大家一样，只穿一件白衣服了事。

家里分两派

我长大后,一直在爸爸身边。人家都以为我小时候也一样。其实不然。爸爸经常带我姐姐哥哥到杭州去;我和二哥留在家里与妈妈一起生活。所以我小时候接触爸爸的时间较少。爸爸带兄姐们去杭州是为了让他们上中学;我和二哥当时还在念小学,留在镇上就行。

每逢寒暑假他们回来的时候,我看到长着胡须、戴着墨镜、手持"斯的克"(手杖)的爸爸,并无亲热之感。虽然爸爸和姐姐哥哥们有说有笑,但在我看来,爸爸永远是严肃的,而且,爸爸是属于姐姐哥哥他们的。多子女家庭的孩子,可能或多或少体会过这种滋味。爸爸在物质上对我们没有偏爱,但在父爱上就很难说他公平了。

据说一九二九年农历三月廿七日妈妈生我时,肚子疼了两天。大概因为我生出来时大头大脑,所以困难。妈妈看见我五官太大,就说:"啊也,难看得来!"当时对我不屑一顾。

照例请外公起名。外公也觉得孩子生得太多了,就取了一个名字叫"一宁",意思是"得一以宁"叫爸妈他们生了这一个不可再生,免得烦恼。你们想,我在家里怎么可能受到重视呢。不过,妈妈总是妈妈,她还是分给我母爱。即使在添了弟弟以后,她给我的母爱,也仍然是很平等的。随着我年龄的增长,尤其是兄姐们都离开父母以后,妈妈分给我的爱就越来越多了。我始终没有离开过妈妈,直到她的最后。

爸爸和妈妈在我们家里好像是两派。三个姐姐和大哥(老四)

是爸爸一派的；我和二哥是妈妈一派的。之所以形成两派的局面，前面说过，主要是因为我和二哥一直留在妈妈身边读小学，而别的兄姐跟着爸爸去杭州读中学。但是两派的"头头"很团结，妈妈绝对服从爸爸。

李家大妈

我们的妈妈从来没有奶水,我们几个孩子不是请奶妈来家,就是"奶出去"。我的兄姐们大都把奶妈请进来,只有我这个多余的人是奶出去的,奶给一个叫陈家娘娘的人。她把我带回家,养到一周岁差两个多月的某一天,她抱着我从她乡下六塔村来到镇上,刚跨进我家(老屋惇德堂)的门,里边全家放声大哭,原来正逢久病的祖母断气。陈家娘娘连忙跪下,代襁褓中的我送终。据说这对她是不吉利的。后来陈家娘娘的腿瘸了,人们就归咎于这一次碰到了"晦气"的事。我长大后,一直和陈家娘娘保持联系。陈家娘娘死后,甚至我的奶兄弟死后,我还和陈家娘娘的媳妇保持联系。

我不吃奶以后,陈家娘娘就把我送回家。这时候我家有一个女工叫李家大妈,据说是我祖母的陪嫁丫头。妈妈就把我交给李家大妈管,一直管到一九三七年我家逃难的那年,那时我虚龄九岁。

当时在我看来,李家大妈比妈妈还亲,比爸爸更亲。我和她睡在一起。冬天她给我暖被窝;夏天她给我扇扇子,唱眠儿歌。唱到她打瞌睡,停下扇子不再唱歌时,我总是叫醒她:"扇呀!唱呀!"现在想起来有点残酷。她一天家务做下来,一定很疲劳,我却只顾自己舒服。

刚搬进缘缘堂的那年,我实足才四岁。据爸爸在《标题音乐》一文中说,那一年我和李家大妈之间有过一段精彩的对话。我问李家大妈雨是从哪里落下来的,她说是"天上菩萨"落下来的。我又问她是否天上菩萨面盆里倒出来的,她说"对的",还夸我聪明。可是当我问

《眠儿歌》，画中的孩子就是我

她面盆在哪里时，她却责备我不该要面盆来玩水，说弄湿了衣服姆妈要骂的。由于她误解了我，我委屈得号啕大哭。爸爸那时正在楼下西间的书房里，我和李家大妈对话的全部内容他都听见，爸爸理解我哭的意义，他从我的哭声中悟到了：这就是"标题音乐"。

关于这段对话，我自己不记得了。我小时候是不受人注意的，爸爸在文章里提到我姐姐哥哥不止一次，而写我小时候的只有这一篇。虽然只有这一篇，却是专门写我的，我感到不胜荣幸。这篇文章于同年（一九三三）八月一日发表在《文学》月刊上。

我对李家大妈的感情甚至到了护短的程度。记得有一次她坐在扶梯间里做针线，看见桌上放着我二姐玩儿用的一盒珠子，五颜六色的，实在好看，她便"偷"了几颗放到旁边的针线盒里，偏偏被二姐从楼上望下来看见了。二姐没有骂她，只是趁她不在时，悄悄地把珠子放回了自己的盒子里。这一切我都看在眼里，我竟袒护李家大妈，趁二姐不见，又把珠子送回到李家大妈的针线盒里。

说起"偷"东西，还有一件可笑的事。管我大姐的那个保姆有一次真偷了东西，被妈妈发现。妈妈是个善良不过的主母。她悄悄地把东西拿了回来，没有追究她。谁知那保姆发现后，反而埋怨妈妈说："我拿了来，你又拿了去！"

她是绍兴人，是用绍兴口音说的，把"拿"说成"duo"（夺）的音，所以更显得可笑。妈妈对此竟无可奈何，只是作为笑料讲给我们听。偷主人家东西当然是不好的行为。不过当时的保姆只是拿一点生活用品。她们心里可能会想："你们家有那么大的房子，那么多东西。我家却一无所有。"

于是看见了自己合用的东西，就拿了一点。就这么一点，你还舍不得，要拿回去！我对这个保姆倒同情起来了。

接待寺

我虚龄五岁时就被送进小学一年级。石门镇上有一所初级小学,设在一座叫接待寺(为接待南宋皇家的人而造)的庙宇楼上。我们每天经过菩萨面前上楼去念书。楼上只有一个很大很大的房间,放着四排课桌椅,由里向外:第一排,一年级;第二排,二年级;第三排,三年级;第四排,四年级。只有一个校长兼老师,叫丰铭,字云滨,排行第五,是我们的族亲,所以我们叫他五爹爹。五爹爹的祖父和我祖父的祖父是亲兄弟。在爸爸的随笔中,有一篇以"五爹爹"为题,专门写他的身世。

现在回想起来,五爹爹的本事真大,从一年级到四年级,全部由他一人教。他教一个年级时,另外三个年级就没事,可以随便哇啦哇啦乱吵乱叫,真亏了五爹爹!

五爹爹自己的孙女丰明珍比我小一岁,也在这学校里念书,和我坐在一条板凳上。每到放学的时候,大家必须端坐在自己位置上,谁乖就让谁先回家。女生总是乖一点。而在女生中,我和明珍总是最先被点名回家。这里就难免有五爹爹的私心了。明珍是他家的人;而我呢,祖父丰鐄是举人老爷,我父亲是石门唯一一个从日本回来的,何况在那时已经出名,他认为当然应该照顾我。

"一吟!明珍!"一声令下,我和明珍马上背了书包高高兴兴地回家。这情景至今犹历历在目。我们称明珍为"ao 明"。这个 ao 念上声,意思是"小"。在石门话里"咬"的读音就是"ao"。所以爸爸后来写信给我弟媳"ao 毛"(她的乳名,就是"小毛头"的意思)时,称她为"咬毛"。

"文革"中为了忌讳，改成了"好毛"或"好猫"。读者如果去我们家乡石门镇，到处都可听见"ao"什么、"ao"什么地呼唤人。

说起五爹爹，我的名字还是他改的呢。我出生后，外公为我取的名字原是"一宁"；但我进了小学，五爹爹在写我的名字时把一宁错写成了一吟（石门话"宁""吟"同音），从此我就成了丰一吟。人家都说我的名字风雅，还以为是我爸爸取的，其实不是。五爹爹之所以误写为吟，大概他以为丰家是诗书礼仪之家，名字应该也是这么风雅的吧。

我虽然拥有了这么风雅的一个名字，却是一个爱睡懒觉的糊涂虫。记得有一天我很迟才起身，妈妈忙着家务，顾不得我。我胡乱喝了几口粥，背了书包就去上学。走完下西弄，向左拐到寺弄口，接待寺的大门就在眼前了。谁知门口拥出一大批同学来。

"今天怎么了？你们都到哪里去？去做什么？"我问。

"你到哪里去？你去做什么？"他们反过来问我。

"上学呀！"

"哈哈哈……"同学们大笑起来。"都放饭学了，你睡昏了，还以为是早晨！哈哈哈……快调头回家去吃中饭吧！哈哈哈……"

我脸红了，只好快快地转回家去。

回到家里，妈妈竟然什么也没有发觉。我小时候就是这样自生自长。

在接待寺期间，我曾随父母去杭州，住在皇亲巷六号。爸爸让我插班进了宝极观小学二年级下学期。后来又回到接待寺来读。（直到读完"初小"，也就是读完四年级。）我自认为是省城读过书的，有点骄傲。回到接待寺小学里，看见同学们的课本，拿起来就高声朗读，以显示我的才能。谁知偏偏念错了字，引起哄堂大笑。

后来接待寺小学里请来了一位新教师，名叫丰桂，又名丰蓉赓，是我的一个远房堂姐。我叫她蓉哥哥（当时通行女的也按男的称呼）。

后来我们从事"丰研"工作时靠众亲友的回忆设计了一张家谱图（请表兄马传先绘成），才知道我祖父的祖父和蓉哥哥祖父的祖父是亲兄弟。所以蓉哥哥是我的堂姐，又是我的老师。

在接待寺小学的那几年，给我留下深刻的印象。尤其是和同学们趴在窗外的瓦片上看远处广场戏台上的京剧（那时称"平剧"，因为当时京城在南京，北京被称为北平）或杂技歌舞表演，那才有劲!

记得有一次，不知从哪里来了一个表演歌舞的班子。有一个节目是一排姑娘裸着大腿跳舞。一排人的大腿一起往前踢起来，忽左忽右，望过去只见一排排肉腿晃动，煞是好看。五爹爹竟看呆了。过后他对蓉哥哥说：

"你能把台上那种表演教给学生吗？"

蓉哥哥笑笑，不知该说些什么好。

当时的小学语文教科书具体读些什么，我记不起来。只记得爸爸曾说：有一次他经过某小学，听见里面朗朗读书声，孩子们正在众口一词地高声朗读："我每天大便一次! 我每天大便一次!……"语文里还夹着生理卫生的内容，真有趣。料想我当时读的也有这类内容吧!

我还记得一个情节。有一回，我和男同学们一起在接待寺前的广场上看戏。有一个男同学不小心把旁边一个不认识的男孩推了一下，那男孩倒在石板上，头部大出血。我们都跟着肇事人慌张逃往自己学校楼下。肇事人叫其他的男同学们不要出卖他，他们都答应，他又指指我，我竟也答应了，而且自以为做了一件很讲"义气"的事。

我小时候就是这么傻!

十二年住十三处

我家搬进缘缘堂以前的情况,我都是事后了解的。

以造缘缘堂为界限,家中经济情况才开始好转。爸爸是杭州的浙江省立第一师范学校一九一九年的毕业生。他在学校里受到李叔同(即弘一法师)和夏丏尊两位老师的教育,提高了自己的美术、音乐和文学的修养,也向两位老师学会了日文。

爸爸一九一九年在浙一师念书尚未毕业时,于"花朝"日(农历二月十二日)奉母命回乡与崇德县城的望族徐芮荪家的长女徐力民结婚。一九一九年从浙一师毕业后,起初到吴梦非、刘质平两位高班同学创办的上海专科师范学校任教美术,同时在东亚体育学校兼职。因为不满足于自己已有的知识,爸爸依靠亲友的馈赠和借贷,于一九二一年早春去日本游学了十个月,把自己的头脑像装罐头食物那样装满了种种知识,并学了种种外语。两千块钱用完了,只得回来。爸爸去日本前,一九二零年妈妈已生下我大姐丰陈宝。次年又生下我二姐丰林先(后改名丰宛音)。所以爸爸回国后,负担已加重。他仍然在上海专科师范任教。估计这时他住的还是师范学校的宿舍。同时,爸爸又在上海郊区吴淞中国公学兼课,同事有舒新城(该校主任)、沈仲九、孙俍工、陈兼善、匡互生、周为群、陶载良、常乃德、张作人、朱光潜、朱自清等诸先生。还有学生吴朗西、陈瑜清等。

日本回来后的十二年间,为了维持越来越庞大的家庭成员的生活,爸爸到处教美术音乐,有时住宿舍,有时住租屋,有时回故乡住。我统计一下,共有十三处之多。

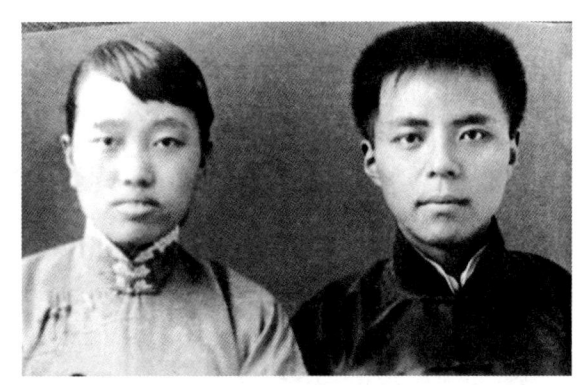

爸爸妈妈刚结婚时

一九二二年,他把家人接出来,住在三在里一百一十四弄的租屋里。据说三在里以前叫静修路,今叫蓬莱路。

一九二二年秋至一九二五年初,爸爸应夏丏尊先生之邀,在经子渊先生当校长的浙江上虞白马湖的春晖中学任教,住在自建的"小杨柳屋"里。这段时期很值得纪念。爸爸成为漫画家,就是从这里开始的。他在日本买到了竹久梦二的画册,对他的画风(他早期的作品)很感兴趣。加上受陈师曾等画家的影响,逐渐形成了自己的画风。(他用TK二字母代表"子恺",TK是英文发音子恺两字的头字母)

他在春晖中学认识了不少同事和外来演讲、考察的人,除了中国公学的老友匡互生、朱光潜、朱自清先生外,还有刘薰宇、刘叔琴、王任叔(巴人)、张同光、何香凝、蔡元培、黄炎培、张闻天、胡愈之、郭沫若、叶圣陶、陈望道、刘大白、杨元华、俞平伯、吴觉农、蒋梦麟、于右任、吴稚晖等诸先生。其中有不少人后来成了至交。一九二四年妈妈在小杨柳屋生下了我大哥丰华瞻。

一九一八年弘一法师入山修行之际与爸爸（右）合影留念。

一九二四至一九二五年的冬天，以匡互生先生为首的春晖不少教师（包括我爸爸），因不满意后来校方的教育主张，陆续离开春晖，到上海创办了自己理想中的立达中学。爸爸以七百余元卖去了白马湖畔自建的小杨柳屋，以充实办校经费。据爸爸回忆，那时他白天仍在上海南端小西门黄家阙路的上海专科师范工作，晚上赶到北端的虹口租屋里和大家一起做立达中学的筹备工作，深夜再赶回专科师范去住宿。

立达中学筹备完成时，专科师范已搬迁，就利用了专科师范的原校址开学。一九二五年夏，立达在上海北郊江湾自建校舍，改名为立达学园。从那时起，爸爸就率家属住进了立达学园附近的租屋。先后住过同安里、安乐里、乐盛里。到一九二六年四月四日，才得迁入立达自建的校舍永义里。

爸爸在立达的同仁，除了夏丏尊老师、匡互生、朱光潜、刘薰宇、陶载良、陈望道诸先生外，还有方光涛、陶元庆、夏衍、许杰、夏承法、裘梦痕、丁衍庸以及在日本就认识的黄涵秋先生等等。

由于爸爸一九二四所作《人散后，一钩新月天如水》一画使上海《文学周报》的主编郑振铎先生着了迷，后来《文学周报》为他出版了《子恺漫画》，这是爸爸最早的一本画册。

一九二五年三月，爸爸的第一本译作《苦闷的象征》问世；一九二五年十二月，出版了最早的音乐理论书《音乐的常识》；一九二八年四月，出版了第一本美术理论书《西洋美术史》；一九三一年一月，出版了第一本散文集《缘缘堂随笔》。就这样，一个文艺全才渐渐地脱颖而出。

一九三零年我祖母去世后，我家曾迁居嘉兴，住在杨柳湾金明寺弄四号。爸爸虽住嘉兴，也常去上海立达学园。

一九三二年一月二十八日淞沪战役中，立达学园校舍被毁，必须修缮。到秋天才能复课。那段时期，爸爸可能回石门了。石门的老屋惇德

立达学园文艺院图案系西洋画系全体在画室合影。(一九二六年六月,左二为爸爸)

堂一直为她的游子张开亲切的怀抱。不过这时已多了另一处更好的安身地——平屋。

平屋在老屋后面,隔一条煤沙弄。平屋的那块土地,据说是我祖母手里买下的。这块地上原有三开间坍圮的平屋,不能住人。据我妈妈回忆,一九一九年她嫁到惇德堂来,办喜酒时有两张八仙桌放不下,就放到平屋里去。后来,一九二五年以后,爸爸把平屋加以修缮,就开始住人了。应该说,爸爸第一次有自家的住屋不是缘缘堂,而是平屋;不过那是祖业,不全是他自己的。

不知为什么,可能是爸爸要去商量立达复校的校务吧,一九三二年的夏天,我家又到上海法租界拉都路(今永康路)雷米坊暂住。法租界的租金当然很贵,我们只租了一所洋房的三楼,住了一两个月就退租了。

爸爸以前在上海搬来搬去时,我还没出生或太小,一点印象也没有。但在雷米坊时,我却留下一个回忆:那时我老是坐在楼梯转角处旋铜板。爸爸客人很多,客人经过楼梯转角处,总是俯身说一句:"一吟,你又在旋铜板了?"那时我们能有什么玩具呢!一枚铜板就可以玩很久了。

离开雷米坊后,爸爸把家人送回石门,自己先住到重建的永义里校舍中(后来家人也去住过)。

在这十二年内,爸爸除了专科师范、春晖、立达以外,还在别的地方供职:上海城东女学、上海中国公学、还有宁波的第四中学和育德小学、上海大学、上海的澄衷中学、复旦实验中学、复旦大学、开明书店、松江女子中学等等。

在开明书店,除了叶圣陶、方光涛、钱君匋是熟人以外,又结识了一大批朋友:徐调孚、贾祖璋、顾均正、傅彬然、卢芷芬、周振甫、宋云彬、王伯祥、顾惠民、赵景深、唐锡光、宋易、金仲华、范寿康、范洗人、张沛霖、索非、章克标、章锡舟、周予同、成天昌、王统照、钟达轩、丁晓先、郭绍虞、胡伯垦、王知伊、朱达君、莫志恒等等,还有当过开明董事长的邵力子。

以上我几次都列举了爸爸的同事、朋友的姓名,其中有的人在我今天提到他们的名字时,模样就活龙活现地出现在我眼前。

十二年内住了十三处,爸爸的辛劳可想而知。为了养家糊口,他不得不东奔西走。但爸爸总希望有一个较理想而又稳定的住处安置家人,让自己在奔走辛劳之余也好有一个避风港。

六年"华屋"

一九三三年春，新屋缘缘堂落成了。

关于缘缘堂落成的年代，爸爸在《还我缘缘堂》一文（一九三八年作）中说"此堂成于中华民国二十二年"，也就是一九三三年。但在一九三七年九月一日爸爸为天津钟怀柔先生写的自传中，却有这样的话："三十五岁，即一九三二年秋，缘缘堂成，率妻及子女六人返乡，居之至今。"相差一年的文字中，所记载的缘缘堂落成年代也差了一年。孰是孰非，难以判断。我觉得爸爸写文犹如作漫画（而不是作工笔画），有时只记一个大概。这种情况我发现过不少。因此，我们只能推测为一九三二年秋开始建堂，一九三三年春落成。

拆了平屋改建缘缘堂的期间我们住到哪里去呢？我想，一定仍住老屋。这才有李家大妈叫我到新屋去拾发火柴的情节。

缘缘堂后面的三间平房，据说是用原来的平屋拆下来的材料建成的。平屋虽已被拆，也得交代一下情况。

爸爸对孩子有特殊的感情，修缮平屋时处处为孩子着想。据说平屋边的空地上有滑梯，有跷跷板，有沙坑，有跳高用的架子，可升降的。平屋的院内有竹子，有大树。那时在没有绿地的小镇上，私人住宅里置备这些设施，是绝无仅有的。所以亲友们的孩子都来玩，把它当做公园。

平屋的格式，有点像后来新建的缘缘堂后面的三间平房，我二哥丰元草是一九二七年平屋时期出生的。

爸爸造缘缘堂的动机，还是在我祖母钟云芳（一八六四～一九三零年）去世以前。爸爸虽有过两个弟弟，却相继夭折（我们都没见过）。解决住房的责任自然落到独子身上。何况爸爸那嫁在县城崇德(今崇福)的姑母丰澥红和嫁在湖州练市的二姐丰幼，常回家省亲，窄小的老屋如何容得下。那时爸爸开始有点积蓄了，便答应祖母造新房子。爸爸在《辞缘缘堂》一文（一九三九年）中有这样一段话：

> 我三十岁上送妻子回家奉母。老屋哺育了我们三代，伴了我的母亲数十年，这时候衰颓得很，门坍壁裂，渐渐表示无力再荫庇我们这许多人了。幸而我的生活渐渐富裕起来，每年多少有几叠钞票交送母亲。造屋这念头，有一天偷偷地从母亲心底里浮起来。邻家正在请木匠修窗，母亲借了他的六尺杆，同我两人到后面的空地里去测量一会，计议一会。回来的时候低声关照我："切勿对别人讲！"那时我血气方刚，率然地对母亲说："我们决计造！钱我有准备！"就把收入的预算历历数给她听。这是年轻人的作风，事业的失败往往由此，事业的速成也往往由此。然而老年人脚踏实地，如何肯冒险呢？六尺杆还了木匠，造屋的念头依旧沉淀在母亲的心底里。它不再浮起来。直到两年之后，母亲把这念头交付了我们而长逝。又三年之后，它方才成形具体，而实现在地上，这便是缘缘堂。

新屋造好后，其实爸爸自己住在这屋内的日子并不多，他总是忙忙碌碌地奔走于沪杭和石门之间。不过他把缘缘堂作为永久居住的一个巢。从沪杭回来，可以尝到"童仆欢迎、稚子候门"的情趣。所以他对缘缘堂要求很高，亲自设计，力求既美观又实用。他在《辞缘缘堂》一文中说：

缘缘堂构造用中国式，取其坚固坦白。形式用近世风，取其单纯明快。一切因袭、奢侈、烦琐、无谓的布置与装饰，一概不入。全体正直，（为了这点，工事中我曾费数百元拆造过，全镇传为奇谈。）高大，轩敞，明爽，具有深沉朴素之美。

所谓拆造，是这么一回事：那块地基是不规则形，南边比北边宽，建筑工人为了占尽地皮，把房子造成和地基一样，致使东面多了一块三角地。估计爸爸当时离开了石门几天，回来发现这一情况，哪里容得！东边的房间北窄南宽，如何摆放家具！这是艺术家绝对不能容许的。他认为，只有住正直的房子，才能涵养孩子们正直的天性。于是爸爸下命令：

"拆！拆了重造！"

据说工人们和看热闹的乡里们都惊呆了。砖墙都已砌好，甚至白粉也覆盖好了。窗框也已做上去，只是还没漆，还没配玻璃。

大家都劝爸爸："算了！斜一点有什么关系？多占一点地皮还不好吗！"

可是爸爸很坚决。他说：

"不行！我不能传一幢歪房子给子孙！"

于是众人商量如何纠正。终于决定雇人来把框架抬一抬正，斜的砖墙则推倒重来。去茶馆店一号召，马上来了很多人。举人老爷的儿子艺术家丰子恺家造房子，本来就是一件轰动全镇的大事，谁都愿意帮忙，更何况每人可以得到两毛钱！

柱上捆了毛竹，众人肩上扛着毛竹，齐喊"一！二！三！"终于纠正过来。一共浪费了数百元，却换来了正直的缘缘堂。据说爸爸还特地叫上学的儿女们早点从学校赶回来参观这一"壮举"。那是为了让他们受教育吧。

主宅所占的地成了一个标准的长方形，东边多余的三角地也并没有放弃。缘缘堂的大门是向东开的。在三角地较宽的南端，设对外的朝东的大门和通院子的二门、大门二门之间铺一条通道，两旁各种一棵重瓣桃。在一九八五年重建缘缘堂时，这里被误种了两株广玉兰，将错就错到如今，广玉兰长得很茂盛，也就容纳了它。

据我二姐回忆，缘缘堂"上梁"这一天，按当地习惯做了许多"上梁馒头"。为纪念长眠地下的我的祖母，爸爸书写"春晖"二字，亲手刻成图章，用红色盖在每一个馒头上，送给前来看热闹的人们。

缘缘堂落成后，我们一家迁入时别提有多高兴！据说我们的姑婆和二姑妈也带了孩童仆从前来助兴，新屋里有专门留给她们的房间，新迁入时她们当然要来热闹一番。爸爸不仅姐弟情深，还想到了他姑妈，这是多么可贵的感情啊！

爸爸确实是一个感情丰富的人。在《辞缘缘堂》一文中，爸爸对破烂不堪的老屋也念念不忘。他说：

> 这是我父祖三代以来歌哭生聚的地方。直到民国二十二年缘缘堂成，我们才离开这老屋的怀抱。所以它给我的荫庇与印象，比缘缘堂深厚得多。虽然其高只及缘缘堂之半，其大不过缘缘堂的五分之一，其陋甚于缘缘堂的柴间，但在灰烬（吟按：指抗战时被焚毁）之后，我对它的悼惜比缘缘堂更深。因为这好比是老树的根，缘缘堂好比是树上的枝叶。枝叶虽然比根庞大而美观，却是从这根上生出来的。

爸爸不仅怀念我祖母，还对我祖父感到负疚。我祖父在老屋里住的是最好的"地板间"。爸爸描述说：

> 这地板间的窗前是一个小天井，天井里养着乌龟，我们喊它为"臭天井"。臭天井的旁边便是灶间。饭脚水常从灶间里飞出来，哺养臭天井里的乌龟。因此烟气、腥气、臭气，地板间里时有所闻。然而这是老屋里最精华的一处地方了。父亲在室时，我们小孩子是不敢轻易走进去的。我的父亲中了举人之后就丁艰（吟按：即丧母后守孝）。丁艰后科举就废。他的性情又廉洁而好静，一直闲居在老屋中。四十二岁上患肺病而命终在这地板间里。我九岁上便是这老屋里的一个孤儿了。缘缘堂落成后，我常常想：倘得像缘缘堂的柴间或磨子间那样的一个房间来供养我的父亲，也许他不致中年病肺而早逝。然而我不能供养他！每念及此，便觉缘缘堂的建造毫无意义，人生也毫无意义！

为了表示对老屋的怀念和感激，在新屋进二门面向院子的门楣上，爸爸不雕"克昌厥后""子孙益昌"等封建俗气的内容，而是按自己书写的手迹叫工人用凸出的字形刻了"欣及旧栖"四字。表示有了新屋不忘旧屋，欣喜之情及于老屋。缘缘堂主人的情怀毕竟与众不同。

缘缘堂主楼是三开间两层楼。每间又隔为前大后小的两间。楼上设有"两代姑母房"，专门用来接待归宁省亲的我姑婆和二姑妈。一直和我们住在一起的三姑妈丰满，除了为她母女准备一间居室外，还有专设的佛堂。主楼前后各有一个院子。前院是水泥地，花坛内种有爸爸喜欢的芭蕉和樱桃。他经常吟诵宋朝词人蒋捷《一剪梅》中的句子："红了樱桃，绿了芭蕉，流光容易把人抛。"所以特地种上这两样植物。芭蕉倒长得很好，樱桃却枯死了。记得有一次我放学回来，看见樱桃树上结满了樱桃。

"咦！我上学去时还没长呢？！"我十分惊讶。

爸爸笑起来，把一串串的樱桃摘下来叫大家吃。我这才知道是爸爸买来樱桃挂上去的。

后院比前院略扁，是泥地。葡萄棚下设有一架秋千，它给孩子们带来莫大的喜悦。

再后面就是以平屋拆造过来的建材造成的三间平房，供厨房间、磨子间、储藏室、工人居室等用途。东边的厨房间有一条走廊与主屋相通。三间平房后面偏西有一块扁长的地，也算是一个小天井吧。这小天井北端对外开了一道门，是缘缘堂的后门。西端搭了一个很小的房间。后门口的路叫做"大井头"。我们后来到"西竺庵"的学校读高小（即五、六年级）时都是走这后门的。

缘缘堂外围有一堵高墙，当地称为"包墙"。爸爸平时虽然喜欢和乡亲们接触，但在自己家里，却希望有一个独立的天地，

爸爸和我在缘缘堂花坛上，正在招呼先姐也来合影。

爸爸皈依时自刻的印章。

《俑》

不受外界干扰。

在给缘缘堂配置家具的事上，爸爸的见解也与众不同。人们一般都是以价值来判断家具的好否，爸爸却是以美观实用为准则。他亲自设计了，让木工特制。因此，家具与房屋很相配，都是中国风的，实用而又美观。爸爸上海的友人为祝贺他建造新屋，要买一个木雕的捧茶盘的黑人送他，叫他放在椅子旁边。爸爸婉言谢绝了。是啊，有的人以有人伺候为乐，而爸爸画了那么多同情劳动人民的漫画，会喜欢有一个人（哪怕是假的）终日捧着盘侍立在他身边吗！况且还是一个黑人，种族歧视！爸爸立志把缘缘堂及其内部设计成灵肉完全调和的艺术品。

一九八五年重建的缘缘堂，是按照原样造的。造好至今已二十多年。我回乡时总要去缘缘堂看看。虽然一九三三年初建至今已七十多年，但我并不觉得这式样陈腐。如果现在我能再住缘缘堂，还是会觉得很舒畅的。可想而知，七十多年前我们搬进缘缘堂，该有多高兴啊！

除了家具以外，爸爸对壁面的布置也做了精心安排。

楼下客堂中间的壁上挂上堂名。"缘缘堂"的堂名，是一九二六年弘一大师到江湾立达宿舍永义里来时给爸爸取的。在楼下大风琴旁释迦牟尼画像下的供桌上，弘一大师叫他在好几张小方纸上各写上一个自己喜欢而又可以互相搭配的字，团成小纸球，撒在供桌上。拿两次阄，拆开来都是"缘"字，于是寓所就命名为"缘缘堂"。

次年（一九二七年），爸爸在三十虚岁生日那天（农历九月二十六日），和我三姑妈丰满一起皈依了弘一大师，成为佛门弟子。

就在那一天，爸爸在弘一大师的指导下刻了一枚释迦趺坐莲台的印章，边款是"丁卯九月二十六日于三宝前发阿耨多罗三藐三菩提心竟，敬为弘一法师造此佛像 佛弟子丰婴行时年三十岁"。婴行是弘一大师那天为我爸爸取的法名。爸爸还为姑妈刻了一枚图章，刻弘一大师为她取的法名"梦忍"二字。边款文字为"丁卯九月廿六日在三宝前发菩提心竟为梦忍姊刻印 婴行 时年三十"。

且说,弘一大师在堂名决定后,就写了一纸横幅,爸爸把它装裱起来,以后这堂名就随着主人东迁西迁,直到一九三三年才有了这新屋。

如今新屋厅堂大了,就另请马一浮先生题了匾额。所以我看到的已是马先生的题字。

匾额下面挂的是吴昌硕的《红梅图》。两旁挂两副对联:弘一大师书写的和爸爸自己书写的。厅的两壁挂弘一大师书写的《大智度论·十喻赞》。书房里也挂了弘一大师写的法华经普门品集句的对联。

爸爸不仅把自己的住宅安排得美观大方,他甚至连缘缘堂门口的那条煤沙弄也要美化一下,把它改名为"梅纱弄"。当时镇政府对路名没什么规定,他要改就改了。缘缘堂的地址是梅纱弄八号。

对于这亲自设计的缘缘堂,爸爸十分心爱,他借用北宋王禹偁《黄冈竹楼记》中的话说:

彼齐云落星,高则高矣。井干丽谯,华则华矣。止于贮妓女,藏歌舞,非骚人之事,吾所不取。

缘缘堂的建筑费,只花了六千元。但爸爸却视为至宝。他说:"倘秦始皇要拿阿房宫来同我交换,石季伦愿把金谷园来和我对调,我绝不同意。"

我家在缘缘堂实际上住了五年还差一点,如果从一九三二年末动工开始算起,有六个"年头"。所以爸爸在逃难时所作的一首词中称它为"六年华屋"。

这"华屋"连电灯都没有,其实石门镇上那时已有发电厂,在运河对岸。晚上听得见发电的隆隆声。不过缘缘堂始终没有装电灯。那是因为供电只到晚上十点或十一点,而且没有小火表。爸爸就决定还是用他的"昏昏灯火"(火油灯)了。

有了缘缘堂,我家从此不必再东搬西迁,爸爸可以在这里定居下来了。他辞去了一些教职,在缘缘堂内尽情享受天伦之乐,饱览四时风光。这一时期,也是他创作的黄金时代,他著述中很多都留下了对这一时期的回忆与怀念。

我们孩子们,更是在这里度过了童年的黄金时代。记得我们曾在缘缘堂自编自导自演一些小戏。除了自家的姊妹以外,五爹爹的孙女我的小学同学丰明珍和我们的堂姐兼老师丰桂也参加在内。如果练市来了表姐,也必定一起演出。好不热闹!

虽然爸爸是佛教徒,但为了给家中添些欢乐气氛,每逢圣诞节爸爸总是给我们每人买一袋礼物,等我们睡着后放在我们枕边。第二天我们醒来,他就说是圣诞老人昨夜送来的。我当时信以为真。

缘缘堂时期的童年,值得我永远怀念!

一天之内改变了称呼

爸爸是个闲不住的人,又是个喜欢变换环境的人。一九三三年春缘缘堂落成后,有了这么一座称心的房子,按理说他会久居常住。可是,次年他就到杭州去租了屋,戏称为"行宫"。每年春秋都在杭州住,冬夏才回到石门的缘缘堂。

爸爸在杭州租屋,是因为我的三个姐姐和一个哥哥要到杭州去念中学,为了让他们假日有一个归宿之处,才萌生了这个念头。其实,三秋桂子、十里荷花也牵动了他的心,他就决定租了别墅。

爸爸留不住钱。钱一多,用他自己的话来说,"就会在口袋里哇哇叫"。他平生用钱,总是一手来,一手去,甚至一手还没来,一手就要去了。(我不幸遗传了他这种性格。)就这样,爸爸春秋很难得在缘缘堂露面,放了寒暑假,才带了姐姐哥哥回来。一天,他们从杭州回来,我还在念书。放学回家,走到木场桥,不知为什么,姐姐哥哥都在那里。他们一见我,就"小妹,小妹"地叫起来。我被弄得莫名其妙,不知道他们在叫谁,因为本来他们都叫我一吟的。大姐说:

"我们向你宣布一件事,从现在开始,我们都要改变称呼了。"

"怎么改变称呼?"

"以前我们叫你一吟,今后要叫你小妹了。"

"为什么?"

"爸爸说的,兄弟姊妹之间,不可以互相叫名字。我们大家都改了。"

果然,三个姐姐和大哥之间,本来互相的称呼全按大人的叫法:阿宝,阿先,软软,华瞻(我和二哥不知为什么倒一直称他们宝姐、先姐、软姐、华瞻哥)现在他们已改成加姐加妹,称老大一律为"宝姐";称老二为"先妹"或"先姐";称老三为"软妹"或"软姐";称老四为"弟弟"或"华瞻哥";称老五为"草弟",只有我叫他"阿哥"或"元草哥";称我一律为"小妹"。他们常常叫错,错了就罚这样,罚那样,嘻嘻哈哈地互相指责。

我们上一代的人,子女生得太多。妈妈一共生了九个孩子。一九二四年在白马湖夭折了两岁的女儿"三宝",小产了"阿难"(爸爸为他专写一文《阿难》)。一九二九年在平屋夭折了四岁的儿子"奇伟"。我弟弟新枚是抗战时期生的。即便死了三个,当时也还有六个孩子。要管吃,要管穿,还要管上学。父母管不过来,就疏忽了互相之间的称呼。孩子们总是爱向大人学习,于是称呼就混乱了。这一回爸爸不知怎么注意到了这个问题,就向几个大的做了改口的规定。从此,我们兄弟姊妹之间就改变了称呼。

缘缘堂的夏天

我家在缘缘堂一共住了不到五年。在这不到五年的日子里，给我印象最深的是夏天。爸爸带着在杭州读书的姐姐哥哥都回来了，整整两个月，家里好热闹！

缘缘堂楼屋前的水泥院子很大。一九八五年重建的缘缘堂，比原来小一点。因为原来是地板，重建时因经费关系，改为预制板。预制板没有楼板那么宽。每间房窄一市尺的话，整个开间就要小一米了。水泥院子也就相应地窄了一米。所以当时这水泥院子在我们小孩看来好大好大。重建后感觉小了些，主要也是因为人长大了，看小时候的建筑总觉得小些。院子三边的白包墙造得很高。那是爸爸有意在这居民稠密的镇上圈出自己的独立天地。这一片天地是我们孩子们活动的独立王国。到了夏天，更是趣味无穷！

爸爸请人在院子的上空装上一大片横铺的竹帘，使院子里晒不到太阳。于是我们孩子们的活动场地就更大了。院子的西南角里种有好几棵芭蕉树，我们采下一大片芭蕉叶来铺在地上，往上面一躺，其乐无穷。身体下面的芭蕉叶凉爽爽的，上面的竹帘缝里闪烁着蓝天。这种滋味我长大后再也没有尝到过。长大后，尤其是进入老年后，我非常希望什么时候能躺在放平了的躺椅上透过大树的婆娑叶丛仰望闪烁的蓝天，大概就是想借此找回一点童年的梦影吧。可即使是这样的想法，现在也难以满足，不是忙，就是找不到这样的地方。

还有一种游戏，用现在的话来说，叫踩滑板车。现在的年轻人可

一九八五年重建后的缘缘堂外景。

能以为滑板车是现在的玩意儿,其实早在上世纪三十年代,爸爸就从上海买回来给我们玩了。只不过当时没有"滑板车"这个名称。这种车一年四季都可以玩,暑假里当然玩得更长久。

在缘缘堂的院子里,当时还有一种游戏,那就是剥莲蓬,"抽老烟"。爸爸常常约了三朋四友在院子里摆开了桌子喝老酒。我们呢,就在一旁"抽老烟"。老烟是用莲蓬做的:我们把莲蓬齐茎切下,这茎的头部约一厘米长是咖啡色的。把咖啡色的一段内部挖空,用嘴吸另一头就可以吸通,这就是"旱烟管"。做好"旱烟管"后,就开始剥莲蓬。我很喜欢吃莲子,剥开后留着慢慢吃。先制作"老烟"。"老烟"有三种:莲蓬内黄色的纤维撕成一条条,放在太阳底下晒干后,算是上好的"烟丝";莲子周围白色的东西撕成一丝丝,那是次等;最外边的绿皮制成的"烟丝"就更是次等的了。

"老烟管"和"烟丝"制成后,我们就开始"抽老烟"。爸爸喝老酒,我们"抽老烟"。其乐融融。

如今,我对莲蓬还有忘不了的情谊。每到夏天,马路上只要有卖莲蓬的,我看见必买。家里人以为我特别喜欢吃莲蓬,其实主要是怀旧心情在起作用。不过,现在我再也没有时间和心情来制作老烟管了。

唉!童年已成梦影,缘缘堂时期一去不复返了!

石门镇不在铁路旁,交通不便,况且爸爸不常住在缘缘堂,所以外地来的访客较少。爸爸在日本时认识的黄涵秋先生倒是来过。据说他是颈子上挂了杭州买来的一串串玩具小竹篮进来的。

另外,据染坊职工章桂哥的回忆,戴葆流夫妇来过一次。章桂在《怀念敬爱的老师丰子恺先生》一文中说:

大约是一九三四年吧,我们故乡特遇百年难逢的大旱

《望云霓》

灾。灾情严重,古运河河底朝天。当时的国民党反动政府束手无策,听凭老百姓在死亡线上挣扎。《大旱之望云霓》这张画,是先生对当时劳苦农民日夜车水、艰苦挣扎的情景,发自内心的深表同情之作。此画作后,悬挂在缘缘堂楼下西书房内门后。就是那年,我国驻瑞士公使戴葆流先生夫妇,专程由沪来石湾访问先生,而先生却适去莫干山看望他的姐姐去了。因戴先生要求得到先生一点作品留作纪念,是我做主,将此画初稿赠给了戴先生。现在不知有否保留。

我也住过"行宫"

爸爸的性格，既喜欢悠闲安静，又喜欢变换花样。总之，他不喜欢受束缚，而喜欢任着自己的性子，想怎样就怎样。

如今我家住的房间，家具一旦摆好后，很难得做大变动。这大概是因为房间小、家具多的缘故。但更大的因素恐怕是好静不好动或者缺少革新思想吧。爸爸在缘缘堂刚住下来时感到很新鲜。没多久，就想换换花样，于是，把自己房间里的家具搬来搬去，力求搬到妥帖的位置。我们戏称他为"三日一小搬，五日一大搬"。

爸爸不仅把房间当做一幅画看待，时时改变构图，连壁上的钟也不放过。他看厌了钟面上枯燥乏味的数字，便取下来用油画颜料把钟面涂成天蓝色，盖没了数字，再在上面画几根杨柳枝。然后用黑纸剪两只燕子，粘贴在长短针的针头上。这就变成了一幅《双燕逐柳图》。虽然数字没了，照样能猜出时间。如今在缘缘堂展示的那口钟不是原物，但也可给参观者留下一个印象。

在缘缘堂住了一年半，到一九三四年夏天，在西竺庵小学读完了六年级的姐姐哥哥们都要升初中了。爸爸把他们送到杭州去入学。我和元草哥则还在石门读小学，由妈妈照顾。

杭州的美景吸引了这位艺术家，加之四个子女寄宿在中学里，周末无家可归，也不是办法。于是爸爸就在杭州皇亲巷六号租了一个楼面，自己当上了"陪读"。寒暑假则回到缘缘堂来。这段时期，他享尽了杭州春秋的美景和故乡冬夏浓厚的乡情，度过了三年黄金时代。

杭州的别寓被戏称为"行宫"。这皇亲巷的"行宫"从一九三四年住到了一九三六年。夏天迁到马市街一百五十六号。住了两个月后又迁到田家园三号。在这里一直住到抗日战争爆发，时局紧张起来，才关闭了"行宫"回到缘缘堂。

我和二哥有幸随妈妈去皇亲巷的"行宫"住过一段时期。爸爸设法让我们插班进宝极观小学读书。但我和二哥如今都记不起来是读了一学期还是两学期。我只记得自己还很不懂事。入学前进行了一次测验。那是我第一次看见手写的油印考卷。数学卷子上的数字不像手写那么一清二楚，我竟看不懂，交了一张白卷。不知怎么的也让我插入了二年级。我入学后，连课程表也看不

我们在皇亲巷的假山上，爸爸为我们拍照留念。

一九三六年十月十日爸爸在杭州别寓。

懂。五爹爹的学校里哪有这种玩意儿!

那所小学只给我留下丢丑的回忆。有一回,雨天刚晴,我们到操场上去打滑梯。滑梯尽头着地处自然形成一个坑洼,雨后积满了水。我滑下去,一屁股正好坐在水坑里。我还没来得及"啊呀"一声,后面滑下来的人倒"啊呀"一声叫起来:

"啊呀!丰一吟,你把我的丝袜溅满了泥!要你赔!要你赔!"

这个女同学好厉害!她马上拉了我去找老师告状。我吓得要命。在老师面前,我一句话都不敢讲,全是她一人滔滔不绝地告状。她咬定要我赔。丝袜我从未见过,这玩意儿一定很贵吧。我那时的惊慌,比现在遇到车祸相差无几。幸而老师公正,指着我那一屁股烂泥说:

"人家也不是有意的。她自己一屁股烂泥好受吗!"

这件事总算了结了。我竟仍旧穿着这又湿又脏的裤子坐到课椅上,一直熬到放学回家。我家杭州的女工徐家娘娘为我"善后"时,我才向她哭诉了经过情况。

现在想想,当时我真傻。如果第一个滑下来的不是我,而是她,我哪怕被她溅了一身泥,也绝不会拉她去见老师,我可能还会帮她擦屁股呢。长大后,我发现社会上像她这样的人竟有不少。家庭教育如此不同。

弟子鲍慧和

鲍慧和可说是继承爸爸黑白漫画唯一的弟子。我之所以用"弟子"这称呼，是想区别于在校学习的学生。在校学习的学生，如今只有遵义时在浙大学习过的王质平先生。另外如"次恺"之类仿丰风格的画家也颇有几位，都不是爸爸教过的学生，而且均未谋面。还有一位上海的胡治均先生，我也称他为"弟子"。他和我一样，是在爸爸逝后才开始学爸爸的画。我只是临摹，他还创作过一些。但我们学的都是彩色人物风景画；鲍先生则学的黑白漫画，而且只创作，不临摹。如果他寿命长些，在画坛上会发出异彩，可惜于一九六九年在五十七岁的壮年时期死于肝癌，比老师早走了六年。

爸爸于一九三零年把全家迁往嘉兴，好像就是为了结下这师生之缘似的。

我那时才一两岁，事后听妈妈、宝姐她们叙述这件事。据说有一天，邻居某君来对爸爸说，有一位叫鲍慧和的青年，高中毕业，因仰慕丰先生的书画艺术，请求拜丰先生为师，并送来拜师礼一百（当时的一百元）。爸爸同意收下这个徒弟，但"拜师礼"不受，托邻居退回。

后来鲍慧和果然来拜师求学了。等到师徒二人较熟悉时，不知怎的偶然谈起这件事。鲍先生却说他并未收到这一百元。原来是那邻居中饱了私囊。不过那邻居后来自觉惭愧，送了一些东西来以示补偿。

鲍先生为了那一百元没送到老师手里，颇有歉意。其实爸爸发现了这个人才，很高兴，才不在乎这"拜师礼"呢。为了让鲍慧和安心，同时也是为了实际需要，爸爸请他担任我姐姐哥哥的家庭教师，教他们数学，自己则以意大利亚米契斯著、夏丏尊老师在白马湖时翻译的《爱的教育》为课本，教他们语文。这样一来，鲍先生就成了我家常客，与我们的关系十分亲密。

后来爸爸劝鲍先生进正规的美术学校学素描。爸爸认为，只有打好素描基础，有了画人物速写的能力，那时再学子恺漫画的风格，才是正途。如没有素描根底，临摹得再好，也只能止于"依样画葫芦"。（就像我现在这样）

于是，鲍先生于一九三一年秋进了上海美术专科学校西画系，一九三四年夏毕业。在学时期，他仍不断地向老师学漫画。所以毕业后已具备独立创作漫画的条件。无论画风和题字，都和子恺漫画十分相似。一九三五年起，他的漫画就陆续发表在上海的《太白》《宇宙风》《时事新报》和《立报》等报刊上。

爸爸十分喜欢这学生，曾对人说："接我衣钵者，唯慧和矣！"

在抗日战争时期，鲍先生曾追随老师，于一九三九年从上海到桂林。爸爸见到他后。在三月十日的日记上写道：

> 见鲍慧和，乃我流离后快事之一。此人疏财仗义，而又厚道可风。其画之似吾笔，乃出于自然，非普通模仿皮毛之可比也。

鲍先生托爸爸找工作，爸爸介绍他去梧州中学教书。他到了那里，但因梧州被敌机狂轰滥炸，学校已迁往离梧州百里外的深山里。因语言不通，交通困难，鲍先生终于没有去。那时，在郭沫若先生的领导下，宋云彬先生正在桂林担任抗日宣传工作，鲍先生便留下来作抗日宣传画。

一九四一年，鲍先生到西安工作。据说次年他画了许多宣传画，发表在内地的抗日报刊上。可惜我无法去找，不然真想为鲍慧和先生出一本画册，他的画风太像爸爸的画了。

一九四三年，爸爸曾把自己的画寄给鲍慧和，在西安、洛阳两地举办了丰、鲍师生联展。

一九四六年我们回到上海时，鲍家也住在上海，我们就在他家落脚。

一九四九年初，鲍师母卜良玉去世，给鲍先生很大的打击。建国后，鲍先生一时失业，爸爸便介绍他在上海正行女中教高中毕业班的语文。那时曹辛汉先生介绍爸爸在景德中学任校长，挂名而已。爸爸就请鲍先生去景德中学兼任自己的代理校长。后来还介绍他到杭州文具商店和印刷厂工作，对这位高足关怀备至。

妈妈和我姨妈关心鲍先生的生活，于一九五零年替他介绍了自己家乡的一位勤俭忠厚的女子钟玉华为继室，他们在嘉兴安家。但鲍先生在土改时被定为"地主"。(可能他的父祖有一些田产吧。)这一"成分"让他背上了沉重的包袱，在社会上备受歧视，使他长期郁郁不欢。他的性情变得烦躁起来。一个人才就这样被埋没了十多年，终于死于肝癌。

爸爸去世后我与鲍先生的儿子鲍大昕取得了联系。在重建缘缘堂时，我经常经嘉兴坐船去石门，曾去访问鲍先生的继室钟玉华女士。如今交通方便，去桐乡转石门不必经嘉兴了。但我仍想念着他们母子。

丰同裕染坊

丰同裕染坊开设在老屋第一进临河的街头，号称百年老店，是在爸爸的祖父丰小康（约一八四三年出生）手里创办的，又说是太平天国（一八五一~一八六四）之后开张的（因为太平天国时石门镇曾被烧光）。据爸爸《两个？》（一问空间到何处为止，二问时间从何时开始）一文中所说：

> 那时我正在父亲的私塾里读完《千字文》，有一晚，我到我们的染坊店里去玩，看见账桌上放着一册账簿，簿面上写着"菜字元集"这四字。我问管账先生，这是什么意思？他回答我说："这是用你所读的《千字文》上的字来记年代的。这店是你们祖父手里开张的。开张的那一年所用的第一册账簿，叫做'天字元集'，第二年的叫做'地字元集'。天地玄黄，宇宙洪荒……每年用一个字。用到今年正是'菜重芥姜'的'菜'字。"

爸爸再问下去，就引起自己对时间产生了一个很大的问号。我是很喜欢这篇文章的。但话题不能扯开去。且说由账簿上溯到那个"天"字，当在一八四四年开张，那时我曾祖丰小康还只一岁。据店员章桂哥说，是一八六一年七月丰小康手里开的，据说当时资金是一千二百银洋。所以丰同裕染坊究竟是哪一年创办的，有待进一步考证。

一般店堂里，总有管账先生、朝奉和学徒各一人。朝奉比学徒高级，

一九三六年在丰同裕染坊前留影。右起：丰嘉林、张芝娜、章桂哥、爸爸、邻居徐学泉、先姐、我。

管账先生当然更高级。缘缘堂时期，我记得染坊店的管账先生姓张（据说名芝珊），我们叫他张姆爸（石门话里"姆爸"是大伯的意思）。朝奉是蓉哥哥的父亲丰嘉林，我们叫他嘉林大伯；学徒就是章桂哥。染坊店的作坊在西边，有王阿康、夏光生两位绍兴师傅。爸爸年幼时学画，就是从作坊里拿的颜料。

据说这染坊店生意清淡。四乡农民虽有自织土布送来染色，但大多要到过年结账。所以平日进益极为有限，一向有"家养店"之称。不过，据说我祖母对这染坊店是很关心的，连职工也不随便回掉。每到年末，祖母总要请店里的人好好吃一顿。那一顿必定有鸡。端出来放到桌上时鸡头向着谁，就表示要解雇谁。祖母总是把鸡头的方向对着空处。

建国后，丰同裕染坊和另外几家合并为"石门印染小组"。

二零零三年，丰同裕染坊又出现在故乡。只是换了地点，建造在桐乡和石门之间的公路旁；也换了主人，改由我们的亲友经营了。规模大大地扩充，业务也变为专营蓝印花布了。

满娘

满娘在我家是一个重要人物，不能不设专节介绍。

满娘是爸爸的第三个姐姐，名丰满，号庭芳（一八九一～一九七五）。皈依弘公后法名梦忍。据说曾名漫忍，所以在爸爸的文章里曾以孩子的口吻称她为"漫姑"。关于满娘的事，大多是听人说的，尤其妈妈有很多关于满娘的回忆。

据说满娘上面两个都是女孩，所以生下来时我祖母原打算把她送掉。我姑婆看她长得漂亮，劝我祖母留下她。稍长大，我祖母就给她缠小脚，她疼得流泪，晚上我祖父帮她放掉。如此反复几次，祖母就不再给她缠了。所以满娘当时是石门镇上唯一不缠小脚的姑娘。我妈妈也缠过小脚，后来放大了，但已太晚，所以走起路来还免不了小脚的样子，但比外婆正规的小脚好多了。

一九一二年一二月，我大姑妈丰瀛在石门镇创办了"振华女子初等高等学校"，校址起初就在我家老屋惇德堂厅内，后迁至大井头。

满娘长大后，到杭州在女子师范似培训班一类读了两年书，回来后在这振华女校教过书。第一任校长丰瀛于一九一八年以三十二足龄之英年早逝。满娘就继任了振华女校第二任校长。据说我妈妈在结婚前，曾教过多年书。所以一九一九年嫁到石门来后，妈妈也曾在振华女校试教过。

满娘是一个新派的女性。在一九二零年时就剪了双髻，改成短发。据说她和乌镇的徐叔藩先生结婚时，新郎按当时习俗穿了长袍马褂于傍晚来迎亲，满娘非要新郎改穿西装礼服不可。于是派人到崇德向我姑婆家借来换了，满娘才肯上轿，到乌镇已是半夜后。

满娘的婆母封建思想严重，要满娘留在家里不工作。满娘不耐寂寞，有时去友人茅盾、孔德芷夫妇和茅盾的弟弟沈泽民处走动，他们也来看她。婆母不喜欢满娘与人交往，也不喜欢她常回娘家。满娘受不了，有一次回娘家后就不肯回去了，提出要离婚。我祖父早在一九零六年就已去世，我祖母思想还算开通，她表态说："糙米粉再搓也搓不成糯米团子，这两个人不可能再团圆。"当时离婚是极其稀有的事。无奈，由我爸爸约请了曹辛汉、茅盾两位朋友，一起在嘉兴曹家，与在嘉兴教数学的徐叔藩姑夫谈判。终于签约离婚，曹辛汉与茅盾两位先生就当了离婚的证人。

谁知满娘离婚前已身怀六甲。

爸爸在浙江第一师范学校念书时，比他高班的吴梦非、刘质平两位同学邀请他毕业后去上海一起创办专科师范学校，由爸爸任教务主任并教图画。也不知是爸爸安排的还是满娘自己有心离开石门，她在怀孕开始明显时到上海的专科师范去读了半年书。据妈妈说，满娘肚子大了的时候，校中清洁工阿姨见了她向她要红蛋吃，她气死了。

那时妈妈也已怀孕。到了满娘快临盆时，爸爸写了一封信给妈妈，说是生病了，但又说这病不是生在他自己身上，要妈妈速来上海。

上海这个大都市，虽然诱惑人心，但没来过的人未免有点望而却步。幸而爸妈结婚后一个多月爸爸就带妈妈到上海来见过世面。那时爸爸经浙一师李叔同先生介绍，在教专科师范的同时又到李先生的好友杨白民先生创办的城东女学兼职。妈妈也就在那儿零零碎碎地念了号称一年的书。（学费很贵，妈妈说是我外婆出的钱。）所以妈妈对上海已经熟悉。据说爸妈那时各住各的宿舍，周末租个旅馆"白相相"。（家乡土

一九二零年十月二十五日满娘剪发后留影。

语：意为"玩玩"。）还邀请我外婆出来见见世面。外婆不敢穿马路，只好雇一辆黄包车穿过去。

却说妈妈当时已怀着第三胎。接信后，只得把先姐交婆母管，自己大着肚子带了宝姐来到上海。幸有五爹爹的次子"二和尚"同行。（他来专科师范念书。）妈妈与爸爸见面后，才知道是满娘快生孩子了。这件事以前家里人都不知道。

所谓"二和尚"，其实不是和尚。我们家乡怕自己喜欢的孩子长不大，特地用"和尚""丫头"等命名。"二和尚"名丰浩，是五爹爹的次子，他弟弟名丰洁。他们和我爸爸幼时的名字丰润一样都是排行三点水旁。丰洁号平玉，我们称他为平伯，后来是我们逃难的好伴侣。我的同桌同学明珍就是他的女儿。

爸爸对妈妈和"二和尚"说：满娘声称一生下来就要掐死这孩子。于是，给"二和尚"分配了一个任务：从满娘进宁馨医院待产起，要"二和尚"一直守着她。其实孩子一生下来，满娘喜欢得要命！不过满娘提出要把生下的孩子过继到我爸妈名下。爸妈答应了她的要求。爸爸就以出生的医院为名，给这女孩取名"宁馨"，让她姓丰，称舅舅舅母为爸妈。宁馨小时候大人常叫她"囡囡"，她也自称"囡囡"，发音却像"软软"，于是就得了"软软"这个小名。

爸妈对这个继女如同己出，甚至胜过自己的孩子。我记得我家迁入缘缘堂后，满娘和软姐住在楼上西边的房间里，爸爸每次从上海回来，总是买漂亮的洋娃娃给她，陈列在玻璃橱里。满娘信佛，爸爸为她在卧室和后客房之间设置了一个佛堂。因此那西房就成了一个神圣的地方，我们轻易不敢进去。我只有偶尔有机会时能朝里望望，对于玻璃橱里那么多漂亮的洋娃娃羡慕得要命！

话说回来，满娘是以"未婚"的身份出现在上海的，所以生下孩子后和妈妈一起上街时总要让妈妈抱孩子。妈妈说:我自己挺着个大肚子,手里再抱个孩子,不知人家会怎么想。

满娘那时大概还想结婚。据说一九二二年爸爸应夏丏尊老师邀请到浙江上虞白马湖春晖中学教书时,有一次沈泽民先生来白马湖,妈妈看见满娘和他常到山上去玩。但后来满娘在家里烤炭火盆取暖时,一滴泪水"嗤"的一声落在炭火里。说明此次谈恋爱终于没成功。满娘从此一直带着女儿住在弟弟家,直到逃难回来软姐开始在杭州大学教书时,她们母女才离开我们家迁至杭州。但爸妈始终把"软软"当做自己的女儿,我们也一直视软姐为亲姊妹。

第二章 沙坪小屋

一天之内石门顿成死市

一九三七年七月七日,日本帝国主义制造"卢沟桥事变",开始发动对中国的全面侵略战争。侵略军于八月十三日进攻上海,在金山卫登陆,到处狂轰滥炸。杭州时有空袭。爸爸他们暑假本来就是回故乡的,这时便派人把留守在田家园的徐家娘娘叫了回来。"行宫"暂时锁闭。后来杭州火车站被炸,杭州人纷纷逃难,爸爸又派人去把"行宫"取消,把其中的书籍器具装船载回石门。两处的器物并在一起,显得异常热闹。爸爸整理书籍,布置家具,忙了好几天。带回来的沙发和带开关的热水壶,镇上人从未见过。亲友们都来见识见识,我们小孩子总是喜欢热闹的,高兴得不得了,哪里想得到一场灾祸正在等待着我们。

十一月六日,早上我和元草哥照例背了书包从后门大井头到西竺庵上学去。回家吃中饭时,天上有飞机声,这也不足为奇,石门上空常有飞机经过。但这次飞得很低,声音很响,引起了大家注意。走到外面一看,一架双翼侦察机低低地飞过,低得可以望见飞机上的人影。很多人都到街头来看热闹。

爸爸听人说,上海南市已成一片火海,但总以为小镇上安全,所以一直按兵不动,甚至还在红烛高烧,开设素筵,过他四十岁的生日。不过众宾客席间谈论的已是看到听到的种种惨象。这是缘缘堂最后一次热闹。这以后的几天,石门镇上已是风声鹤唳,草木皆兵,到处都在谈论日军的种种罪行。

这天下午,我和二哥照旧去上学。两点光景,我们正在上课时,

《愿作安琪儿,空中收炸弹》

飞机又来了，还是飞得很低。盘旋了几个圈子，忽然接连"砰，砰""哒哒哒哒""轰！轰！"响得震耳欲聋。这一下，课堂一片混乱，同学老师都夺门而出，纷纷经操场逃往校外。我不管别人往哪儿逃，我第一个念头就是回家！对一个孩子来说，家是最温暖的，唯有家，才是自己的保护伞。

我逃到操场上，还没逃出校门，"哒哒哒哒"的机枪声又响起来。我连忙进旁边的厕所躲一下。机枪声一停，马上逃出校门往家里直奔。逃到大井头，还没进家门，离身不远处中了一枚炸弹。幸亏那时的炸弹杀伤范围不广，我才得无恙地逃进了自己家门。可是家里怎么一个人也没有？！我一个个房间都走遍了，最后走到东房，也没人。可是听见爸爸的呼唤声：

"一吟快来！快来！"

只闻其声，不见其人。啊！原来爸爸躲在东房北边的方桌底下，桌上还盖着丝绵被。爸爸正在向我招手。终于找到"保护伞"了！我如释重负，连忙也躲进去。不仅爸爸，妈妈和姐姐哥哥们都在这里，还有正好在我们家做客的外婆也躲在一起呢！我开头觉得蛮好玩的，差点笑出声来。

"你阿哥呢？元草呢？"

爸妈很着急地问我。

"不知道呀。我和他不是一个教室的，不知他逃到哪里去了。"

一家人在桌下躲了个把小时，飞机声渐渐远去，我们才一个个爬出来。下午四点光景，元草哥也回来了。一家人如释重负。爸妈问元草哥逃往哪儿去了。

"我看见平伯，平伯对我说：'元草，你要性命跟我来！'我就跟了他逃到了野外。"

元草哥的话引起了我们孩子们的兴趣。后来我们常常模仿这句话："元草，你要性命跟我来！"孩子毕竟是孩子，苦中作乐。爸爸却急于了解镇上遭难的情况，出去探询，才知这两小时内日寇在这个没有任何设防的小镇上投了十余枚炸弹，当场炸死三十多个人。受伤的不计其数。镇民们纷纷逃离，石门顿成死市。

宁为流亡者　不当亡国奴

我有一个小姑妈叫丰雪珍（又名雪囡），排行第八，下边两个弟弟都是夭折的。雪姑妈生下来后，我祖母患了一场大病。况且那时我祖父尚未考中举人。家里还很贫困。种种原因，改变了雪姑妈一生的命运，她从小就被送到离镇六华里的南圣浜蒋家当童养媳，后来嫁给了蒋茂春。从此我们多了一家亲。我也有赖于此，如今有了雪姑妈的女儿阿七（蒋镜娥）家可以经常去跑跑，享受农家之乐。雪姑妈生的孩子很多，大多夭折。只剩下女儿蒋坤豪、一九九三年去世的儿子蒋镇东以及小我八岁的阿七。

蒋家一家纯朴敦厚。小姑妈嫁过去后我们家似乎没对他们家有什么特别的照顾，可他们得知石门镇遭难，马上想到"慈哥"（爸爸小名慈玉）一家。傍晚，茂春姑父和他弟弟继春马上摇出一只船来，把我们全家在潇潇暮雨中接到了南圣浜。雪姑妈擎着一盏油灯，一双小脚踏着湿地，亲自到河岸上来迎接。那河岸，至今还没变样。我每次经过那儿，逃难时的一切如在眼前。

茂春姑父把我们一家十人安排在他的族人蒋金康家新造的两开间楼房的整个楼面上，大家席地而卧。说起这新屋，据说是由于在旧屋里大宴宾客时二楼地板坍下来，致使一个叫玉如的小姑娘落到底楼灶上沸腾的油锅里死掉了，才重建的。

后来，爸爸曾写了一首很长的打油诗，描写逃难的情况。可惜没有保存下来。我们东拼西凑，也只凑了零零碎碎的几句。开头是这样：

　　浙江石门湾，原来是故乡。六日掼炸弹，逃到南圣浜。

外婆一同来，又来姑婆娘。亲眷本来多，外加蒋金康。

金康有新屋，借来当栈房。老幼十个人，困在稻草上……

在南圣浜逗留了半个月。我们几个小的孩子无忧无虑，爸爸却日夜忧思，举棋难定。背井离乡，实非所愿。除非嘉兴失守，否则决计不走。于是他到邻家去听收音机里的日语电台，并托人每天走十五里到练市镇去向我的二姑夫周印池借来报纸，关注时事。不仅自己关注，还把从报上和电台上得到的消息写出来贴在门口，以代壁报，和众人共享。报载有重兵驻扎嘉兴，金城汤池，万无一虑。爸爸很高兴，以为可以不走。

壁报贴出后，远近一一传开，知道我们一家已到南圣浜，于是众亲友纷纷前来联系。其中有我们的姑婆特地从崇德赶来，二姑妈的长女周镜涵，我们叫她"镜哥哥"的，也从练市赶来。她们两位都表示，如果我们走，她们都希望能跟着一起走。

我们这位姑婆，是祖父的亲姐姐，对女红艺事十分擅长，曾与我祖父共同制作了迎花灯用的精美彩伞，在石门镇上颇享盛誉。嫁到崇德徐家为继室，自己没生养。缘缘堂的"两代姑母房"就是为她和我们二姑妈归宁而设的。二姑妈丰幼，爸爸称她为"幼哥"，我们却叫她"练市姆爸"。"姆爸"是伯伯的意思，前文已提到那时对女的称呼和男的一样。据说她幼时自己掏耳朵时被人撞了一下，出了许多血，聋了一只耳朵。刚嫁到练市去时被小偷偷了首饰衣服去，价值是当时的三千元！把另一只耳朵也气聋了。在婆家的处境可想而知。所以常以归宁为乐事。她在我家很受欢迎。记得有一次她突然来临，姐姐哥哥们高呼："练市姆爸来了！"把我吓得非同小可，竟逃到妈妈怀里大哭。从此我见"练市姆爸"来就躲起来。不过，镜哥哥来，我是欢迎的。可惜后来我们逃难时终于没带上她和我姑婆。姑婆不敢长途跋涉，回崇德去了。至于镜哥哥，那时她暂时回了练市，时局紧张，没人敢冒被拉伕的危险去练市通知她。

在我们决定逃难以前，南圣浜来了驻军，领队的张四维连长曾向爸爸透露过：为求最后胜利，石门一带可能要放弃。爸爸连忙带了宝姐和染坊店的学徒章桂去了缘缘堂一次，选了两网篮心爱的、版本较佳的、新买而尚未读过的书，设法运回南圣浜。

二零零七年八月，我回家乡时拜访了年已九十的章桂哥，承他告诉了我许多往事。据说我们逃离缘缘堂后，他曾在堂内宿夜。国民党的败兵闯进堂内骚扰，要他煮饭给他们吃。他说灶间里什么都有，你们自己去煮。败兵把我们家的箱子一个个凿破，倒出来都是些衣服。

章桂哥还说了一件从未向外人透露过的事。他说他是睡在缘缘堂楼下西后房的。有一天半夜里，他听见有两个人的脚步声走进厅内，转入东房，又走到后面扶梯间，然后转到厅后那间房。那是供奉我祖父母遗像的房间，平时也在那里上供。那两人的脚步声到了那间房就停止了。忽然听见那房间里的热水瓶重重地往桌上击一下。章桂哥放大了胆，突然启开了西后房通向厅后房的门。一看，什么都没有！他倒有点汗毛凛凛了，连忙蒙着被睡觉。

第二天，他赶到南圣浜，悄悄地把这事告诉了我爸爸。是祖宗显灵暗示这里已不可留吗？章桂哥说，促成爸爸决心逃离故乡的原因：一是张连长的一番话；二就是这件事。我虽已于一九八九年接受新加坡广洽法师的示意拜他为师皈依了佛门，其实对佛教毫无研究。我至今还不能相信"轮回"，也不相信死去的人会显灵。爸妈死后，从来没向我显过灵。对于章桂哥一说，我认为也有可能是两个小偷进缘缘堂，走到厅后房，被不知哪里突然发出的一声吓跑了。不过，尚未证实的事，我也不敢轻易否定。况且这件事勾起了我小时候的一个回忆。有一天，缘缘堂正在祭祖，我和哥哥们却忙着捉迷藏。有一次轮着我找他们，找到祖父母遗像的供桌下，明明看见一个白蒙蒙的人躲在那里，我叫唤这人，这人却不睬我。后来哥哥们从别处出现了，我叫他们去看供桌下，却已经什么都没了。我只能把这事理解为起初大人在这供桌下放了什么，后来拿走了。

好了，这些阴阳之间的事不去说它了。却说形势急转直下。爸爸一直要等嘉兴失守才走。但日寇不直接打嘉兴，却从北面迂回，取濮院、桐乡、石门，以包围嘉兴。因此石门竟失守在嘉兴之前！

爸爸下了决心：宁为流浪者，不当亡国奴！爸爸懂日文，如留下来，不堪设想。他决计带全家逃亡。但往哪儿逃呢？这时石门的邮局已迁到了南圣浜附近，接着又要迁走了。就在这时，爸爸收到了最后一封信，是他敬重的马一浮先生从桐庐来信关心他的情况。这封信看来起了作用，使茫然不知所措的爸爸有了逃难的方向——去桐庐投奔马先生。

十一月二十日，族亲丰平玉，我们叫他"平伯"的（就是五爹爹的儿子，丰明珍的爸爸）带了一个我们从未见过的"丙伯"来共商逃往桐庐的事。丙伯是五爹爹的妻子五娘娘的妹妹的儿子，不过是前妻所生。这位丙伯竟是爸爸的私淑者。他家里有船，约定次日派船来接。

当天晚上，爸爸总算开始准备行装。这么多书是带不了啦。只能选几本重要的。铺盖衣服是必须带的。还有……啊呀，还有钱，那可是出门最重要的。爸爸在《辞缘缘堂》一文中说：

> 这晚上检点行物，发现走路最重要的东西没有准备：除了几张用不得的公司银行存票外，家里所余的只有数十元现款，奈何奈何！六个孩子说："我们有。"他们把每年生日我所送给的红纸包通通打开，凑得四百余元。其中有数十元硬币，我嫌笨重，给了雪雪。其余钞票共得四百元。不知从哪一年开始，我每逢儿童生日，送他一个红纸包，上写"长命康乐"四个字，内封银数如其岁数。他们得了，

照例不拆。不料今日一齐拆开，充作逃难之费！又不料积成了这样可观的一个数目！我真糊涂：家累如此，时局如彼，余不趁早领出些存款以备万一，直待仓皇出走时才计议及此。幸有这笔意外之款，维持了逃难初步，侥幸之至！平生有轻财之习，这种侥幸势将长养我这习性，永不肯改了。

次日，值得纪念的一九三七年十一月二十一日，上午染坊店的阿康师傅从石门镇奔来，说缘缘堂门口已架了机枪，木场桥埭摆起了大炮，听说桐乡已经开火了。（阿康后来在梅纱弄里碰着日寇，被刺死于刺刀之下。）大人们整理了行物，凡不易带而且可以不用的，通通分送了村人，只带两担铺盖、一只箱子。下午，丙伯的船开到。我家除父母和六子女外，加上满娘和外婆，共十人。平伯同行。还有染坊店的章桂，爸爸喜其年轻干练，征得他本人和他父亲的同意，也一起走。我事后听章桂哥说，他爸爸给他二十元供逃亡用。那时候二十元是个大数目，难为老人家省出来给儿子。章桂哥把它珍藏在鞋底。可是一路奔波，竟把这来之不易的二十元踩成了模糊不清的碎屑。

怀着痛心的惜别情绪，我们离开了南圣浜，往四五公里以外丙伯的家乡悦鸿村进发，开始了行程数千里、长达九年的流亡生活。

那时我们几个孩子什么也不懂，只觉得很好玩：经常换地方，看到新鲜的东西，美丽的风景。一路生活虽然苦些，但小孩似乎适应性强，不在乎。

在潇潇暮雨中，傍晚船到了悦鸿村。这么多人都在丙伯家吃晚饭。丙伯的父亲有两个都已成家的儿子，决定留下长子一家，让丙伯一家三口跟我们走。那天我们这么多人竟还在他家睡了几小时。半夜起身，丙婶妈把钞票缝在孩子的棉衣领里、背心里和袖子里了。他家又为我们办了两桌半夜饭，十五人匆匆上船。

豺虎入中原,万人皆失所
但得除民害,不惜流离苦

《仓皇》

之所以半夜开船,当然是为了安全。但天总是要亮的,而且这一天偏偏大晴。北方传来隆隆之声。担心敌机来扫射,上午就在一棵大树下停泊了。我们上岸走走。岸上有一座白云庵,庵里一位老太太正在灶间里煮芋艿。爸爸给她些钱,托她煮了一些芋艿作为早饭充饥。

前面那首逃难诗,中间记不起来,后面又记起了一段:

> 平伯丙伯来,逃难共商量。
> 忙派超三伯,送信×××。
> 船到悦鸿村,半夜闹一场。
> 松下房栊静,满室白月光。……
> 连夜做点心,忙碌到五更。
> 鸡蛋一大篮,粽子十八双。
> 庵里吃芋艿,濮院炮声响。

我们吃那芋艿,觉得比什么都香。下午不得不上了船,继续往塘栖进发。路上碰到对面开来的兵船拉伕。虽然是自己国家的兵,我们也吓得要命。丙伯船上的一个小名叫"丫头"的摇船壮汉被他们硬拉了去,说好摇三十里放他回来。爸爸觉得对不起"丫头",便和他约定在塘栖等他。船继续往前开。

后来据章桂哥说,船到新市,爸爸想出个好主意:他上岸去买了一套军装,还是有斜拉皮带的,让二十岁的章桂哥穿上,站在船头。这一招还真管用。前面来的兵船见有"长官"站在船头,谁敢再来拉伕?两船匆匆而过时,也看不清这个"长官"是没肩章的。这一路到塘栖都平安无事。可是到了塘栖,看见所有的商店都变成了兵营。我们不敢在这里等"丫头",只能往前开了。爸爸觉得对不起"丫头",请船人带去加倍的工资给他。可是谁也不知道"丫头"是否能回到家里。

半夜，船到杭州的拱宸桥。大家肚子饿了，船上可以煮饭，但有饭没菜。幸亏丙婶妈在枕头里装满了一袋青烘豆。于是用青烘豆加了船上的酱油下饭，我们吃得津津有味。"饥者易为食"，但青烘豆浸酱油其实本来就是一道美味的菜肴。如今，每到秋间毛豆出地时，我就能从故乡弄到青烘豆，隔天浸好酱油，吃起来较软，就像"酱豆"一样。"酱豆"现早已失传。但我自制的酱油浸烘豆，不仅成为我自己的美味粥菜，亲友们知道后也都纷纷仿效。谁又知道这办法竟源于逃难时拱宸桥的一顿半夜饭！

爸爸吃了半夜饭，上岸打听，形势已很紧张，桐乡的日寇正在杀人放火。汽车哪里叫得着！只能步行。要步行，必须再一次精简行李。这么多人本来就只带了两担铺盖、一只皮箱。再怎么精简呀？但现在精简出来的东西还可以交船人带回悦鸿村，不致抛弃路旁。于是，大人们动起手来。从皮箱里拣出了一些必需品，把皮箱交给了摇船的人带回去。爸爸叫大家再睡一会，以便次日赶路。他自己却睡不着。他在《桐庐负暄》一文中写道：

> 我想起了包裹里还有一本《日本帝国主义侵略中国史》和月前在缘缘堂时根据了此书而作《漫画日本侵华史》的草稿。我觉得这东西有危险性。万一明天早晨敌人追上了我，搜出这东西，船里的人都没命。我自己一死是应得的，其他的老幼十余人何辜？想到这里，睡梦中仿佛看见了魔鬼群的姿态和修罗场的状况，突然惊醒，暗中伸手向包裹中摸索，把那书和那画稿拉出来，用电筒验明正身，"东"的一声，似乎一拳打在我的心上，疼痛不已。我从来没有抛弃自己的画稿。这曾经我几番的考证、几番的构图、几番的推敲，不知堆积着多少心血，如今尽付东流了！但愿它顺流而东，流

到我的故乡，生根在缘缘堂畔的木场桥边，一部分化作无数鱼雷，驱逐一切妖魔；一部分开作无数自由花，重新妆点江南的佳丽。我坐着蒙眬就睡，但听见船舱里的孩子们叫喊。有的说胸部压痛了，有的说脚扯不出了，有的哭着说没处睡觉。他们也是坐着互相枕藉而就睡的，这时吃不消而叫喊了。满哥被他们喊醒，略为安排，同时如泣如诉地叫道："这群孩子生得命苦！"其声调极有类于曼殊大师受戒时赞礼僧所发的"悲紧"之声，在后半夜的荒寂的水面上散布了无限的阴气。我又不能入睡了。

清晨五点，大家带了精选的两担行李上岸。好容易找到两个人挑了。轻物由各人手提。还有两个被包，包内有两条最上等的丝绵被和几件较新的衣服，再也带不动，爸爸擅自把它们放弃在船里了。以后每逢冬天就惋惜，妈妈甚至埋怨爸爸太孟浪，蛮好再努力去找第三个挑夫的。但爸爸肩负一家和亲戚十余口的存亡，但求平安无事，哪里还顾得上这些。事后得知丙伯家在地方沦陷后又遭盗劫，我们寄存的东西都被抢走，交船户带回的东西等于抛弃路旁。大家就更惋惜。

拱宸桥离六和塔有三十里。十五人中有十三人能走。丙伯的三岁的儿子传农走不动，由丙伯背着。我外婆那时快七十岁了，又是缠小脚的，哪里走得动。爸爸出重金请我们船上一个名叫"阿芳"的壮汉背她。但没走多少路，外婆说她的胸部贴在阿芳背上喘不过气来。幸亏平伯找到了一乘轿子，当然是出重价的，抬了外婆走，这才解决了问题。

我那时虚龄九岁，走十五公里路还是第一次。实在走不动时，章桂哥背背我。但主要靠自己。我一路只晓得跟着大人走，甚至此行的目的地是何方也一无所知。直到上世纪八十年代我开始研究爸爸的生平和创作时，找到爸爸的轶文《桐庐负暄》后，才知他在南圣浜举棋未

一九四九年爸爸与马一浮先生合影于杭州蒋庄。

定时,起初曾考虑过去祖籍地汤溪。他在《桐庐负暄》一文开头处是这样说的:

> 中华民国二十六(一九三七)年十一月下旬。当此际,沪杭铁路一带,千百年来素称为繁华富庶、文雅风流的江南佳丽之地,充满了硫磺气、炸药气、厉气和杀气,书卷气与艺术香早已隐去。我们缺乏精神的空气,不能再在这里生存了。我家有老幼十口,又随伴乡亲四人,一旦被迫而脱离故居,茫茫人世,不知投奔哪里是好。曾经打主意:回老家去。我们的老家,是浙江汤溪。地在金华相近,离石门湾约三四百里。明末清初,我们这一支从汤溪迁居石门湾。三百余年之后,几乎忘记了自己的源流。直到二十年前,我在东京遇见汤溪丰惠恩族兄,相与考查族谱,方才确知我们的老家是汤溪。据说在汤溪有丰姓的数百家,自成一村,皆业农。惠恩是其特例。我初闻此消息,即想象这汤溪丰村是桃花源一样的去处。……心中便起了出尘之念,想率妻子邑人投奔此绝境,不复出焉。但终于不敢遂行。因为我只认得惠恩,并未到过老家。……今我全无介绍,贸然投奔丰村,得不为父老所疑?即使不被疑,而那里果然是我想象的桃花源,也恐怕我们这班四体不勤、五谷不分的人一时不能参加他们的生活。这一大群不速之客终难久居。因此回老家的主意终归打消。正在走投无路而炮火逼近我身的时候,忽然接到马湛翁(即马一浮)先生的信。内言先生已由杭迁桐庐,住迎薰坊十三号,并询石门湾近况如何,可否安居。外附油印近作五古《将避兵桐庐留别杭州诸友》一首。这封信和这首诗带来了一种芬芳之气,散布在将死

的石门湾市空,把硫磺气、炸药气、厉气、杀气都消解了。数月来不得呼吸精神的空气而窒息待毙的我,至此方得抽一口大气。我决定向空气新鲜的地方走。于是决定先赴杭州,再走桐庐。这时候,离石门湾失守只有三十余小时,一路死气沉沉,难关重重。我们一群老弱,险些儿转乎沟壑。幸得安抵桐庐,又得亲近善知识,负暄谈义。可谓不幸中之大幸。其经过不可以不记录。

我这才知道,爸爸如此趋之若鹜去投奔的马一浮先生,是一位了不起的儒学家。马先生是弘一大师在俗时介绍爸爸认识的。虽然马先生比弘一大师小两岁,但马先生饱读诗书,过目成诵,弘一大师很敬仰他。弘公曾对我爸爸说:"马先生是生而知之的。假定有一个人,生出来就读书;而且每天读两本(他用食指和拇指略示书之厚薄),而且读了就会背诵,读到马先生的年纪,所读的还不及马先生之多。"

爸爸带领我们前去投奔的正是这位圣人。

且说我们走到南山路上,空袭警报忽然响起。我们一行十六人走得快慢不同,前后望不见,只好各自躲避。飞机来了,丢了炸弹,据说是炸钱江大桥,那正是我们要去的地方!幸而大家无恙。下午约两点,居然会聚于六和塔下。

江边船只全被封存,汽车也派作军用。正在为难之时,天又下起雨来。只得暂进小茶馆避雨。我们在这里逗留了三个小时。爸爸在这段时间内,为寻觅去桐庐的船,饱受焦灼、狼狈和屈辱的滋味。茶店老板企图提供我们一只敲竹杠的船而未得逞,就要赶走我们。爸爸答允付他加倍茶钱,他仍不同意。种种威吓欺骗、趁火打劫、冷嘲热讽,使爸爸永记在心,难以忘却。终于找到了一只船,爸爸来接我们时进茶店去付茶钱,看见茶店老板的棉袄非常褴褛,却又同情起他来,认为他的不仁大约是贫困所迫。

说起这只船,也是运气好。爸爸和平伯、章桂哥他们遇到了一位好心肠的姓赵的巡官。了解到我们有老有小一大帮人行路难,便从省警察局封存的船只中让出一只,送我们到桐庐。那船夫是富阳人,去桐庐正顺便,所以他也很高兴。

我们上船后又遇到两个小插曲。有一个兵士把阿芳拉了去挑担,说是就放他回来;而我们的船头忽然跳上一个军人来,说声"借一借",马上把船撑开了。幸而这两件事都只是一场虚惊。那军人只是借我们的船摆一个渡,摆到一艘大轮船上去取了东西回来就放我们走了。而且他还告诉了我们一个好消息,说是平望一战我军大胜,敌人死伤无数,他们无论如何打不到杭州。我们一船人都拍手称快。回到岸边,阿芳也放回来了。大家又拍手欢迎他。连忙开船。爸爸只有到这时候才放下了心中的大石头。

晚饭我们用茶店门口买的油炸粽子充饥。这粽子特别好吃。吃饱了粽子,我们便进入梦乡,只有船夫一人在辛苦地为我们一船难民撑船。岂知船夫竟打起坏主意来。

船停下来了。船夫问平伯:到桐庐给多少钱?平伯说:讲好的二十五元,已付十五元。船夫却一口咬定说那十五元是给介绍船给我们的那个警察的。他竟罢起工来,独自上岸去了。爸爸怒斥船夫,平伯阻止了他。在这种时候,书生就不如机智的生意人了。平伯低声下气地对船夫说好话,船夫却说他撑不动了。还是平伯有办法,他也走上岸去,扶着一棵小树,和船夫谈判起来。终于谈判成功:六和塔下付的十五元作废,到桐庐后再付他四十五元。平伯满口好话,陪了船夫一起上船。

平伯悄悄地告诉爸爸说刚才已在小树上用草柴做好记号,以便以后对付。爸爸是富有恻隐之心的。他竟然可怜起这船夫来。是啊,这船夫哪里比得上如今那些坏人。他敲诈竟不要求交现钱，相信平伯到桐庐后会践约付四十五元。爸爸说"盗亦有道"，为维护这一线"信义"，爸爸竟想履行条约，到桐庐时真的付他四十五元。但平伯定要惩罚他。次日，平伯坐在船头上考虑了一阵子，忽然眉头一皱，计上心来，说："我有办法，到桐庐发表。"

次日晨，船到富阳，大家肚饥，上岸吃早餐，美味之极，连素不吃肉的爸爸看了我们的肉馒头也感受到它的威力。怕兵要拉船，匆匆回船，继续进发。晚上十点半抵桐庐。旅馆里住满了兵。爸爸只得带了我们十数人投奔迎薰坊十三号马一浮先生家。战前在杭州，住在马先生家附近时，爸爸难得去访问他，而且选择阴雨天气，以免打搅他的诗兴游兴。访问回来，似乎吸了一次新鲜空气。这次在半夜造访，自觉狼狈失礼之至。但马先生竟邀请我们一船难民全部住在他家！事出无奈，我们只得像侵略军一样占领了他家一楼一厢。而且在他家客厅里演了一幕丑剧。

桐庐县政府为卫护马先生，在他宅门外安置了卫兵。那船夫一见卫兵，心就慌了。人和行李全部进了马先生家之后，他等候收取四十五元，这时，在荒郊低声下气的平伯忽然满脸溅朱，一把抓住他的胸部，骂他半夜敲诈良民，要拉他到警察局去。船夫那短小的破棉袄被他使劲一拉，半件缩了上来，露出裤腰和肉体。大人们上前劝解，平伯才放手，转身向马先生申诉。船夫在进马先生家时心里本来就有点慌，这时连忙跪倒在地，赌咒发誓。最后平伯才答应不送他去警察局了，照旧付了他十元钱了事。我想，爸爸这时心中可能又在同情那船夫了。他又会说：我"不见诸恶，只见众苦"。

关于这一段情节，在逃难打油诗里我们只记得以下几句：

平伯先讨饶，好话几千声。

船到桐庐后,寻着马先生。……
　　平伯怒气冲,当厅倒扳账。
　　船老大哀哭,××打圆场。

　　这天晚上,我们几个孩子因为没有垫被,半夜喊冷,惊动了爸爸。次日他就上街买来垫被。

晒太阳，"偷"萝卜

十六个难民住在马一浮先生家，终非长久之计。

马先生在桐庐时身边有两位门人，一位叫王星贤，另一位叫张立明，都是圣贤之辈。王星贤先生有一个学生叫童鑫森，早先曾通过某种关系向我爸爸要过一幅画。这天恰好来马先生家访问他的老师，知道我们一家逃难来此，便热情相助答应觅屋。那时马先生已决定迁居离桐庐二十华里的阳山畈的汤庄。爸爸要追随马先生，也想在阳山畈附近找房子。恰好童鑫森有朋友叫盛梅亭的，在阳山畈附近的河头上当小学校长，他叔父是乡长，把三开间楼屋借给我们住，还不肯收房租，说是"我要感谢日本鬼。不是他们作乱，如何请得到你们来住"。后来我家从广西逃往贵州时，爸爸靠一幅画成行。友人称他那次逃难为"艺术的逃难"。其实，从桐庐开始，就是"艺术的逃难"了。如童先生不是丰画的仰慕者，爸爸又如何租得河头上的房子！

十一月二十八日，在马先生家已打搅到第四天，我们一行十六人，借助了马先生运书的船，沿桐江来到了逃难的第一个新巢——河头上。一路上，吸引爸爸视线的不是桐江两岸的美景，而是船头上的白布旗，旗上"桐庐县政府封"六字，是马先生亲笔所写。爸爸对马先生随意书写的字很欣赏，曾经拿他寄来的信封上"丰子恺"三字制版印到自己的名片上。

河头上盛乡长的三楼三底房子竟是新造的，连梁上的红纸儿都还没褪色。楼下大概是客厅厨房之类，不能住人吧。所以我们只能在楼上几间铺上稻草,设置铺位。这么多人,有男有女,有老有少,如何搭配,是有困难的。不知怎么一来,我这个女孩却被安排在平伯和章桂哥他们大男人的一间里。我为此表示抗议,却被爸爸骂了几句,哭了一场。是啊,男女老少十六人,叫爸爸如何安排得过来呢。

一两天后,马先生迁到了汤庄,王星贤先生及其家属随行。两地相距不过半公里。爸爸从此常访汤庄(至多隔一两天),聆听马先生的教诲。冬天风和日暖,他们便在竹林旁晒太阳(即"负暄"),马先生学问渊博,见解高远,引证古人的话,都能背诵原文。他过目成诵,一目十行,爸爸佩服得五体投地。

爸爸常访汤庄,我们孩子们在河头上也玩得很痛快。有文的玩法,武的玩法。我两者都参加。三个姐姐年龄相近:十八、十七、十六。她们常到屋后大院子里稻草堆上晒太阳,用稻草来编制指环之类的种种玩意儿。我也参加在内,向她们学编织。嘴馋了,就走出后院,那里有一大片萝卜地。我们悄悄地拔了几个,到旁边的小池塘里把泥洗干净就啃起来。又甜又嫩,味道真好啊!这种"偷"的行径很快就被萝卜地的主人家发现。可她们不但不骂,还争相"邀请"我们下次"偷"她们家的。那种晒太阳、"偷萝卜"的情景,给我留下很深的印象,至今难忘。

华瞻哥比元草哥大三岁,是玩儿的好搭档。他们才不参加我们女孩子玩呢。他们玩武的。我比元草哥小两岁,也喜欢和他们一起玩。我们住处附近有一座小山。我们常爬上山去玩。那山上只有野草。我们采了几个红色的小果子,不能吃的,我至今叫不出它的名字。我们拿回住处,把它们放在前院的水缸边上,用我们自制的弹皮弓射击,比谁击中得多。总之,在河头上的二十三天,是很值得回味的。

爸爸除了去汤庄负暄,聆听马一浮先生的教诲外,还有另外的交游。

这里让我引用他在《桐庐负暄》一文中的一段文字,以代替我拙劣的转述:

> 这一住虽只二十三天,却结了不少的人缘。至今回想起来,还觉得有一根很长的线,一端缚在桐庐的河头上,迤逦经过江西、湖南、广西,而入贵州,另一端缚住在我们的心头上。第一是几家邻居:右邻是盛氏的长房,主人名盛宝函的,是一个五六十岁的loudspeaker(即扬声器,这里指大喉咙),读书而躬耕,可称忠厚长者。他最先与我相过从。他的儿子,一个毛二十岁的文弱青年,曾经想进音乐学校的,便与我格外亲近。讲起他的内兄,姓袁的,开明书店编辑部里的职员,"八一三"时逃回家来的,和我总算是同事。于是我们更加要好。盛大先生教儿子捧了一甏家酿的陈酒来送我。过几天又办了一桌酒馔,请我去吃。我们的前邻是盛氏的二房,便是替我租屋的小学校长盛梅亭君之家,梅亭之父即宝函之弟,已经逝世。梅亭是一个干练青年,把小学办得很好。他的儿子七八岁,天生是聋哑,然而特别聪明。我为诸邻人作画,他站在旁边看。看到高兴的时候,发出一阵长啸,如哭如笑,如歌如号。回家去就能背摹我的画。他常常送酒和食物来给我。有一次他拿了一把炭屑来送我。我最初不解其意,看了他的手势,才知道是给我作画起稿用的。试一试看,果然选得粒粒都好,可以代木炭用。这聋哑孩子倘得常处在美术的环境中,将来一定是大美术家。他的感官的能力集中在视觉上,安得不为大美术家呢?我们的后邻是盛氏的四房。四先生也是耕读的,常和我来往,也送我一甏酒,又办了酒请我去吃饭。

只有三先生,即我的房东,身任乡长,不住在这里,相见较少,特地办了酒请我到乡公所去吃。乡公所就在学校里。学校里的美术先生姓黄名宾鸿的(不是大画家黄宾虹),是本乡人,其家在二十五里外的一个高山——名船形岭——的顶上。有一次他特地邀我到他家去玩。他的父亲和祖父都是善良忠厚的山民,竭诚地招待我,留我在山顶上住了一晚,次日才回来。凡此种种人缘,教我今日思之,犹有余恋。使我永远不能忘记。

爸爸的"逃难诗"在这时还有继续,可惜我们只从孩子的角度记得四句有特色的:

中有盛真谦,身比丝瓜长。还有哑子倌,说话勿清爽。

我们以为在令人难忘的河头上暂避战乱就可重返故乡,岂料这只是逃难的第一站。

十二月十七日傍晚,有一支军队来敲门要求借宿一夜,明晨赴杭作战。长官告诉爸爸,他们是从石门湾退出来的,听说我军和侵略军在石门湾相遇,打了个四进四出,终于不敌,侵略军就向杭州进犯了。他亲眼看见石门湾已成焦土。他说桐庐可能放弃,劝我们必须尽快离开。

在桐庐期间,爸爸曾接到开明书店长沙分店经理刘甫琴来信,代其兄刘叔琴(二十年代爸爸在上虞春晖中学的同事)邀爸爸去长沙。

爸爸便考虑起筹款登程的事来。这一回不可能再像在南圣浜时那样拆压岁钱了。他便让章桂哥去一趟杭州,去取中国银行尚未到期的存款。据章桂哥在一九八五年第二辑《桐乡文史资料》上发表的《忆抗战期间的子恺叔》一文中说:

临行前，子恺叔因路费不多，曾命我进入被围的杭州，去取存在中国银行的尚未到期的二百元存款，谁知我到达杭州之后，因找不到保人，徒劳而返。

后来听章桂哥说，他此次去杭州，差点回不来。银行碰了钉子，只得速回长途汽车站，打算赶回桐庐。但汽车已停开。他连忙奔往轮船码头。轮船也停驶了。他想起那汽车站内还停着一辆车，想必是职工们留着自己逃离时用的。机灵的章桂哥又速速奔回长途汽车站，果然，职工们都在往车上爬。他从后窗倏地一下钻进汽车。人多得站立无地，只能腾空着脚挤在众人中间。人家也顾不得去认他是否自己同事，就这样逃离了虎口，回到了河头上。

河头上炮声也已隐隐可闻。大人们讨论：是远行还是避深山？爸爸主张远行，而且力劝马先生也走。马先生虽孑然一身，但有亲戚学生童仆相从，暂时不作远行的打算。我们一行十六人，爸爸说当时已只剩盘缠三百元了，况且有老太太，怎能远行！

张立明先生曾对爸爸表示：老太太可留在这里，由他照顾。爸爸感激他"老吾老，以及人之老"的一番诚意。最后，打算大家上船形岭暂避。爸爸和马先生等由黄宾鸿先生陪同，上山去过一回，受到热情款待和欢迎。但终于没有举家上山，只是把我外婆寄在山上。这里有一段令人伤心的过程。

这一天，爸爸再赴汤庄劝马先生远行，马先生仍不改初衷。爸爸随即找妈妈、满娘和宝姐一起商量，决定流徙远方，以长沙为目的地。但外婆年近七十，当时谣传前途交通极其困难，有时恐要步行。爸爸打算把老人家寄在船形岭黄家，便征求妈妈的意见。妈妈向来是服从爸爸的。何况那时还有旧思想残余，外婆长住女婿家，似乎不是应该的事。只因当初正在做客，才跟了一起逃出来。妈妈一直于心不安，这时只得答应。便与外婆商量。外婆自觉年事已高，不便远行拖累女婿，就同意了。于是爸爸就和黄宾鸿先生商量，蒙他一口答应。当天就雇了一乘轿子，由黄宾鸿先生带路，章桂哥陪伴，把外婆送上山去。临行时，外婆叫宝姐再为她"通一次眼睛"，也就是在棕绷上拔一根棕毛，把外婆的泪管通一下。其实这是一件很不卫生的事，但当时限于条件，只能用这种土办法解决困难，这种事还只有细心的宝姐会做。外婆对她说："到了山上，以后就没人替我做这件事了！"妈妈和我们都偷偷地流眼泪。爸爸在《桐庐负暄》一文中说：

> 我心中除了离别之苦以外，又另有一种难过：我不能救庇一位应该供养的老人，临难把她委弃在异乡的深山中，这是何等惭愧的事！

送走外婆后，爸爸又到汤庄辞别马一浮先生，然后和诸位邻人一一告别，依依不舍，忙了一天。"悲莫悲于生别离"，爸爸鬓边平添了不少白发。

我到如今八十岁的高龄，还时刻怀念着桐庐河头上和船形岭，想去看看。逃难一路，除了萍乡暇鸭塘和都匀没有机缘而未再去，其他地方我都去看过了，桐庐应该去看看了。黄宾鸿先生之弟黄宾笙先生就住在上海我家附近。二姐之子宋雪君志愿为我驾车，与妻乐岚同行。我们就烦黄先生带路，于二零零八年四月九日到了桐庐河头上。通过好几位引路人一路问去，居然看到七十一年前我们住过的那楼房还在，只是显得又小又旧，已变成回收废品的人所住。次日又上船形岭，受到乡亲们热情接待。外婆住过的房子居然还在。还有马一浮先生为黄家祖坟题写的碑文。我向坟内老者三鞠躬，以表示对他在危难之中收留我外婆的谢忱。

再回过来叙当年的事吧。十二月二十一日，我们离开了河头上，先坐船到桐庐，再换大船往兰溪。盘缠不多，坐船较便宜。

这时，我们的逃难队伍虽然仍是十六人，内容却已有改变。外婆寄到船形岭上去了，干练的平伯因为家有老小，不便远行，只身冒险回敌占区去了。阿芳也已回去。平伯有一个朋友叫车汉亮，据说是在分水江上游搞水文工作的，住在我们附近的江边。爸爸去托他找船时，知他也有远行之意，便约他同行。是他帮我们找了一只小船从河头上送到桐庐。他带两个儿子乔琪、乔德同行。这位车先生有一个口头禅，惯于在主语以后加"过之后"三字。我们就在背后学他，并加以夸张："我过之后姓车"，"我的大儿子过之后在兰溪工作"。孩子一路不必操心，所以常找些小事开开玩笑。

下午在桐庐找到了一只大船，二十八元送到兰溪。两点开船，刚撑离岸，爸爸见妈妈别过头去擦眼泪，我们都神情惘然，若有所失。不知谁首先说破了："外婆悔不同了来！"别的孩子也议论起此事来。

爸爸未尝不在考虑此事，他一路在观察，发觉舟车交通并不像想象那么困难，桐庐到兰溪的公共汽车还通。于是他马上下个决心，喊船夫停船，派章桂哥上岸步行回船形岭，把外婆接下山搭公共汽车到兰溪相聚。逃难诗中关于这一情节，我们只记得以下四句：

听说行路难，其实也平常。连忙派章桂，接待外婆×。

十二月二十三日上午，我们的船到达兰溪。算算外婆也该到达了。妈妈和宝姐立刻上岸，向汽车站奔去。大约一小时后，他们回来了，宝姐向船里欢呼："外婆失而复得！"好像报告战绩一样。我们在船里热烈欢呼响应。爸爸心里这才放下了一块大石头。

章桂哥后来叙述一路的经过。他说他是步行二十几里路到河头上的。半夜上山，雇了两顶"滑竿"（即简便轿子），接了外婆直接抬到桐庐。在桐庐遇到上海交通大学两个学生，便合作由章桂哥管双方的行李，学生上车为外婆抢座位，章桂哥再递上行李。汽车到了渡口，要摆渡改乘对岸的汽车了。人必须下车步行到很远的江边。章桂哥把行李交给二学生先走，他扶着外婆走得很慢。走到渡口，船已开到对岸，时局紧张，本不再开回来。正在为难之时，天无绝人之路，只见一批警察骑马而来，在六和塔把省警察局封存的船让一只给我们的那位赵巡官竟又重逢了。这位赵巡官一吹哨子，那摆渡船就回来了。马匹先下船，赵巡长叫章桂哥搀着外婆站在马头前，马就不会踢到他们。到对岸，末班汽车已开走。坐前头一班渡船的两学生虽能赶上坐那汽车，但他们不上车，带着行李在旅馆里等外婆，一起坐次日的汽车到了兰溪。

逃难一路上有这么多好人相助，使我们深感抗日期间民众团结一致的伟大精神。

决心去长沙

在到兰溪之前,我们的船停泊在建德附近的三河镇时,爸爸上岸了解情况,得知形势并不乐观,去长沙一路艰难险阻。但爸爸认为事已至此,非努力向前不可。他在一九三八年写的《决心》一文中下定决心说:

我定要带了完全无缺的团体到湖南!

船到兰溪,我们上岸到临江旅馆住宿。爸爸一路不想暴露自己的身份,所以在旅馆登记牌上写"丰润"这个旧时的学名。(当时的旅馆,都把住客的名字写上牌子挂在柜台上方。)事有凑巧,爸爸早年在浙江第一师范学校念书时的同学曹聚仁也住在这旅馆里。他浑身军装,担任着各报的战地记者。据章桂哥在《忆抗战期间的子恺叔》一文中说,曹先生担任中央通讯社东南战区特派员。文中还说:

曹先生……对子恺叔怕暴露身份的做法不敢赞同,劝子恺叔:为了在途中能得到各方协助,顺利到达大后方,一定要把"丰子恺"三字打出去,并且相帮用急件印了名片。这一改变,作用甚大,在兰溪就立即见效,那就是存在杭州中国银行的二百元存款,去杭州不能领取,在兰溪不用保人,只凭"丰子恺"三字就很顺利地取到了。

爸爸正要打听一路的情况，所以一遇到曹聚仁，如获至宝，马上问他去长沙的事。想不到曹先生断然地说：你们要到长沙、汉口，不可能！他说他们单身军人，可搭军用车的，尚且不容易去，何况带了老幼十余人！去了也一定会半途折回。他劝我们还是到浙江的永康或仙居，那里路近，生活水平又低，还有一个老同学叫黄隐秋的，家在仙居。爸爸听了他诚恳的忠告，一时就打消了西行的决心，同意去仙居。

这天晚上，曹聚仁先生在聚丰园请客。爸爸和满娘带了我哥哥姐姐共六人赴宴。回来后，爸爸和满娘及车汉亮先生商量一下，觉得还是非西行不可。于是写了一张条子，托旅馆老板转交曹聚仁先生，谢他招待的厚意，并为自己改变主意失约而道歉。我们另雇了一只船，往常山方向去了。

我后来读了爸爸的《一饭之恩》一文，认为这一重要的决定，和曹聚仁先生在筵席上的一番话有很大的关系。曹先生问我爸爸：

"你的孩子中有几人喜欢艺术？"

"一个也没有！"爸爸回答。

"很好！"曹先生表示赞许。

爸爸后来在该文中回答曹先生这"很好"两字，这样说：

> 我当时想不通不喜欢艺术"很好"的道理。……现在我们中国正在受暴敌的侵略，好比一个人正在受病菌的侵扰而害着大病。大病中要服剧烈的药，才可制胜病菌，挽回生命。抗战就是一种剧烈的药。然这种药只能暂用，不可常服。等到病菌已杀，病体渐渐复原的时候，必须改吃补品和粥饭，方可完全恢复健康。补品和粥饭是什么呢？就是以和平、幸福、博爱、护生为旨的"艺术"。

征夫语征妇,死生不可知
欲慰泉下魂,但视褓中儿

我的儿女对于"和平幸福之母"的艺术，不甚爱好，少有理解。我正引为憾事，叹为妖孽。聚仁兄反说"很好"，不知其意何居？难道他以为此次抗战，是以力服人，以暴易暴，想步墨索里尼、希特勒、日本军阀之后尘，而为扰乱世界和平的魔鬼之一吗？我相信他绝不如此。因为我们抗战的主旨处处说着：为和平而奋斗！为人道而抗战！我们的优待俘虏，就是这主旨的实证。

从前我们研究绘画时，曾把画人分为两种：具有艺术思想，能表现人生观的，称为"画家"，是可敬佩的。没有思想，只有技巧的，称为"画匠"……我以为军人也可分为两种：为和平而奋斗，为人道而抗战，以战非战，以杀止杀的，称为"战士"，是我敬佩的。抚剑疾视，好勇斗狠，以力服人，以暴易暴的，称为"战匠"，是应该服上刑的。……

杜诗云："天下尚未宁，健儿胜妇孺。"在目前，健儿的确胜于腐儒。有枪的能上前线去杀敌。穿军装的逃起难来比穿长衫的便宜。但"威天下，不以兵甲之利"。最后的胜利，不是健儿所能独得的！"仁者无敌"，兄请勿疑！

爸爸对他的老同学显然很恼火。我后来又在他《未来的国民——新枚》（一九三八年作）一文中发现，原来曹先生还给他讲过一个故事，这故事讲得确实有点过分，难怪爸爸如此反感。引用如下：

去年十二月底，我率眷老幼十人仓皇地经过兰溪，途遇一位做战地记者的老同学，他可怜我，请我全家去聚丰园吃饭。座上他郑重地告诉我："我告诉你一件故事。这故事其实是很好的。"他把"很好"二字特别提高。"杭州某人率眷坐汽车过江，汽车停在江边时，一小孩误踏机关，车子开入江中，全家灭顶。"末了他又说一句："这故事其实是很好的。"我知道了，他的意思，是说"像你这样的人，拖了这一群老小逃难，不如全家死了干净"。这是何等浅薄的话，这是何等不仁的话！我听了在心中不知所云。我们中国有着这样的战地记者，无怪第一期抗战要失败了。我吃了这顿"嗟来之食"，恨不得立刻吐出来还了他才好。然而过后我也并不介意。因为这半是由我自取。我在太平时深居简出，作文向不呐喊。逃难时警察和县长比我先走，地方混乱。我愤恨政府，曾经自称"老弱"，准备"转乎沟壑"，以明政府之罪。

　　因此这位战地记者就以我为可怜的弱者，他估量我一家在这大时代下一定会毁灭。在这紧张的时候，肯掏出腰包来请我全家吃一顿饭，在他也是老同学的好意。这样一想，我非但并不介意，且又感谢他了。我幸而不怕麻烦，率领了老幼十人行了三四千里戎马之地，居然安抵桂林。路上还嫌家族太少，又教吾妻新生一个。……

爸爸常在关键时刻作出明智的决定。尽管我们一路艰辛，但始终没有陷入敌区，扬眉吐气地度过了八年抗战。

我们这回雇的船，船内是一隔一隔的，像没盖的棺材一样。每一隔睡两三个人，使我们小孩大感兴趣。我们哪里知道一路上大人们一直是心事重重的，想这想那。忽然满娘和宝姐耳语几句后，着急地对爸爸悄悄地说了什么。爸爸一怔，马上吩咐章桂哥上岸，步行回兰溪的旅馆去了。我们一直到章桂哥拎了一双旧棉鞋赶回来，大人们欢呼，才知就里。原来爸爸在兰溪中国银行领到一半存款后，和大人们一起商量如何隐藏这些钱，把其中四十元缝在宝姐的旧棉鞋鞋帮里了。只因旧棉鞋湿了，宝姐换了一双，把那双旧的放在旅馆床底下竟忘了带走。幸亏是双旧鞋，谁也不在意，还在床底下。

一波未平，一波又起。车先生的幼子乔德看见船里有一根竹手杖，拿了到船尾把它插入水中玩起来。我们也觉得很好玩，在一旁看着。被满娘发现，大惊小怪地赶过来，从乔德手中把手杖抢走。我们觉得满娘真小气，玩玩她的手杖又怎么了！可是我们发现爸妈也很激动，分明是赞成满娘收回手杖。孩子们心中纳闷。事后我才知道，那手杖里有数百元钞票，是满娘把竹节挖空了放进去的。一路逃难，大人们用心良苦！

关于当时的情况，爸爸曾有《望江南》两首记述：

逃难也，万事不周全。袍子脱来权作枕，
洋火用后当牙签，剩有半支烟。

逃难也，行路最艰难。竹子心中藏法币，
棉鞋底里填存单，度日如经年。

且说船经衢州到达浙江边境常山，我们要往湖南长沙，必须舍船登岸，改乘汽车到玉山、上饶，再作道理。可是，十六个人，加一个"失而复得"的外婆，老小共十七人，行李也增加了，要搭车谈何容易！爸爸很焦急。我照常若无其事，只记得自己忽然胸口痛起来，告诉了妈妈，她说大概是刚刚吃过汤团，胃痛了吧。逃难略安定后问过医生，医生说大概是"神经性"的，也就一直让它伴随了我一生。

忽然，好消息来了。爸爸遇见了石门县立第三小学校时的同学魏达三（在石门镇上被日寇的飞机炸死）之弟魏荫松。关于这一节情况，当时我一无所知，只知道后来有了车子。车子是怎么来的，不知详情。幸亏一九八零年我开始研究爸爸时打听到魏荫松先生的通信地址，去信问了。让我把他当年十二月二十三日复信中的一段引用在下面吧：

> 当时我在常山浙江省公路管理局汽车修造厂工作。一天早上你父亲在我工作单位对面的商办常玉汽车公司购车票，拟去玉山。因该公司只一辆汽车，每日往返常山——玉山一次，座位不多，搭车的人很拥挤。你们全家人多，没法买到车票。子恺先生偶然遇到了我，喜出望外。经我们晤谈后，我请他把全家人从常山船上接到我宿舍里暂住。我即与汽车修造厂负责人商量借用大汽车一辆（汽油自费），因白天部队要扣车运兵，当天晚饭后我请同事两人连我共三人，由常山开车至上饶。这天晚上天雨，送入旅馆。在旅馆稍事休息，当晚回程由我驾驶开车回常山，天将亮了。我记得这次车上人数很多。你们全家中有你的外祖母，你姑母满先生，还有……自从这次我送你们全家至上饶分别后，后来我自浙江去贵阳工作时在广西宜山曾与你父亲会过面。当时你父亲和你哥哥邀我三人曾共过餐。抗战胜利后，一九四八年我在杭州结婚时，你父亲曾给我做过证婚人。后来一直没有会过面。子恺先生与我家兄系小时候同学，我在石湾时一向熟悉。……

多亏这位魏先生详细描述当时情况，给我留下了宝贵资料。

我们坐的是卡车。偏遇大雨，虽然有篷，人太多，坐在边上的淋湿了衣服。到了上饶旅馆里，就把衣服脱下来在炭盆上烤干——我们都只有一套衣服啊!

据章桂哥回忆,到上饶已是一九三八年一月了。

啊,我忘了爸爸写的那首逃难打油诗了。记得有下面几句:

> 兰溪曹聚仁,浑身穿军装。
> 请客聚丰园,忠告两三声。
> 你们到长沙,想也不要想。
> 三个勿相信,偏生犟一犟。……
> 荫松有汽车,冒雨奔出省。……
> 发只炭火盆,困在竹榻上。
> 外面敲门问:"有否花姑娘?"……

打油诗虽然残缺不全,总是爸爸所作,不能不记。

到萍乡被挽留住了

再下一步怎么办?汽车极难雇到。十余人中有老幼,无法分班搭车。只得又改坐船。记得船经南昌时,日寇的飞机正在南昌上空投炸弹。我们吓坏了,爸爸镇定自若,满娘则不断地念佛。船远离南昌境后,大家才松一口气。

据章桂哥在文中的回忆,那时走的路线是:

> 从上饶坐船经余干,过鄱阳湖、南昌、樟树镇,至宜春,弃舟登陆,宿小客栈。因无客车,只得攀上货运列车,到萍乡已是半夜。火车不再往前,大家只得下车。站上人员要我们从南昌开始补票。我因年少气盛,与他们争了起来。子恺叔上前相劝。同时,火车站的站长也闻声赶来,彼此通姓名,子恺叔递过名片,站长非常客气,非但免补车票,还代为在旅馆订了房间。站长告诉子恺叔,上海立达学园的学生萧而化,是萍乡人,与他相识。站长还打了电话去通知。第二天一清早,萧先生就来探望子恺叔。原来萧先生夫妻都是立达学生,萧家是萍乡望族。他们夫妻热情挽留,一定要子恺叔在萍乡过春节。盛情难却,子恺叔就答应了。不久,我们从城里迁到畎鸭塘萧家祠堂,度过了流亡中的第一个春节。

以上的回忆应该是正确的。不过我得补叙一下:船到樟树镇时,我们曾上岸去。我的左耳下和脖子前长了一些包。爸爸带我在街头找个土郎中用刀替我割除了，涂点药。后来果然没事了，只留下了一些不甚明显的疤痕。

爸爸在樟树镇竟遇到了好朋友教育家郑晓沧先生。据先姐说，郑先生是爸爸住在杭州田家园时初次来访的。我对郑先生印象较深的是建国后的一件事。那时他来上海，和爸爸一起去观赏淮海路上的霓虹灯，啧啧称羡不已。爸爸后来对我说：

"郑晓沧先生是《小妇人》的译者，其实郑先生曾留学美国，见多识广，见过的霓虹灯比淮海路的一定辉煌得多。但他却像'小妇人'一样天真地赞叹。如果我们都能学到他这种人生观，就会天天开心，天天幸福。"

这番话，我细细品味，很有道理。人就是应该这样生活！

却说爸爸和郑先生互道流离情况后，郑先生告诉爸爸：有火车可通。本来我以为那时我们就舍船登陆，改乘火车。但章桂哥写的是到了宜春才搭火车的。

火车到达萍乡的情况，在章桂哥文中已有交代。爸爸在一路上，真的是"艺术的逃难"，都是靠他艺术家的名望取得了种种帮助。

萧而化夫妇的一片盛情难却，我们就在萍乡住下了。萧先生的太太叫吴裕珍，所生两个女儿，像洋娃娃一样漂亮，深深地吸引了我们姊妹四人。萧先生把我们安排在萍乡彭家桥暇鸭塘萧氏祠堂内，那宅子是很宽敞的。

从萍乡去暇鸭塘有很长的路程。我不知逃难群中别的人是怎么去的。我们老弱则可以享受坐车的待遇。可那是一辆独轮车。九岁的我、外婆、丙姆妈抱着幼小的周传农，再加上并非老弱但要照顾外婆的妈妈，天哪，一共五个人，都坐在这独轮车上！途中翻过一座山。当独轮车推上山坡时推车人那吃力的样子，至今犹在眼前。由于天雨，道路十分泥泞，所以推车人没叫我们下来。

暇鸭塘四周是田，田外是山，寂静得似桃花源一般。我们孩子们玩的地方可真多，我和两个哥哥成天野在外面。妈妈呼唤一声"吃糖烧蛋了"！我们欢喜雀跃地往家里跑，因为这可是美味的食品啊！

一九三八年一月底，我们在暇鸭塘过逃难后第一个春节。这个春节过得很有意义。当地的乡邻特别好客，竞相邀请我们全家去"吃年茶"。各家茶食上都备有剪花覆盖，十分精巧。仔细一看，原来是用蜜饯冬瓜刻花制成的，而且竟没有一片花式相同。当地人称这种糖食为"花果"。他们不仅款待我们就地吃，还让我们带回去。爸爸惊叹这种民间艺术的精美，叫我姐姐们把这些刻花描印在纸上作为纪念，并盛赞江西人的好客。

爸爸在《还我缘缘堂》一文中还回忆了暇鸭塘的一个情节：

> 次女林先最爱美，关心衣饰，闲坐时举起破碎的棉衣袖给我看，说道："爸爸，我的棉袍破得这么样了！我想换一件骆驼绒袍子。可是它在东战场的家里——缘缘堂楼上的朝外橱里——不知什么时候可以去拿得来。我们真苦，每人只有身上的一套衣裳！可恶的日本鬼子！"我被她引起很深的同情，心中一番惆怅，继之以一番愤懑。她昨夜睡在我对面的床上，梦中笑了醒来。我问她有什么欢喜。她说她梦中回缘缘堂，看见堂中一切如旧，小皮箱里的明星照片一张也不少，欢喜之余，不禁笑了醒来，今天晨间我代她作了一首感伤的小诗：
> 儿家住近古钱塘，也有朱栏映粉墙。
> 三五良宵团聚乐，春秋佳日嬉游忙。
> 清平未识流离苦，生小偏遭破国殃。

昨夜客窗春梦好，不知身在水萍乡。

平生不曾作过诗，而且近来心中只有愤懑而没有感伤。这首诗是偶被环境逼出来的。我嫌恶此调，但来了也听其自然。

邻家的洪恩要我写对。借了一支破大笔来。拿着笔，我便想起我家里的一抽斗湖笔，和写对专用的桌子。写好对，我本能伸手向后面的茶几上去取大印子，岂知后面并无茶几，更无印子，但见萧家祠堂前的许多木主，蒙着灰尘站立在神祠里，我心中又起一阵愤懑。

逃难诗最后只记得四句，以后就没了：

火车趁勿得，气煞车汉亮。
萍乡住三天，搬到暇鸭塘。

二月九日这一天，章桂哥从萍乡城里拿邮信回来，递给爸爸一张明信片，一脸严肃的表情，我们知道事情不妙。果然他说：

"新房子烧掉了！"

我们一家都惊呆了。连我这个不懂事的小孩，也感到可惜，我毕竟也在这新屋里度过了欢乐的童年啊！姐姐哥哥们七嘴八舌地可惜堂内的东西：橱里的衣服啊，新制的家具啊，大风琴啊，打字机啊，新买的金鸡牌脚踏车啊……妈妈则可惜那一箱锡器和一箱瓷器。估计那是她嫁妆中最精彩的一部分，她甚至有点眼泪汪汪，说早知如此，悔不预先在秋千架旁的空地上挖一个地洞埋了，有朝一日能回家乡，还可以去发掘。还可惜那橱柜里的衣服。如今三个姐姐中有人去做客时，总是穿那件其实已很旧的蓝地十字布旗袍。三人轮流穿。

那明信片上有一段话，说这消息是一月初《上海新闻报》上登载的。由此可以推算，缘缘堂毁于去年即一九三七年年底。至于是毁于暴敌的炮火还是我军抗战的炮火，不得而知，也不必深究。反正缘缘堂是暴敌侵略的牺牲品。

爸爸立即写了《还我缘缘堂》一文，在其中迸发了满腔怒火，文章末尾说：

在最后胜利之日，我定要日本还我缘缘堂来！

离缘缘堂忌辰百日时，爸爸又写了《告缘缘堂在天之灵》，回忆了堂内春夏秋冬的情景，以及最后与缘缘堂的永诀。一九三九年八月六日我们在广西思恩时，爸爸写完了第三篇回忆缘缘堂的文章《辞缘缘堂》，长达一万六千七百字，仅次于两万多字的《桐庐负暄》——这是他最长的两篇随笔。

据爸爸自己在《控诉日本罪行》一文中说：

我的胡须逃出来时是全黑的，到萍乡白了三分……

其一路辛苦可想而知。那还只是开始，逃难的路还长着呢！

我对于萍乡，还有一件事难以忘怀，就是那张"览胜图"。那是一种类似飞行棋的游戏。在约一米见方的一张纸的中心写着"萍乡东村萧氏家藏游玩品"，据说是萧氏祖辈设计出来供过年时儿孙辈游乐用的。由六个人轮流掷骰子玩儿。六个人各代表词客、羽士（即道士）、剑侠、美人、渔夫、缁衣（即和尚），从劳劳亭出发，一直走到长安市，中间几乎每一站都是一个典故或著名景点，如滕王阁、蓝关、东阁、金谷、洞庭、雁塔等等。难为萧家祖上如此精通古文史地，能发明这样高雅的游戏图。在逃难路上,我们每逢过年必玩这游戏,甚至到了建国后,尤其是住在上海陕西南路时期,兴味更浓。怕把萧家送的那张弄坏,宝姐还另外复制了一张。如今我已把萧家画的那张捐赠给家乡的桐乡档案馆珍藏。我们曾有复制供销售的念头,但在电脑游戏如此普及的今天,恐怕未必会有六个人愿意聚拢来玩这种古雅的游戏。

在萍乡住了一个多月,大约在三月初,爸爸收到长沙开明书店经理刘甫琴来信,告知开明书店上海总店毁于敌人炮火,总店拟迁武汉,要我爸爸速去长沙转武汉,他为我们预先在长沙附近的湘潭找好房子安家。爸爸的许多朋友都已到了武汉,爸爸是孤雁失群。他决定马上动身。于是,我们就离开了因被萧而化夫妇挽留而暂住的萍乡,顺渌水、湘江,往长沙进发。车汉亮父子就在这时和我们分手了。

渌水风光引起爸爸对江南的怀念。船泊湖南醴陵时,爸爸作了一首《高阳台》:

> 千里故乡,六年华屋,匆匆一别俱休。
> 黄发垂髫,飘零常在中流。
> 渌江风物春来好,有垂杨时拂行舟。
> 惹离愁,碧水青山,错认杭州。
> 而今虽报空前捷,只江南佳丽,已变荒丘。
> 春到西湖,应闻鬼哭啾啾。
> 河山自有重光日,奈离魂欲返无由。
> 恨悠悠,誓扫匈奴,雪此冤仇。

三月十二日船到湘潭,我们先在一个小旅馆里住下。次日早晨爸爸冒雪去乡下找开明书店为我们预订好的房子,打算安顿家人后自己好去武汉。岂知预订的房子已被兵士所占。附近找不到其他房子。湘潭已人满为患，要在旅馆里等十天八天，或许有希望。可这十天八天是开销不起的。于是当天全体乘轮船来到长沙。这是我们逃难的第三站，抵达日期是一九三八年三月十三日。

萧而化夫妇那时也去武汉。他的叔父住在长沙南门外天鹅堂旭鸣里一号，房子很大。经萧而化介绍，我们在他叔父家住下来。

把家眷安顿好，爸爸就带了宝姐、先姐去武汉了，两个姐姐在武汉读书。丙伯一家和章桂哥同行，去武汉谋生。

以五寸不烂之笔抗敌

爸爸在武汉的事,我不很了解。只知道他们是住在武汉三镇的汉口交通路开明书店的仓库二楼。据章桂哥《忆抗战期间的子恺叔》一文中说:

> 一九三八年三月到武汉,子恺叔将我和丙潮分别安排到汉口和武昌的开明书店,他只带了陈宝和林先两个女儿在身边……
>
> 当时总政治部第三厅刚建立,爱国的文艺界人士云集武汉,在中华全国文艺界抗敌协会领导下,展开了轰轰烈烈的抗敌宣传工作。范寿康先生任第三厅副厅长兼第七处处长,负责对敌宣传工作。他是子恺叔的同学、同事、老朋友,所以子恺叔在武汉的时间虽短,但他除写文章、画画外,还做了大量对敌宣传工作。

据说爸爸到了这里,非常活跃。我印象中的爸爸,一向是穿长袍的。可他到了汉口,就穿起中山装来了。穿中山装而留长须,其实很不相称。爸爸当时才四十一岁。有人说他如果剃去长须完全可以冒充年轻人了。可能是这话传了开去,竟成了一条新闻。亲友读者纷纷来信,说看到诸报均载有关"丰子恺割须抗敌"的消息,问他是否确有其事,并对他的老当益壮表示十分钦佩。据说此类信件竟达数十封之多。爸爸一

《大树被砍伐》

时应接不暇，便在汉口拍了一张全身照分寄诸亲友，以明真相。这类信件，在我家迁居到了桂林后还收到过。看来亲友读者对爸爸的胡须挺关心的啊。

一九三八年四月六日台儿庄大捷。人人拍手称快。爸爸在《中国就像棵大树》一文中记录了一件事，讲他在武昌看见一棵大树被人斩伐过半，只剩一枝干。春来枝干上怒抽枝条，绿树成荫，仿佛是在为被斩去的同根枝干争气复仇。爸爸回去后就画了一幅大树画，并题上一首诗：

　　大树被斩伐，生机并不绝。
　　春来怒抽条，气象何蓬勃。

当时在一旁看他作此画的是一个少年，他看了这幅画很感动。爸爸后来就送了他一幅。他拿回去挂在墙上，听到我军失利的消息时就看看这幅画，得到慰藉和勉励。

四月二十九日，武汉空战大捷。事后爸爸在桂林填了六首《望江南》，其中一首便是写武汉的，内容如下：

　　闻警报，逃入酒楼中。
　　击落敌机三十架，花雕美酒饮千盅，
　　谈话有威风。

爸爸在武汉和许多新朋旧友相交往。三月二十七日，武汉成立了中华全国文艺界抗敌协会，五月四日创刊了会报《抗战文艺》。编辑委员会三十三人，其中就有爸爸的名字。爸爸还为《抗战文艺》题写了刊名。

一九三八年五月二十三日在汉口参观中国制片厂后摄于杨森别墅。
左起：爸爸、先姐、宝姐；右起第三人为傅彬然。

据范用先生回忆，这四个字还是他到我爸爸当时的居住地去取的，那时范用先生还只十五岁呢。

爸爸在武汉时，还和一位叫周其勋的先生交往。爸爸去世时，周其勋先生曾发来唁电。后来我得识了称周先生舅公的张建智先生，才知道"文革"期间我曾和周先生的女儿同事过，当时却一点也不知道。

在汉口只待了两个多月，但爸爸发表了不少作品，还画了许多战时漫画，写文又写诗，并编辑出版了《漫文漫画》《抗战歌选》（与萧而化合编）等书。

爸爸曾对好友宋云彬、傅彬然说：

我虽没能真的投笔从戎,但我相信以笔代枪,凭我五寸不烂之笔,努力从事文艺宣传,可以使民众加深对暴寇的痛恨。军民一心,同仇敌忾,抗战必能胜利。

有人认为抗战爆发,使爸爸改变了世界观。其实我看未必如此。爸爸皈依了佛教,却是一个"以出世的思想做入世的事业"的人。他看到世界上出现不平等、不讲理的事,都要以笔代枪,加以诛罚。战前,他暴露社会上的不平等;如今,他怒叱侵略者的横暴野蛮。岂非同一回事?只是环境改变了,而不是他自己改变了。

这里,我把章绍嗣先生于一九九八年一月十九日发表在《武汉晚报》上的一篇文章全部抄录如下,以补充我对爸爸汉口时期情况了解的不足:

戈宝权江城拜师 丰子恺妙语惊人

一九三八年春,著名散文家、画家丰子恺来到抗战烽烟中的武汉,从事抗日救亡宣传。

丰子恺博学多才,书画金石,久负盛誉,诗文音律,才艺惊坛,可谓"十项全能"艺术家了。丰先生平日生活十分俭朴。"大布之衣,大帛之冠",足蹬布鞋,一身山村学究打扮。为人谦虚厚道,虽寡于言谈,但才思敏捷,偶有所谈,每每诙谐幽默,语惊四座。一日,文艺界同仁冯乃超、孔罗荪和刚从苏联回国的戈宝权等人会聚一堂,絮语家常,谈笑甚欢。戈宝权当时年仅二十五岁,对丰先生仰慕已久,第一次见面,便以师礼相拜。他对丰子恺一个鞠躬,毕恭毕敬地说:"丰老师,我从小就看您的书,知道您是一位作家、画家、音乐家,受到您的著作的很大启示,见到您很高兴。"

年已四十多岁的丰子恺听到后生小子的这番话后，很觉过意不去，连忙说："你不要讲我是画家。在江西时，有一次，我请人家买面包，因语言不通，我便在纸上画了个圆形的东西给那人看，结果人家买来了一个芋头。画解决不了问题。你看，我是个啥画家呀？"话刚落音，四座哗然，满室笑声。戈宝权捧着肚子，半天直不起腰来。这次初识，丰先生的谦逊幽默、急智奇思，给他留下了深刻印象。

爸爸去世后，戈宝权先生曾来我家访问我妈妈。是他力劝我让妈妈回忆一些旧事，要我记下来。他说这是很宝贵的资料。我果然照办了。如今我的卡片中还保存着妈妈的回忆，对我不无帮助。

却说后来时局紧张，马当、湖口失守，武汉告急，开始疏散人口，爸爸和两个姐姐便都回到了长沙。记得他从行李中取出一本自己剪报装订的册子，封面上自己用毛笔题着"可歌可泣"四字。他叫我们没去武汉的人都看看敌军的残酷和我方的英雄事迹。

据丙伯回忆，约半个月后，爸爸发电报给他并寄旅费邀他一家也回长沙同住天鹅堂，后同往桂林。章桂哥则随开明行动。

再说说我们这些不就业不读书的家人留在长沙天鹅堂的情况。大人们做些什么，我们根本不关心。我整天只知道和两个哥哥玩。哥哥们手很巧，没有玩具，他们会用纸盒自己做卡车、做枪等等。在暇鸭塘时，连纸盒也没有，他们就把装牙粉的纸袋拿来玩。（那时连牙膏也没有，我们刷牙都用牙粉。）在长沙，我们竟发现本宅门口那家邻居（大概也是租客）有一只硬纸板的盒子放在室外。我经常跟着两个哥哥玩，他们就叫我为他们服务：窥伺那盒子。什么时候门内的主人不注意，就把它"偷"来。我奉命一次次假装出大门又回来，终于时机成熟，被我"偷"到了手。其实空盒子人家本来就不要的。但我们小孩子家总是认为拿别人家的东西就是偷。

盒子到手后，哥哥们把它制成卡车，然后利用大人买布零头回来取去布后剩下的那块板作为滑梯，把带轮子的卡车从上面送下去。四个轮子居然会动，一下子滑到了下面。这就是我们最喜欢的游戏了。

在长沙时，我曾和姐姐们一起"演"曹禺的《雷雨》。所谓"演"，其实既无任何道具，也不化妆。只是各人选定角色，念念台词而已。

我还记得那时我根本没有床睡，在长沙的几个月，我睡的就是两三张椅子拼拢来的床。买来的布是拣便宜的买，不管颜色。所以我盖的被是红黄相拼，大人们老是笑我的被像"盖尸被"。我们家乡就是用这两种颜色来给死人盖的。

满娘是属于遇事就要担忧的人。对爸爸这个大家庭的关心，似乎胜过我妈妈。记得在长沙时，满娘有一次为家里经济开支庞大物价飞涨而在爸爸面前不断发愁。是啊，靠爸爸一个人要养活十口之家，怎么能不愁呢。爸爸却处之泰然，甚至说了些怪怨满娘多事的话。满娘委屈得哭了。我从未见爸爸惹满娘哭。他对这位姐姐是没话说的。可是爸爸毕竟是爸爸，他得全面考虑问题啊。妈妈和外婆听了满娘的话会作何感想？所以他不得不喝住了满娘的唠叨。其实满娘绝无讨厌外婆之意。况且她和妈妈相处得很好。她只是关心爸爸，替爸爸分担忧愁。这件事就以妈妈对满娘的理解和平地结束了。

妈妈和满娘姑嫂之间确实相处得很好，那是因为满娘有佛教徒的修养；而妈妈敬重满娘犹如尊敬婆婆。妈妈是一个胸无大略的贤妻良母。我说她胸无大略，因为她一切听从爸爸，但从未为爸爸出谋划策，甚至也不过问爸爸的经济情况。她只是管好一家人的生活起居、吃喝穿睡。她是勤俭持家的模范，而且自奉很薄。有什么好吃的，总是让给别人吃，并声称自己不喜欢吃。怪不得她晚年患了老年痴呆症后总说虾仁"好吃来！""鲜得来！"老年痴呆症已使得她不再考虑别人，爱吃什么可以说心里话了。只怪我们没有保健知识，只知满足她难得的口腹之欲。她在八十八岁时死于心脑血管病，可能与吃虾过多有关吧？我心里一直感到内疚。

满娘那遇事就要担忧的性格似乎是天生的，到老了更甚。软姐大学毕业在杭州工作，她母女就离开舅家，在杭州独立生活。那时我去杭州住在她们家，每天早晨软姐骑自行车去上班时，满娘必谆谆嘱咐：

"软软，小心点啊！宁可小心点啊！"

傍晚必倚闾而望。可怜天下父母心啊。

《护生画集》

《护生画集》是爸爸一生最重要的作品。

一九二七年爸爸和满娘在上海江湾立达学园永义里宿舍皈依弘一法师后,于一九二八年开始与弘一法师合作《护生画集》(初集),字画各五十幅。法师写字,爸爸作画。一面字,一面画。一九二九年二月由上海开明书店、佛学书局等出版赠阅。时值法师五十岁整寿,爸爸谨以此画册恭祝。

抗战时期,我家避寇居广西宜山,时值法师六十整寿,爸爸又与驻锡福建泉州的弘公合作《护生画续集》。弘公写六十幅字,爸爸画六十幅画,于一九四零年由上海开明书店、佛学书局、大法轮书局等出版发行。

其间,法师从泉州来信说:

> 朽人七十岁时,请仁者作护生画第三集,共七十幅;八十岁时,作第四集,共八十幅;九十岁时,作第五集,共九十幅;百岁时,作第六集,共百幅。护生画功德于此圆满。

我现在回想起来,弘公要爸爸为他祝百岁寿,其真正含义绝非在于祝寿。因为作为法师,一般是不做寿的。弘公显然已看到了护生画对于世道人心的莫大作用。他要这位善画的弟子完成这一伟大工程,是

《护生画集》封面

要借此拯救世人的心灵。你想,日寇如此狂暴侵略我国,屠杀无辜百姓,法师焉能无动于衷!

爸爸收到这封信后,十分惶恐。自己流亡逃命,生死未卜。即使太平盛世,到法师一百岁时,自己应是八十二岁了,岂敢盼望如此长寿!但师命焉敢不从,便复信说:

> 世寿所许,定当尊嘱。

有人误以为佛教就是迷信,或者信佛就是靠佛图利。因此在得知缘缘堂被毁的消息后叹息"佛无灵"。爸爸写了一篇《佛无灵》的文章来反驳。他在该文中说:

> 他们的吃素念佛,全为求私人的幸福。好比商人拿本钱去求利。……信佛为求人生幸福,我绝不反对。但是,只求自己一人一家的幸福而不顾他人,我瞧他不起。……

这完全是同佛做买卖，靠佛图利，吃佛饭。……我也来同佛做买卖吧。但我的生意经和他们不同：我以为我这次买卖并不蚀本，且大得其利，佛毕竟是有灵的。人生求利益，谋幸福，无非为了要活，为了"生"。但我们还要求比"生"更贵重的一种东西，就是古人所谓"所欲有甚于生者"。这东西是什么？平日难于说定，现在很容易说出，就是"不做亡国奴"，就是"抗敌救国"。与其不得这东西而生，宁愿得这东西而死。因为这东西比"生"更为贵重。现在佛已经把这宗最贵重的货物交给我了。我这买卖岂非大得其利？……佛毕竟是有灵的。……毕竟，对佛是不可做买卖的。

爸爸在汉口时，有人告诉他说：

曹聚仁说你的《护生画集》可以烧毁了。

据资料，曹聚仁先生早在一九三三年就在报刊上批评"《护生画集》……十分荒唐"。那时爸爸没有理会。这回在抗战中说这话，爸爸十分反感。他在《劳者自歌·则勿毁之矣》短文中说：

《护生画集》之旨，是劝人爱惜生命，戒除残杀，由此而长养仁爱，鼓吹和平。惜生是手段，养生是目的。故序文（吟按：指护生画第三集的序）中说"护生"就是"护心"。顽童一脚踏死数百蚂蚁，我劝他不要。并非爱惜蚂蚁，或者想供养蚂蚁，只恐这一点残忍之心扩而充之，将来会变成侵略者，用飞机载了重磅炸弹去虐杀无辜的平民。

故读《护生画集》，须体会其"理"，不可执著其"事"。说者大约以为我们现在抗战，正要鼓励杀敌；倘主张护生，就变成不抵抗，所以说该书可以烧毁。这全是不明白护生之旨及抗战之意的缘故。我们不是侵略者，是"抗战"，为人道而抗战，为正义而抗战，为和平而抗战，我们是以杀止杀，以仁克暴。

《护生画集》一书，以前被斥为"迷信"，一直作为佛教书籍印作赠送用。如今竟大受欢迎。

从长沙到桂林

五月间,爸爸接到刚刚创办起来的桂林师范学校唐现之校长来信邀请前往任教。又接桂林教育当局来信,聘他去"广西全省中学艺术教师暑期训练班"教艺术课。两者时间并不冲突。爸爸素闻广西有"模范省"之称,乐愿前往。他在《未来的国民——新枚》一文中说:

> 在这禽兽逼人的时候,桂人不忘人间和平幸福之母的艺术,特为开班训练,这实在是泱泱大国的风度,也是最后胜利之朕兆,假使他们不来聘请我,我也想学毛遂自荐呢。

爸爸约了好友张梓生一家四五人,合包了一辆大汽车去桂林,车资二百七十元。于一九三八年六月二十三日出发。没想到这一路上汽车颠簸得厉害。行李好像会走路的,从车尾走到了车中央。小孩嚼了舌头,有人呕吐了。我倒没事。我哪里知道爸爸正担心着两件大事:外婆和妈妈是否安全。

外婆一生从未坐过长途车,更别说如此颠簸的车。况且她最近一小时要小便一两次。现在我们都知道那是一种病,服药就能改善。可那是七十年前在逃难的路上啊!唯一的办法只能在外婆面前放一只马桶。汽车开行时,桶里的小便颠簸震荡,味道直熏她鼻子,爸爸真担心她发痧。

至于妈妈,好端端的,有什么好担心呢。谁又料到爸爸心中隐藏着一个只有他和妈妈才知道的秘密:妈妈怀孕已四个月!这是最容易流产的时期,汽车如此颠簸,爸爸怎能不提心吊胆。万一出了什么事,爸爸必须在中途留下,那庞大的逃难集团群龙无首,怎么办?

在衡阳停车吃中饭,大多数人不想吃。晚上七点,车到零陵,住进了一个小客栈,形似牢房。但因坐了一天长途车,不堪疲劳,大家赶紧进屋休息。爸爸却忙着巡视各个房间。他看见外婆端坐在竹凳上摇扇子,妈妈不在房里,正拿了个电筒走来走去找手表(后来在草地上找到了)。爸爸心里这才放下了两块大石头。

爸爸心中有大石头的事,终于在零陵宣布了。我们知道将有一个弟弟或妹妹,都很兴奋。爸爸就和大家商量预先给孩子取名的事。想起在汉口看见大树被斩伐后春来怒抽条的蓬勃气象,爸爸打算给孩子取名"新条"。

"条字不好听!改成条枚的枚字怎么样?"宝姐说。

"好,好!就叫新枚吧!"爸爸赞成。

还没出生的孩子已经有了名字。可是当我今天写这件事的时候,新枚已从人间消逝了!人生无常如此!

伤心的事暂且搁在一旁吧。且说爸爸每到一个地方,总会说出些典故。在长沙时,他提到屈原和贾谊;到了零陵,他又说,零陵就是柳子厚所描写过的永州。爸爸这话是讲给我兄姐们听的。不过我也能听懂一点。在萍乡,满娘教我读《古文观止》时,曾教过王勃的《滕王阁序》,所以我也知道"屈贾谊于长沙非无圣主"这句话;后来爸爸教我读过柳宗元的《捕蛇者说》。所以我一听这里就是永州,便想到"永州之野产异蛇",原来我们是在"产异蛇"的地方宿了一夜。那种蛇碰到草木,草木尽死,别说咬人了。如今永州想必已是高屋林立,旅馆也不再如牢房了。不知那种能治病的"异蛇"还常出没否。

次日,我们又坐了大半天车。颠簸得更厉害,可以把人抛到半尺高。二十四日下午三点,车到桂林。全家暂住大中华旅馆。

独秀峰前谈艺术

桂林素以"山水甲天下"闻名，不过爸爸似乎更偏爱杭州的山水。他认为桂林山水只能称为"天下奇"。但他由衷地赞叹桂林的民风。街上有不少穿灰色制服的人。经打听，才知这是公务人员的制服。自省长以下，桂林的公务人员一律穿这种制服。每套只售"桂币"八元。广西有自己的币种，八元只相当于我们通用的"法币"四元。爸爸觉得实在太便宜了。他说自己在长沙花九元法币定制的那套中山装，已经算是最便宜的，都要看服装店老板的脸色了。于是他也给自己买了一套灰布制服。

桂币与法币的折换，给家里人带来不少麻烦，等到习惯以后，却又闹了一些笑话：我们甚至把路程、日期全都打对折计算。

爸爸应桂林师范和暑期训练班的邀请而来桂林，桂林师范尚未开学，暑期训练班却开学在即。据说徐悲鸿、吴伯超等艺术界知名人士也曾在这训练班任教。爸爸在暑期训练班讲"艺术与抗战宣传"的课，深得学生好评。他们喜欢漫画，建议爸爸出一本如何画漫画的书。爸爸早有此心。因为有不少学生、读者向他提出漫画如何画的问题。他一次次写长信答复，不如写一本书出版。在训练班时期，他已粗定目录和大纲。可是训练班散后，此事又置之高阁。到一九三九年我家在宜山时，爸爸收到了托上海友人戴葆流夫妇从外国购寄的《怎样画漫画》英文书。装帧极其富丽堂皇而内容极其贫乏。爸爸在五月一日的日记中说：

既无确切之画法示人，更无真实之画理导人。吾购此书无异仅购厚纸及装潢也。早知如此，吾不愿于万里外托友购寄。吾自问所能编之《漫画描法》，内容之充实，指导之诚恳，至少当远胜于此类洋书。

《漫画的描法》直到一九四三年八月才由桂林开明书店出版。以后一再再版，直到如今还出了新版本。

爸爸在桂林讲课期间，我们家人也住在桂林城里。住旅馆非长久之计，据章桂哥回忆，说因校舍尚未竣工，曾暂住皇城省府礼堂。我却只记得住马皇背。关于"马皇背"这地名，我是不会记错的，可是一九八九年桂林市博物馆的熊善传先生来沪访我后回去调查，却说他们查了《桂林地名录》，得知清代有一地名叫"马房背"（不是"皇"），一九三零年已改称"榕荫里"了。但我们住的地方明明叫马皇背。

"马皇背"时期我能回忆起以下一些事。那宅院进大门就是一个天井，左右两套平房。我家住右边，三间平房。左边是另一家住的。我后来才知道，这里住的是钟敬文先生夫妇。二零零二年一月十一日《文汇报》上登载了"百岁老人钟敬文教授逝世"的消息时，孤陋寡闻的我才知道钟先生是"中国民俗学之父"。他的岳父陈炽之先生常来看望女儿，因此也和我爸爸认识了。我家迁居桂林乡下两江的租屋后，爸爸床边的墙上一直贴着一张很大很大的文字碑拓，我只记得是"荔枝丹兮蕉黄"这几个字开头的。看了爸爸一九三八年十二月八日的《教师日记》，才知这是陈炽之先生送的柳侯祠荔枝丹碑。

话扯远了。却说桂林当时没有木制家具店，爸爸到一家竹器店里定制了十二人用的家具：竹床、竹桌、竹椅，应有尽有。总价只相当于在上海买一只较差的沙发。爸爸感叹这些竹器工人对社会的贡献远远超过他们制品的价格，又惊骇于广西民风的朴实：竹器工人为了对定制人约期不误,来不及做情愿回绝生意,绝不欺骗搪塞。

我还记得一件事。妈妈有孕在身,家里想方设法让她吃得好一点。有一次,买来一个椰子,我们从未见过,不知其中有水,更不知可从上方先挖洞取水,以为只能硬来。丙伯气力大,就自告奋勇开硬壳。他开出了一身汗,还差点崩断了裤带,惹得我们哈哈大笑。好容易打开一点,倒出水来,似捧琼浆玉液般献给妈妈。大家在一旁看着她喝,期望她喝了会笑逐颜开。谁知妈妈喝了这水,说是没有什么味道。我们很失望,把硬壳用力甩掉,却发现壳壁上竟还有可爱的白色肉质,取而食之,味美胜过汁水。这才对椰子产生了好感。其实汁水虽不甜,毕竟很清凉啊。

桂林警报多,当局采取的防空措施很严格。我们住在大中华旅馆时凭窗眺望,曾看到一种奇怪的景像:楼下街上走过的穿白衣服的人,背上都有墨水画的圈或点。后来爸爸问了桂林的朋友才知道,那是违反防空禁令所致。桂林以前受空袭次数不多,不曾投过炸弹。但在我们来到此前九天,桂林遭敌机投弹,死了七人。此后,防空措施就很严格。白天行人不得穿白色或红色的衣服,违者由警察用墨水笔在其背上画圈点,据说还有画乌龟的。后来先姐有一次出门,白色的衣服背上也被涂上墨汁。

桂林还有一种防空措施:市区四周的山洞都被有计划地按街巷安排成居民的防空洞,画成地图,到处张贴。我家所在的马皇背居民被安排在老人洞。可是我们在马皇背时遇到一次空袭警报,大约因为很快转为紧急警报,敌机马上就来投弹,爸爸来不及扶老携幼去老人洞,所以全家都没出门。天井的大门对面有一扇小门,开门后走下去是一个河埠,地盘很小,大约是供洗衣用的,上方有一棵大树遮阴。我们全家就挤在这地方,感到比室内安全。机枪声炸弹声把我们吓得抱着头蹲下来缩成一团。满娘照例念佛祈求保佑。

爸爸在桂林作了六首《望江南》，其中两首就是写在桂林遇警报的：

逃难也，逃到桂江西。
独秀峰前谈艺术，七星岩下躲飞机。
何日更东归。

防空也，日夜暗惊魂。
月白风清非美景，倾盆大雨是良辰，
苦煞战时民。

崇德书店

我们住在马皇背时期,有一位叫杨子才(杨乔)的同乡青年(也是我诸姐的小学同学)也逃到桂林,在马皇背我们家住了一段时间。这时章桂哥也已到桂林,拟进开明书店桂林分店。爸爸真辛苦,他不仅要照顾家人,还时时考虑同行人的生活工作问题,毕竟同舟共济,他们对我家也多有照顾啊!这时,爸爸忽然动了一个念头,叫章桂哥别去开明书店了,决定在桂林开一家书店,让丙伯一家和章桂、杨子才二位得以谋生。

爸爸拿出三百元来,供他们进书和付房租用。书店设在桂西路南侧,据说该路旧名崇德街,石门原属崇德县,所以爸爸为书店取名"崇德书店"。九月一日开张时,还向顾客赠送了爸爸的石印画,印成单色,由宝姐、软姐涂彩。据杨乔兄所写《丰子恺与崇德书店》一文(载香港《文汇报》一九八五年七月八日)中说:

> 崇德书店的招牌由子恺先生亲笔题写,所经销的图书绝大部分是开明书店出版发行的,同时也兼营外版书、科技书和各种期刊。数千册图书摆满了两边四个大书橱和一副大板台。来购书的顾客多数是男女青年学生、流亡青年、军人、机关职工、教员、店员学徒等。
>
> 周丙潮司理账目财务和里里外外,章桂长于营业进货,我则做一名普通的售书员,丙潮夫人每天管好五个人的伙

崇德书店留影前排左起：周传农、丙婶妈、丙伯、章桂哥、杨子才兄、我。
后排左起：元草哥、先姐、宝姐、软姐、华瞻哥。

食等生活杂物。桂林开明书店跟崇德书店相距一华里多，平日进货用板车装运。由于子恺先生的关系，该店经理陆联棠等人，和我们都很熟。他们知道我店底子薄，又是初出茅庐，在业务上一向通融，可以将书销售后再结账付款。

桂西路是当时书店的集中区，开设着商务印书馆、中华书局等多家书铺。由生活书店发售的《新华日报》这张用绿色土纸印刷的报纸，在当时的桂林，非常新鲜地吸引着广大爱国救亡的青年和各界进步人士的心。另外还有一张进步报纸《救亡报纸》（夏衍主编），刚从广州运来，正积极筹备出版。在桂西路的北侧，也开设着国民党的正中书局，但此店门可罗雀，根本无人上门，店伙计整天倚柜台无聊。

崇德书店只开了一百天，就毁于敌机的烧夷弹。据章桂哥口头回忆，那时书店诸人躲警报回来，见书店尚未烧掉，连忙把书全部抢出，堆在马路上。烧夷弹把空气中的水分吸光，使火焰容易蔓延。一条街都被烧光，街上的书当然也化为灰烬，连章桂哥的眉毛也被烧着。

这个月内，桂林被狂炸三四次，所投均烧夷弹。桂林城内被毁房屋约有三分之一，南门内一带，遭劫最大。那时我们已迁居乡下。爸爸进城，看到沿途断垣残壁，荒凉满目，不堪回首。

"一只新枚酒一杯"

暑假结束，爸爸要去两江的桂林师范学校教书，我家就迁居。桂师校长唐现之要爸爸带了家人住到校舍里去。虽然好友傅彬然、王星贤二位已到桂师成为同事，爸爸还把贾祖璋先生也介绍到了桂师，但爸爸喜欢自由，还是托人介绍，在离桂林三十五公里的两江乡下泮塘岭四十号谢四嫂家租到了房子，于桂师开学前搬到了两江。泮塘岭离学校步行需三十五分钟。

这时妈妈已将临盆，不便到乡下待产。所以妈妈由十九岁的宝姐陪伴，再加上一个十岁的我打打杂差，我们三人仍留在马皇背。

桂师校舍建造尚未完工，到十月二十四日这天才在斧斤影里、杭育声中先行开课，以后补行开学典礼。爸爸给学生讲了一堂课，问学生是否听得懂他那带石门腔学杭州"官话"的"国语"，听不懂的请举手。举手的人竟过半数。爸爸大伤脑筋。但我知道爸爸这情况是无法改变的。因为后来在四川，爸爸好几次为学生讲演，还是那种口音。我在一旁听了，常常窃笑。如今电视台来采访时常常问我有没有留下爸爸说话的录音。我记得一九五四年我们迁入陕西南路的房子以后，不知哪一年中央的电台曾要他作一次对台湾人民的广播，可惜那录音带恐怕再也找不到了。

不错，爸爸通晓日文、英文，建国后又学了俄文。他的译文著作等身，而且译文很优美。可是要他开口，大概只有日文行，因为他毕竟于一九二一年去过日本十个月。但英文、俄文发音都不行。看来爸爸在外文口语方面的成就，远不如笔译和其他的文化艺术，而且也无法改进。

且说这天上午爸爸在桂师下课后正步行回家,途遇前往桂师报告紧急消息的章桂哥,说宝姐写来条子,妈妈在往省立医院做产前检查时突然患了子痫症,必须让她提前生产,要爸爸速去医院签字。

爸爸急速赶回泮塘岭家中,一边换衣服,一边叫华瞻哥查《辞海》中"子痫症"三字。我在一旁纳罕。我一向只见爸爸把那部《辞海》搬进搬出,却不知这是什么玩意儿。原来妈妈生的病也能在这里面查出来!等我长大后,每次我问爸爸什么问题,他总是十分认真地回答。回答不出或希望回答得更确切、更详尽时,他就查《辞海》。后来我也学习爸爸这种精神,用来对付我的女儿和外孙。而抗战时的那部《辞海》,后来是给幼小的新枚吃饭时垫在凳子上坐的;胜利后回江南时则是给我二姐的长子宋菲君垫高了坐的。我们逃出去时当然不会带这么笨重的上下两册《辞海》。我已记不起是在哪里买的。多半是为了备课在桂林买的。总之,爸爸为了求更多的知识,非常重视《辞海》,所以经济上一有可能马上先购置此书。新中国成立后,爸爸也为《辞海》的出版校订做了大量工作。

却说爸爸准备就绪,匆匆赶往赴桂林的汽车站,适逢农历九月初二,班车照例停驶。幸有一小汽车满载行客,司机同意他坐在司机椅背上,身体屈作 S 形。总算当天赶到桂林省立医院。郑万育医生是爸爸的读者(护士中有周女士曾是爸爸学生),医德甚高,另一医生也姓郑,却很凶,被我们称为"凶郑",其实人家医术还是很高的。

"善郑"告诉爸爸,临产期还有三星期,但现在患了子痫症,今天非生产不可;如延迟,危险性会增大。又说,或破肚,或人工生产,须再诊后决定,万一不能大小两全,他问爸爸是保大还是保小。爸爸说:"当然保大!"医生要爸爸签字盖章,爸爸蘸红墨水盖了个手印。

爸爸的好友陆联棠、张梓生、鲁彦三位先生,还有丙伯,听到这消息，早已先后来到医院，替爸爸分忧担愁。爸爸谢诸位好意后劝请回去，唯独张梓生先生留下，和爸爸在手术室外听候消息。据宝姐说，爸爸心中焦急，连连吸烟。

新枚终于出生，大小平安。只是他的脚先出来，经"凶郑"医生拉扯出来后，孩子不哭。医生把他倒拎着，拍拍背，然后拎起他的头和脚，背向上，让头和脚在背部上方相接触，如此扳了好几次，孩子终于"哇"的一声哭起来。孩子的腿骨略受伤害。医生说日后必可复原。新枚幼时有点瘸腿，后来果然正常了。妈妈则起初病势较重，昏迷不醒，但两天后就清醒了。她昏迷后一无所知，不知道自己已生下一个男孩。连爸爸也不知孩子是男是女。上一天，马一浮先生离桂林时，爸爸对他说了添丁的事，他问爸爸所生是男是女，爸爸回答不出，说只知道生了个"人"，引起旁边诸人失笑。直到护士把孩子抱进来给妈妈看时，爸爸才知道婴儿是男。

妈妈大好了。爸爸在新枚生下后第四天，带了我一起先回泮塘岭。据宝姐回忆，爸爸曾开玩笑说，这次医药费很贵，等孩子长大后要同他算账。后来爸爸为新生儿立了《新枚纪念册》（共两本），在上面贴了爸爸自绘的缘缘堂图，新枚住院时的种种纪念品，连住院发票也贴在册子上。"文革"抄家还来这两本纪念册，后来不知怎么又不见了，真可惜。新枚长大后对爸爸的孝顺，远远超过这笔住院费了，一笑。

自婴儿出生后，爸爸就恐家人特别是我外婆挂念，已先派专人送信去报平安。他谆谆嘱咐：到家后，第一句话要说"母子平安"！不要先讲别的事。我对爸爸这吩咐印象极深。因为自己说话常常不得要领，不分主次。以后就戒之慎之。

妈妈痊愈后，由爸爸的朋友农民银行行长吴敬生的小汽车接送母婴到泮塘岭。这是母子第一次坐小汽车。而等待着新枚住宿的则是谢四嫂家的西厢房,原为牛棚。牛已不养,且在迎接婴儿来到之前已修了漏,平了地。妈妈则和其他人都住在正屋。妈妈生孩子后总是没有奶水,所以新枚由宝姐软姐轮流带,请奶妈,不够时加炼乳。她们和我一起宿在牛棚里。她们给婴儿把尿时,就把在地上。虽然是婴儿尿,不臭,泥地能吸干,但现在回想起来总是太因陋就简了。

关于新枚住牛棚之事,爸爸在一九三八年十月二十八日的日记中有一番话。他说:

> 他吃牛奶,住牛棚,将来力大如牛,可以冲散敌阵,收复失地。至少能种田,救世间的饿人。即使其笨也如牛,并不要紧。中国之所以有今日,实因人太聪明,不肯用笨功的原故!

爸爸每晚照例一边喝黄酒,一边吟诵古诗词。这时新枚总是抱在他怀里。我曾听见他把晏殊的浣溪沙《春恨》第一句"一曲新词酒一杯""篡改"了一下,念为"一只新枚酒一杯"。当时他已浑忘一切,陶醉在酒和婴孩之中。

我的两个哥哥也常学爸爸的样边做事边吟诗。这时他们也利用篡改诗词的办法对我开起玩笑来。我们三人一起玩时,哥哥们忽然吟诵秦少游的《如梦令》:

> 莺嘴啄花红溜,燕尾点波绿皱。
> 指冷玉笙寒,吹彻小梅春透。
> 依旧,依旧,人与绿杨俱瘦。

但他们在念到"吹彻"后突然停顿一下再念"小梅",我以为他们在叫我"小妹",就答应了一声。

"谁叫你呀!我们在念诗词。"

知道他们原来在作弄我,后来我就不答应了。他们却又说:

"刚才叫你怎么不答应啊?"

总之,那时爸妈和姐姐们围着弟弟团团转,我就只好和两个哥哥玩了。我常跟着他们到附近的一片松林里去玩。有一回他们穿过松林,从田埂上走到另一处。那田埂中间有一段被水冲断。他俩快捷地跳了过去。我不敢跳,只好眼巴巴瞧着他们远去。可我不甘心。不见他们身影后,我就脱下鞋袜,涉水而过。

"咦!小妹,你怎么也来了。你也是跳过那水的吗?"他俩用将信将疑的眼光看着我。

我迟疑了一下,终于点了点头。他们不相信。玩了一阵子到该回去吃饭时,我们三人一起走到那儿,哥哥们说:

"好吧,既然你是跳过来的,我们就看着你跳回去吧!"

这下我紧张起来。可是既然自己说了谎,咎由自取,那就只得跳了。我使出吃奶的气力涨红了脸往前一跳,果然跳了过去,只是稍差一点,湿了鞋尖,不过总算让他们信服了。

六十年后的一九九八年七月,我和宝姐应杭州桐乡两家电视台的要求,重走逃难之路。虽然后来因故没走完,但桂林是到了的,还去了两江泮塘岭。那松林犹在,可是比我小时的感觉矮多了、小多了。以前我们走进这松林,就会不由自主地念起《古诗十九首》中的句子来:

> 白杨何萧萧,松柏夹广路。
> 下有陈死人,杳杳即长暮。

这时我们就会毛骨悚然。如今却一点也没有阴森的感觉了。

谢四嫂已于数十年前去世。她家租给我们的房子已变成一片菜地，但结构完全相同的贴邻房子犹存，可以看到牛棚的模样。

在桂师，我们看到了原先的教师宿舍房，昔年爸爸中午常在那一排房子的傅彬然先生房里午休。

新枚渐渐长大后，嘴里会发出"恩狗""恩狗"的声音，我们就戏称他为"恩狗"。小名往往就是这样自然形成的。后来为了美化一下，在书写时有时把"恩狗"改写为"恩哥"。我们唤他"恩狗"或"恩哥"，一直唤到他六十八岁猝死。爸爸常常吟咏袁枚《大姐索诗》："六旬谁把小名呼，阿姐还能识故吾。"爸爸把"六旬"改为"七旬"，大概觉得七旬才更难得。我们听惯了这样的吟诵，所以新枚长大后，甚至当着人前，我们也从不对他改变称呼。他自己也以"阿姐还能识故吾"为亲切感。

泮塘岭村居

我们在泮塘岭虽然只住半年左右，其间的事倒也有很多值得一记。爸爸除了在学校讲课并带领学生出去做抗日宣传工作外，还利用业余时间做了不少有意义的事。例如，爸爸开始写《教师日记》，从一九三八年十月二十四日桂师开学新枚出生这一天写起，一直写到一九三九年六月二十四日迁居宜山后的情况，整整写了八个月。这些日记零星发表过，后于一九四四年六月在重庆由章桂哥办的万光书局出版。

另一件事，爸爸在泮塘岭开始画一套我们后来称之为"精品"的画。他在一九三八年十二月七日的日记中写道：

> 今日乘闲，发心将抗战以来所作画稿选较可者描绘各一幅，盖"缘缘堂毁后所蓄"印，以供自己保藏。缘缘堂原有自藏画甚多，中有不少大幅已裱好，皆未带走，尽付丙丁。现在重新来过，也许比第一次更进一步。现拟概用册页，不用大幅。一则吾画宜于小幅，不宜大幅；二则流离之中，大幅携带不便，故决用册页也。取四尺玉版宣一开十二（三乘四），大小如洋琴（吟按：即钢琴）谱，作画恰到好处。今日开十大张，共得一百二十纸。用牛皮纸包裹，专供自藏册页之用。今天先选七幅，下午一气描成。

这套画，一直画到一九四六年胜利还乡之前。这八年，正当爸爸四十一岁至四十九岁的壮年时期。无论从画风或笔力上来说，都是最精

《教师日记》封面，恩狗画

彩的时期。一九八七年我随浙江省文化厅厅长毛昭晰持当时已归新枚保存的这批画去新加坡展出时，受到观众空前欢迎。当地佛教界元老广洽法师把这套画以非卖品形式出版，书名就定为《丰子恺精品画集》。

这套精品在国内多次展出并正式出版，深受广大读者喜爱。我在爸爸去世后应广洽法师要求临摹爸爸的画，后来要我临摹的人越来越多，我大部分是以此精品为蓝本的。

画精品时，其实爸爸已有离桂师到宜山（吟按：今名宜州）浙江大学任教之意。爸爸在一九三八年十一月二十六日晚上收到郑晓沧先生从宜山发来电报，要爸爸说服由他推荐来桂师任教的王星贤先生去宜山浙大教英文。而在马一浮先生（当时已在宜山）给王先生的信里透露了郑先生也有聘请我爸爸去浙大之意。十二月二十三日，马先生果然来信，说郑晓沧先生托转言，浙大要聘爸爸为艺术指导（职称为讲师），叫他下学期不要应聘桂师。

直到次年（一九三九）爸爸才正式收到浙大电报，这电报在途竟走了十三天！

于是爸爸开始觅船。然而从这天起到成行，由于舟车困难，直到三个多月后，即一九三九年四月五日，才离开泮塘岭去宜山。幸亏浙大开学也推迟到三月底，原因是校舍被敌机丢炸弹八十余枚，几乎全被炸毁。那天幸为星期日，学生皆外出，仅伤一人。但校舍须重建，故推迟开学。抗战时期的校舍原本是十分简陋的，所以重建也较方便。

这段时间爸爸在泮塘岭又完成了一项工作：为鲁迅的《阿Q正传》作了漫画插图。这工作是从一九三八年十二月八日（崇德书店被毁之日）开始，到一九三九年三月二十六日完成的。一九三九年七月由开明书店出版。爸爸在《初版序言》中叙述了此稿出版详情，今节录如下：

抗战前数月，即廿六年（吟按：公历一九三七年）春，我居杭州，曾作漫画《阿Q正传》。同乡张生逸心持原稿去制锌版，托上海南市某工厂印刷。正在印刷中，抗战开始，南市变成火海，该稿化为灰烬。不久我即离乡，辗转迁徙，然常思重作此画，以竟吾志。廿七年春我居汉口，君匋从广州来函，为《文丛》索此稿，我即开始重作，允陆续寄去发表。不料广州遭大轰炸，只登二幅，余数幅均付洪乔。《文丛》暂告停刊。我亦不再续作。后《文丛》复刊，来函请续，同时君匋新办《文艺新潮》，亦屡以函电来索此稿。惜其时我已任桂林师范教师，不复有重作此画之余暇与余兴，故皆未能如命。今者，我辞桂林师范，将赴宜山浙江大学。行装已整，而舟车迟迟不至。因即利用此闲暇，重作漫画《阿Q正传》。驾轻就熟，不旬日而稿已全部复活，与抗战前初作曾不少异。可见炮火只能毁吾之稿，不能夺吾之志。只要有志，失者必可复得,亡者必可复兴。此事虽小,可以喻大。因即将稿寄送开明,请速付印。

文中提到的同乡人张逸心,胜利后多有往来。我记得爸爸曾对我说:"张逸心改名为张心逸了。他说良心要放在当中,所以这样改。"

文中提到的君匋先生,即钱君匋,是屠甸(今属桐乡)人,一九二三年进上海艺术师范学校,是爸爸的学生。抗战胜利后多有往来。前述爸爸不再为他在上海新办的《文艺新潮》续作漫画《阿Q正传》,除了没有时间以外,还有一个原因:那时巴金的弟弟李采臣也来信请为他的《文丛》作漫画《阿Q正传》。为了避免麻烦,他就干脆两边都不给了。

在寄出漫画《阿Q正传》前,爸爸叫先姐用铅笔在薄纸上将画稿全部勾勒下来,以防原稿再次遗失。

我家在泮塘岭时期,诸姐还到五十五里外的永福县去过。先是妈妈陪了先姐去看病,后来宝姐和软姐带了新枚也去过。两次都是爸爸陪送,据说有一次爸爸是步行七小时去的。

说起宝姐她们去的原因,是很可笑的。是因为有一百八十八师军队驻扎在我家邻屋,有一天,隔壁的连长太太来对满娘说,她要做个媒人,让我姐姐嫁给其同事某连长。过了几天,又有一兵士从隔壁门口交一封情书给宝姐,并叫了一声"陈宝姐"。宝姐把情书丢弃在地。那兵士急忙走开。宝姐软姐无法安居,才去永福避难的。

关于兵士投情书之事,还有下文呢。有一天,爸爸出门,遇邻家一兵士对他说:

"原来你就是丰子恺先生……"

接着说了很多恭维话。语气之中含有道歉的意思。爸爸认得他就是投情书兵士的朋友。他们两人刚到泮塘岭时曾和爸爸交谈过一个黄昏,爸爸没有透露自己的姓名。现在他不知从何处得知了。而那投情书的兵士正好经过,见了爸爸,低了头急急走掉了。三天后,唐校长请驻军两江之李团长吃饭后,傍晚来看爸爸,说他已将兵士投情书之事告知广西当局。爸爸请他别再提此事,而且坚决不肯把那兵士的名字告诉他。同事傅彬然要集唐诗为爸爸送别,其中有"天下何人不识君"之句,爸爸对傅先生戏言说,这个"人"字应改为"兵"字。

爸爸在泮塘岭收到的信很多,房东谢四嫂以为他是当老板的。

爸爸要离开桂师,对于几位在桂师同事的好友十分留恋,对校长唐现之也依依不舍。爸爸对他说:"桂师是牛奶,不要当白开水冲药吃。"

在泮塘岭时还有两件小事。有一次,我和哥哥们去郊外玩,我采了一大捆芦苇,满心欢喜捎了回家,谁知房东谢四嫂见了大骂,把芦苇折断,全部扔出门外。我莫名其妙,放声大哭。爸爸出来一问,原来当地认为芦苇进门是不祥之兆,意味着家里死了人,芦苇作哭丧棒用。爸爸抚慰我,并教导说:"入境问俗。这里有这里的风俗习惯。我们要尊重他们!"另一件事,便是我们自己用烂泥来制作麻将牌,晒干后贴上白纸,画上一张张牌的图像。不仅我们能以此自娱,连兵士们也来向我们借用。离泮塘岭时,泥牌当然丢弃了。后来到了重庆自建的屋中,又如法炮制,另做了一副麻将牌。

却说赴宜山的事拖延甚久。爸爸买来一株铁树种在租屋附近以为临别纪念。(六十年后我们去看时,这铁树早已不在。)外婆床边墙角下竟长出一株绿树来,可我们还迟迟不得动身。后来,总算可以成行了,爸爸便托人找船。原打算找一只大船。但因官方需要大批船只,私人就很难找到大船。到三月二十二日那天,好容易托人从义宁找来两只小船,爸爸和华瞻哥前往江边看船,与船家约好下午三点先装行李,急急赶回家去整理行装,谁料途遇元草哥说傅彬然、贾祖璋两位先生特来通知,宜山方面有电话打到桂师,说日内派校车来接,请别雇船。爸爸只得托人转告船家,称因事延缓,会津贴船家一些钱。等到三月二十五日,方才收到浙大电报,正式通知派校车来的事。次日爸爸就回掉了那两只小船,船家要求的补偿费十分合理,使爸爸深感广西人心地公平,令人起敬。

我们以为这下该很快就动身了。谁知一等又等了十一天。到四月五日校车来了,才知先前已来过一次。只因误听人言,说我们已动身,车便返回宜山。收到爸爸催发的电报,方才第二次来接。于是匆匆收拾行李,十一人上车。好友们来送行。

下午二时开车离两江,五时抵阳朔。次日过修江后,车忽抛锚,无法修好,须明日从宜山另放车来。于是在公路旁名三江街的小村宿小客栈。正逢清明瑶民集市,次日就去参观。下午三时宜山校车到,于是拖了病车,载了一车人,到榴江放下病车,开到柳州宿夜。

柳州有开明分店。章桂哥自崇德书店被焚后,又回开明。如今他正在开明柳州分店。浙大有办事处在柳州。招待我们很客气。

次日离柳州,于下午一时半抵宜山西门口。

宜山用警报欢迎我们

谁料刚到西门口,就被警察拦住,说是正在紧急警报中,不可进城。于是司机把车开回数公里,在荒郊停下来。我们都还没吃中饭,幸有一篮"清明粽子"随身带着,便以粽子充饥。眼看太阳西斜,料想警报已解除,便上车回城。车回到西门口,爸爸和华瞻哥先下车进城,见一饭店,便叫华瞻哥来通知我们下车吃饭,他自己去南一街开明书店约金经理到这里来聚会。还没有走到十字路口,群众蜂拥而来,又是警报!爸爸只得跟随众人出北门,过浮桥,到对岸岩石间躲避。爸爸说他那时肚子饿了,只得连连抽烟。

我们这边的人也无法进饭店吃饭。六点半警报解除后,幸有王星贤先生及其子钧亮来把外婆、妈妈和新枚接到了预先租定的城郊"龙岗园"屋中。爸爸这头仍急急忙忙去开明邀金经理同到西门外来,见老弱已安排好,便和满娘带了我们一群儿女进城觅食。据说这天宜山一共发了三次空袭警报。迎接我们的已是第二次和第三次。因此这时饭店特别拥挤。一大群人只得到开明去要饭吃,还托一店员和王钧亮兄给龙岗园送了两客饭去。我们大批人马则到晚上十时才来到龙岗园。

龙岗园据说是庆远民团副总指挥萧道隆的家居及后花园。我们住的是园丁房,三间,每间不到十平方米。原为开明书店租下的库房。除两张床外别无家具。幸有开明货包堆着。爸爸和兄姐们把货包抬下来平铺,就成了一张大床。其实爸爸已在城内南一街开明书店的三楼栈房租下房间,供他和几个大孩子住,但龙岗园也是他落脚之处。

次日早晨，又蒙王星贤夫妇送粥及米、菜来。患难中得好友热忱帮助，爸爸感激不尽，我却只知道有吃有睡就好，从不操心。早上起来，看见外面的花园不仅有花有树，还有假山亭台、岩石曲径，高兴得不得了。

次日爸爸进城，得知学校正在开会讨论迁云南的事。爸爸说，如真的迁校，他不打算再随校长途跋涉，他说干脆做宜山人算了。

这一路逃难，所居之处，用现在的眼光来看，实在是太简陋了。龙岗园热天蚊子多，大概只有外婆、妈妈和新枚有蚊帐，我们不知怎么过来的。一路逃难，发疟疾是常有的事，有天天发的，有间天发的。发作时冷得发抖，盖好几条棉被。还有大便往往成问题。外婆她们用马桶，马桶是要妈妈倒的。到了遵义后，我和元草哥常常成为妈妈到江边去倒马桶的助手。在龙岗园时可能是姐姐们当助手吧。但因人太多，我们孩子们就必须自己解决。我记得我们是先就地解决在破箩筐或旧报纸上，然后自己端到某处去倒掉。不记得是住在哪里的时候，我们竟用报纸包好了甩向墙外。不知墙外是否有人家，总是空地吧。真是野蛮得很。我家到桂林乡下后，爸爸总是在来往桂师和家里的途中在田野里就地解决的。有一次，他把帽子围巾等放在一旁蹲下来，被远处两男子看见，误以为是在干男女勾当，竟手持棍棒赶过来想要捉奸。爸爸以为他们要抢劫，连忙起身逃跑。那二人忽然停步，向他道歉。

龙岗园蜈蚣很多，而且很大。有一次妈妈在花园里收衣服，一条蜈蚣竟爬进她衣服里面，她觉得胸前冷冰冰的，用力一抖，抖出一条大蜈蚣来。我也曾受蜈蚣青睐。有一次在吃晚饭时，我头顶"啪"的一声响，我本能地把头往旁边侧了一下，一条二三十厘米长的蜈蚣从我头上掉到了地上。它显然是在天花板上爬不动才掉下来的。我中了"头彩"。我们都怕蜈蚣，但爸爸还要在墙上画一条大蜈蚣来给我们看，真是触目惊心！

当时我们一家居住的地方——龙岗园。

爸爸对子女的教育十分重视。在龙岗园时请了浙大的学生周家驹来给姐姐哥哥们补理科，他自己教文科。我和元草哥也有幸受到爸爸亲自教我们礼仪。至今我只记得"户外有二屦，言闻声则入，不闻声则不入"这几句。还有例如给客人端茶，要用两只手端。如另一只手不方便，必须对客人说"对不起，我用一只手"。

教课总是在户外竹林下教。也不知从哪里弄来了一些简单家具，爸爸和大孩的房里也有了一张桌子。大家坐在开明书店的箱包上，傍着桌子在油灯下做功课。有时去马一浮先生留下的燕山村（后由王星贤先生居住）跟一位姓丘的女家庭教师学习。王星贤先生也教过兄姐们英文。

爸爸的这幅画,生动真实地反映了抗战时学生上课的情景。

空袭警报时时有。起初大家只是在花园里岩石边躲躲。但有一次继空袭警报后马上发出紧急警报,而且敌机真的来投弹了。大家钻进岩石下的缝阙中卧倒。幸而无恙。警报解除走出缝阙时,我发现自己的身体压死了一只癞蛤蟆。

警报太多了,我们成了惊弓之鸟。有一次街上的一排排地摊中有一人打算回家了,收起地摊,旁边的人以为警报来了,也一一跟着收摊。顿时居民也纷纷逃警报。还有一人呼唤其孩"金宝! 金宝"! 大家当做警报,连忙逃跑。

此后宜山又有一次警报,倒是真的。软姐抱着新枚跟爸爸、满娘往野外跑,我也跟了去。遇到浙大七八个教师,一起来到一块"V"字

爸爸这幅画记录了我们当时在V字形的岩石中躲避日寇飞机轰炸的场景。

形的岩石旁。岩石中间有很大的缝阙,但内有黄蜂窝,我们起初不敢进缝阙。但紧急警报来了,我们只好进去。缝阙中人多,爸爸便出来,一人卧倒在岩石旁边的地上。九架敌机来回四次投弹共百余枚。地面震动。爸爸说,这是他从抗战以来最大一次受惊吓。

警报解除后,我们入城看被炸情况,知死伤六七人。公园中死的二人全是出于无知:旁边有沟而不躲。我看见其中一人虽已死,但他那跪倒在地以手搭凉棚的姿势,给我印象很深。我第一次看见这样的死法。回家后一直想着这件事。晚上睡在双层床的上铺时,不知背朝里好还是朝外好:朝外怕一睁眼就看见那模样;朝里怕背后那鬼来袭。第二天我把这种心情讲给家里人听,却被爸爸大骂一顿,说长这么大

还那么胆小！爸爸从来没有这么凶骂过我。估计他是把国仇家恨都发泄出来了。

事后，爸爸有《宜山遇炸记》一文记其事。他在文中愤慨地说：

> 这一晚，我不胜委屈之情。我觉得"空袭"这一种杀人办法，太无人道。"盗亦有道"，则"杀亦有道"。大家在平地上，你杀过来，我逃。我逃不脱，被你杀死。这

样的杀,在杀的世界中还有道理可说,死也死得情愿。如今从上面杀来,在下面逃命,杀的稳占优势,逃的稳是吃亏。死的事体还在其次,这种人道上的不平,和感情上的委屈,实在非人所能忍受!我一定要想个办法,使空中杀人者对我无可奈何,使我不再受此种委屈。

次日,我有办法了。吃过早饭,约了家里几个同志,携带着书物及点心,自动入山,走到四里外的九龙岩,坐在那大岩洞口读书。

逍遥一天,傍晚回家。我根本不知道有无警报了。这样的生活,继续月余,我果然不再受那种委屈。

家里分两派:"胆小派"和"胆大派"。爸爸、满娘属胆小派,几个大孩子并不一定胆小,但跟惯了爸爸,也就一起跟着去逃警报。恩狗由他们抱走。妈妈一向属于"胆大派",也许她是为了陪伴走不动的外婆。我和元草哥也总跟着妈妈留在家里。

我虽属"胆大派",大概出于好奇心,也跟"胆小派"们去过九龙岩。他们抬着一锅稀饭,带着点心和书,以及被单布、尿布等,一路分几个休息点,轮流抱新枚。

六十年后我和宝姐再度去宜山的那回,龙岗园虽已不存,但那条溪水还在。宝姐指给我看她洗衣服时曾掉下水去的地方。我们靠当地政府和一位叫马玲的女企业家的帮助,也寻访了九龙岩,但已荒芜不堪,杂草丛生。他们带我们上去,马玲女士的丝袜也被草丛钩破了。九龙岩的洞内有了几个坟墓,据说因为这里风水好。

却说这样的日子过了一二十天,终非长久之计,而时局未见好转,于是爸爸应学生欧同旺的邀请,把我们老幼六人送往宜山西北的思恩(今名环江)他大伯欧湘波家,自己和十六岁以上的三女一男留在宜山开明的租房里。教书的仍教书,读书的仍读书。

我们到了思恩,住在欧湘波家名叫"榴园"的一座小楼上。六十年后我和宝姐也去过思恩。有缘遇到一位妇女知道当年欧家的情况,便带我们去当年的"榴园"。那里已成为一个建筑工地,不过我们还是认出了那间用跳板架在灰堆上方的大厕所的原址。

那年爸爸一到思恩,第二天腿部就患横痃块。幸得欧同旺介绍一位山农,有祖传秘方,识山中草药,对跌打损伤有药到病除的功效。没多久果然痊愈了。爸爸有《病中日记》(一九三九年九月八日至十四日)记其事。

爸爸腿愈即回宜山。但时局越来越紧张。敌军在南宁登陆,向西北进攻宾阳。浙大在我们一家未到宜山时就曾打算迁云南,这时正商讨学校迁往何处,宾阳竟沦陷了!来不及组织迁校,只好"大难到头各自飞",以贵州都匀为集合点。于是爸爸又要带领我们这支庞大的队伍继续逃难了。

"艺术的逃难"

　　这次逃难比以前困难的一点是我们家属分居两地。爸爸必须先设法叫我们思恩的人来到傍公路的德胜镇，等他们从宜山雇车经德胜载我们。那时通讯远非现在可比。我不记得爸爸给谁打了长途电话通知我们，那时一般私人家是没有电话的呀。反正我们连夜准备行装，打好铺盖，等待次日一早出发。

　　说起打铺盖，对我们孩子来说是一件很开心的事。大人们先把一大块油布放在地上，然后一条条被褥平铺上去，那时我们就可以脱了鞋子到上面去打几个滚。大人们自然要喝住我们。然后他们把油布从左右向内折一下，再从头上往前卷。这时我们也可上前去"帮助"，其实是越帮越忙。

　　全靠爸爸的朋友吴载之的帮助，次日雇了两顶"滑竿"，给外婆和怀抱新枚的妈妈坐，其余人步行三四十华里，在吴载之先生的护送下来到了德胜。我们就住在爸爸送我们来思恩时住过的那家小客栈。次日持行李去公路旁的汽车站等候他们的车子经过。满以为车子马上就会来，岂料"过尽千帆皆不是"。我们只好又回小客栈住一夜。第二天早上再来，仍然等不到。晚上，我们已经睡下的时候，爸爸忽然来了！但只有他一个人。

　　他风尘仆仆，一进门——啊，不是进门，因为当时内地的小客栈走进店堂间穿过一个扁扁的天井就是完全敞开的一间，供客人住宿。那几张床上不论冬夏总是只铺着一条竹席。我们裹着薄薄的棉被正在睡觉,忽然听见爸爸大声喊着"我来了! 我来了"! 穿过天井走到我们床边。

接着他马上向后面跟来的老板说：

"快给我烫一壶酒来!"

我们让他钻进暖被窝去,妈妈赶紧给他端来洗脚水。爸爸说自己是从宜山步行九十里来的。怎么会这样?! 我们又问他"宝姐他们呢?"爸爸说：

"别急别急,让我喝了酒,慢慢讲给你们听!"

酒一落肚,再加上老板为他准备了几味酒菜,爸爸已是满面春风,就开始侃侃而谈：

"时局紧张,汽车难叫。我打长途电话到思恩时其实已托人找到了一辆车,是和浙大同事——就是黄羽仪先生家合叫的。司机大敲竹杠,一千二百元送到都匀,经过德胜时接你们。到了开车那一天,我们两家一早带了行李来到约定的地点。等到上午,汽车还不来,预报球挂起来了。"

"啊呀! 怎么办啊?"最怕警报的满娘不由得插嘴。

"幸而警报没有来,不过汽车也没来。原来我们受骗了,被司机骗走了一百元定洋。我们只好就近找个旅馆住了一夜。第二天,我决定化整为零,把阿先托付给丙潮家一起带走,叫阿宝软软华瞻带着轻便的行李各自找车去都匀。"

"啊呀,他们还小呢! 失散了怎么办?"对万事都担忧的满娘又插话了。

"不小了,最小的华瞻也十六岁了。而且我关照他们,谁先到都匀,谁就在车站和邮局贴条子,说明自己住在哪里。不会找不到的。这样一来,就剩下我一个人了。我想一个人总挤得上车,到德胜来会你们。哪里知道车没找到,倒来了个空袭警报。"

《车子不来,预报球挂起来了!》

这回满娘不再插嘴,我们已经想象得出下文了。爸爸继续说:

"我就往德胜的方向走。一路向开来的车招手,都不睬我。于是我想:求人不如求己。我决定走到四十五里外的怀远,再找车子到德胜。可是我好不容易走到怀远,街上冷冷清清,不见人影。走出长街三四里,见一卖圆子的。问问正在吃圆子的两个兵,原来怀远正发了紧急警报!"

"啊!"大家不由得同声惊叹。

爸爸这幅题为《蜀道》的漫画记录了我们当年逃难时的情景。

"汽车滑竿都没希望,到德胜还有四十多里。两个兵打算步行去,我吃了一碗圆子,就跟着他们走。你们看,我把这毛巾和毛线帽子塞在两只鞋子底上,用一个兵送我的绳子捆住脚,就跟着他们走到了德胜。九十里啊!我一生从没走过那么多路。"

爸爸又添了几句:

"半路上和两个兵闲谈,他们说前面有一段路常有盗匪拦路袭劫。

我身上有八百多元钞票,这是我们逃难要用的啊。我取出来用破纸包好,拿在手里。万一遇到盗匪,我就把这包钞票往杂草里一丢,过后再回来找。幸亏没遇到,平安地到了德胜。"

"那你怎么知道我们住在这里呀?"几乎是异口同声问。

"我去区公所问了。不过上次送你们去思恩经德胜住的也是这里。我猜也猜得到。那你们老老小小是怎样从思恩出来的呢?"

"全靠你的朋友吴载之呀!他帮我们雇了滑竿,还不放心,一路护送我们到德胜呢。"妈妈怀着感激的心情说。

事后,我和姐姐们回忆起:爸爸不仅作了"逃难诗",还萌发过写章回小说的念头。可惜没能实现。只剩下一些章回的题目,而且我们已忘了个干净。我只记得两句:

> 吴载之护送出思恩,丰子恺步行到德胜

我们没及时把当时记得的写下来,真可惜。不过,虽然只有这两句,至少能反映出爸爸一路不管如何艰苦,却依然诗兴很浓。这对我们不无影响。我夫妇和宝姐(有时软姐也加入)在妈妈去世后,不再有服侍人的任务了,就几乎每年出游。计划是"先远后近,先高后低"。每次回来总是作长诗,写下一路的情况。这也是受爸爸的影响啊。

好了,再回过来谈。第二天,爸爸得宜山友人来电,知道爸爸在宜山留下的我姐姐哥哥三人当天就挤上了车子,从正在步行的爸爸身旁开过。我一直觉得奇怪,旅馆里又没电话,爸爸是到哪里去接电话的。莫非又是区公所?或许是他们转达。

于是,爸爸又要考虑如何把我们这批老弱带到贵州去:外婆七十多岁,满娘和妈妈都是四五十岁,我十一岁,元草哥长我两岁,新枚出生才一年一个月光景。还有十几件行李。时局越来越紧张,警报每天两次,找车更加困难。次日爸爸带了这批老小和行李到车站,毫无希望。爸爸的头发就在这个时候急白了。

天无绝人之路。次日又带了老小和行李到车站,居然遇到一辆车子,内有浙大的学生。蒙他们帮忙,把满娘和元草哥硬塞了进去,但不能带行李。剩下我们五个老小和爸爸,还有一大堆行李,再也无法分开了。于是我们仍回旅馆,又住了几天。终于决定叫滑竿和挑夫先把我们送到河池再找汽车。好在那时人力便宜,吃饭也便宜。我们雇了四乘滑竿,十二个抬滑竿的人(因为要抬三天,必须三个人轮流抬),四个挑行李的,浩浩荡荡出发了。

晓行夜宿,三天后到达河池。河池很繁华,旅馆也漂亮。楼上一间内竟有镜台(我们好久没看看自己的模样了),还有痰盂、茶具、蚊帐。旅馆老板是读书人,竟知道爸爸的名字。因此招待得格外周到。但问起找车子往都匀的事,他也无能为力。

次日,爸爸一早到车站上去看看情况,回来说车站上一片混乱,拥挤不堪,人人都在争先恐后地找车子。

再次日清晨,爸爸手里拿了一大沓钞票又去车站。回来时垂头丧气对我们说,确实有几个司机看到这一大沓钞票动了心,但有的抱歉地说车上已经客满,有的则问爸爸有几个人。爸爸打了个折扣说三个人,八件行李(其实是五个人、十二件行李)。司机好像吓了一跳,调头就走。我们看见爸爸站在窗口若有所思,但谁又帮得上忙呢。妈妈只是说了些毫无用处的安慰话。

后来爸爸在一九四六年回忆此事而写的《艺术的逃难》一文中说:

南国的冬日,骄阳艳艳,青天漫漫;而余怀渺渺,后事茫茫,这一群老幼,流落道旁,如何是好呢?传闻敌将先攻河池,包围宜山、柳州。又传闻河池日内将有大空袭。这晴明的日子,正是标准的空袭天气。一有警报,我们这位七十二岁的老太太怎样逃呢?万一突然打到河池来,那更不堪设想了!

爸爸这样提心吊胆了几天。妈妈、外婆虽也着急,因对时局不甚明了,也无法为他分忧担愁,更不用说我这不懂事的孩子了。

旅馆老板安慰爸爸说,万一敌人打到河池,他有家在山里,可以请我们同去避难。爸爸表示:萍水相逢,何以为报?老板说,可以在山里写些书画,给他子孙后代保藏。这样一说,爸爸有七八分打算随老板入山了。但还是抱着去都匀的一线希望,毕竟有家属六人在都匀等着啊。况且他们身上带的钱用完了怎么办?!

老板见爸爸同意入山写书画,第二天便迫不及待地拿出一副大红闪金对联纸来,说他父亲今年七十大寿,做儿子的要表表孝心,请书写一联,托人送到山里,聊表寸草之心。爸爸当然满口答应,便到楼下客厅里去写了一副庆寿的八言联。闪金纸不吸水。墨沈堆积不干。管账的建议抬出门外到人行道太阳底下去晒晒。老板不同意,怕被过往行人踩了。管账说由他去守着。于是把对联抬了出去。爸爸自回楼上休息。

岂料一线生机就在这时出现!

老板亲自上楼通报说,一位路过的赵先生要见爸爸。说话之中,客人已经上楼。是一位壮年男子,身穿皮夹克的。他一见爸爸,就热情握手,连称"久仰久仰""难得难得",是无锡常州一带口音,倍感亲切。他名赵正民,是汽车加油站站长。他说,想不到路过旅馆,看到墨迹未干的对联,是他久仰的丰子恺先生写的,赶快来访。他问起爸爸如何流落到此。

爸爸向他诉说后,这位赵先生慷慨地说,明天正好有一辆运汽油的车开往都匀。车上的空位子原是送他家属的。现在让给我们先走,若有人盘问,就说我们是他家属。爸爸问他自己的家属怎么办。赵先生说,他自己是要到最后才能走的,所以家眷慢一步走不妨。爸爸连连称谢。他说晚上再带司机来。说罢便匆匆离去。

爸爸在文中说出了他当时的心理状态:

> 我好比暗中忽见灯光,惊喜之下,几乎雀跃起来。但一刹那间,我又消沉,颓唐,以至于绝望。因为过去种种忧患伤害了我的神经,使它由过敏而变成衰弱。我对人事都怀疑。这江苏人与我萍水相逢,他的话岂可尽信?况在找车难于上青天的今日,我岂敢盼望这种侥幸!他的话多分是不负责的。我没有把这话告诉我的家人,免得她们空欢喜。

爸爸多疑了。这位赵先生倒是很守信,晚上果然来了,还带着司机,让他看过人数,一一点过行李。然后,赵先生拿出一卷纸来,请爸爸作画。这原本是一件理所当然的事,但爸爸在《艺术的逃难》一文中有一番话,道出了艺术家的心声,很有意义。如下:

> 我就在灯光之下,替他画了一幅墨画。这件事我很乐意,同时又很痛苦。赵君慷慨乐助,救我一家出险,我写一幅画送他留个永念,是很乐愿的。但在作画这件事说,我一向欢喜自动,兴到落笔,毫无外力强迫,为作画而作画,这才是艺术品。如果为了敷衍应酬,为了交换条件,为了某种目的或作用而作画,我的手就不自然,觉得画出来的笔笔没有意味,我这个人也毫无意味。故凡笔债——平时

友好请求的，和开画展时重订的——我认为一件苦痛的事。为避免这苦痛，我把纸整理清楚，叠在手边。待兴到时，拉一张来就画。过后补题上款，送给请求者。总之，我欢喜画的时候不知道为谁而画，或为若干润例而画，而只知道为画而画。这才有艺术的意味。这掩耳盗铃之计，在平日可行，在那时候却行不通。为了一个情不可却的请求，为了交换一辆汽车，我不得不在疲劳忧伤之余，在昏昏灯火之下，用恶劣的纸笔作画。这在艺术上是一件最苦痛、最不合理的事！但我当晚勉强执行了。

我哪里懂得爸爸这种艺术家的心情。我只觉得爸爸画了这幅画，我们就能去都匀与大家相会了，爸爸的画那么灵通广大！

第二天一早，赵先生还亲自来送行。我是坐在司机旁边的。我记得他关照我遇检查时要把人缩下去使自己显得小些。终于下午平安到达都匀。汽车站墙壁上果然贴着先到六人的旅馆地址。我们很快就找到了他们。大家笑得合不拢嘴。爸爸说：

"人世难逢开口笑，茅台须饮两千杯！"

当天晚上，也就是十二月一日，全家在中华饭店吃一顿团圆饭，爸爸喝茅台大醉。爸爸总是说他只能喝黄酒，不能喝白酒，喝了白酒会便血。估计茅台是白酒中较平和的吧。

浙大同事们听爸爸叙述了这次艰难的逃难，都称颂他真不简单。爸爸说：

"这次逃难是一次了不起的'全家旅行'。"

同事张其昀则给从宜山到都匀这段逃难下了一个结论，说这是一次"艺术的逃难"。爸爸在文中说：

当时那副对联倘不拿出去晒,赵君无由和我相见,我就无法得到这权利,我这逃难就得另换一种情状。也许更好,但也许更坏:死在铁蹄下,转乎沟壑……都是可能的事。人真是可怜的动物!极细微的一个"缘",例如晒对联,可以左右你的命运,操纵你的生死。而这些"缘",都是天造地设,全非人力所能把握的。寒山子诗云:"碌碌群汉子,万事由天公。"人生的最高境界,只有宗教。所以我说,我的逃难,与其说是"艺术的",不如说是"宗教的"。人的一切生活,都可说是"宗教的"。

从河池到都匀,是要中途宿一夜的。我们宿在六寨。这是一个小镇,甚至当时只是一个村的规模。我之所以还记得它,是因为发生了这样一幕:忽然有一个长官领着一队兵士来旅馆看爸爸。那已是黄昏时分。我们那旅馆的房间照例是没墙没门的,与天井相连。十二月份,床上照例铺着竹席,而且没有别的家具。所以我们只能坐或躺在床上。看到这么多兵走进天井,我们吓了一跳。后来才知道那队兵也宿在六寨,长官知道丰子恺在此,久仰大名,便带了部队一起来,让他们也见识见识这位大艺术家。估计事先总和爸爸打过招呼吧。只是对我们说来突然而已。

那长官先是向兵士们介绍了爸爸如何如何有名,兵士们一阵鼓掌。然后长官请爸爸对兵士们讲几句话。爸爸便操着他那杭州官话讲了一番,无非是勉励抗日并感谢他们在前方出力之类。又是一阵鼓掌。

第二天,我们就往都匀进发了。

都匀一月

我们在都匀只是临时居住,约一个月后,又随浙大迁校至遵义。

这一个月却住了两个地方。第一处时间短,是在一个凌空的楼上。上楼的扶梯也是凌空的。上面只有一个大房间。爸爸曾在一张小纸上写下"内外尽无隔,屏帷不复张"。十一人将就住在一起。

不知为什么,我们称房东为"教员先生"。在"教员先生"那儿住了不久,就搬到另一处。

我们孩子们常用怪怪的名称来回忆住过的地方。提起这另一处,往往称为"碰头"的地方,或"贾祖璋走"的地方。

我们住在二楼,一条长走廊的右边是一排宿舍式的房间,记得爸爸住在尽头的一间。走廊上方的一排梁木很低,如不注意,一路走去要碰好几个头。为了免去碰头之苦,爸爸写了好几张"当心碰头"的纸,分别贴在一个个梁木上。

走到尽头,望下去是隔壁单位的一个操场。常可听见做操的声音:"向左转走!"

不知是谁听了以后好奇地说:

"他们为什么喊'贾祖璋走'?"

我们都笑起来。贾祖璋先生是爸爸的好朋友,所以大家对他的名字很熟悉。音相似,难怪听错了。

在这里,我还记得一件事。有一队兵士也驻扎到这里来。连长叫呙继宗。一来就和爸爸打招呼,并作自我介绍。后来有一次,他手下的一个兵士借了我家的淘箩去用,却不是淘米,而是放脏东西。满娘见了,便去讨回,那兵士不肯给。那时期,一个淘箩对我家也是可贵的。爸爸便去找吕继宗要。吕继宗把那兵士叫来,用皮带抽他的手心。这样一来,心肠慈悲的满娘倒反而为那兵士求饶了:

"好了好了,算了算了。说他几句就行,不要打了!"

吕继宗连长有一次和爸爸聊天,说起他那把手枪。他忽然说:

"你们想不想试试放枪?我们找个空旷的地方去让你们放放。"

我们听了这话愣住了,枪这玩意儿我们从未玩过,连碰都不敢碰。两个哥哥很有兴趣,和我们一起的丙伯也跃跃欲试。于是爸爸领着一群人跟吕继宗连长到郊野找了一个地方。吕继宗连长把如何放枪的办法教了一下,然后把枪交出来任我们试放。我们都不敢放,只有丙伯想试试。但枪拿到手后终于又不敢了。

在"碰头"的住处,还有一事非记不可。有一天,我们互相诉说:

"怎么这几天身上那么痒?"

有人把裤腰翻开来,竟发现了上面爬满小虫。"啊呀,那是白虱呀!"

大人们见过白虱,我们孩子们却是第一次见。于是,或用手掐,或用火烫,或用滚水煮,大家用种种办法消灭白虱。大人们猜想,很可能是兵士们身上传过来的。那时候我们生活都那么艰辛,不用说当兵的就更苦了。

浙大迁校往遵义。我们一家当然要随校迁移。出发前,我们要在门口摆一个地摊,把家用器什全部卖掉,回收一点钱充作旅费。爸爸忙于对外的事。摆摊的事就由妈妈主管。妈妈选中了我充当她的助手。我那时已学会讲贵州话。有人来问价格可以应对。

"浪个卖?"(即:怎么卖?)

我看见有人问津,很高兴,连忙回头看妈妈,想必她会回答价格。

岂知她怕难为情,已经逃得无影无踪。好在妈妈事先已对我讲过物品的价格,我就回答了顾客,居然像模像样地做起生意来。

遵义罗庄

逃难至今,每个地方都住得不长久,住得最久的桂林两江,也不满一年。一九三九年十二月一日全家相会于都匀住了约一个月,于一九四零年初到达遵义后,一直住到一九四二年十一月离开遵义赴重庆。在遵义住了近三年,所以印象较深。

刚到遵义时,我们住在"丁字口"附近的一个旅馆里。据说后来到那附近的浙大宿舍住过,但时间不长。不久就迁居丁字口东北郊的罗庄。在罗庄住了约一年,因离浙大爸爸教书的地方太远,又迁到丁字口西南边的狮子桥南潭巷。

丁字口是遵义这座城市的中心,后来那里曾挂过一幅抗战宣传画,内容是画敌人残杀我国同胞的惨状。看了使人触目惊心、怒发冲冠。据先姐回忆,这幅画是一位姓颜的青年画家和一个八龄小画家合作画成的。他们曾来请爸爸指导。为此,爸爸颇费了一番工夫,花了不少心血。但他不要署名。画上只署着两位大小画家的名字。

据宝姐回忆,爸爸在浙大除了教"艺术欣赏"外,还开过"新文学"课。校方为爸爸买过胡适、陈独秀的文集,供爸爸备课用。据说爸爸教课十分认真。学生的作文,他篇篇批改,连标点也不放过。文末的批语往往长达数十字乃至百余字。在浙大教课不久,一九四一年秋,爸爸升为副教授。

罗庄的主人名罗徽五,是个大财主。走起路来掌心向后,像划船一样。据说这是有钱人的样子。我们住在他家祠堂的房子里。三开间,中央后半间供牌位,前半间给我们吃饭,左右两间我们居住。这三开间祠堂房子造得高些。石级走下去,就像四合院一样,对面也有三开间。东西两旁各有一隔为二的一个厢房。满娘和软姐住在西厢房。这里可说是我们逃难以来住得最宽敞的地方了。

我记得在遵义不再经常听见那惊心动魄的警报声。但对面的房客喜欢哼歌,哼一些"好花不常开"之类的流行歌曲。有一次不知她哼的什么歌,声音像拉警报。爸爸、满娘是惊弓之鸟,都吓得要命,几乎要逃出去了。等到发现是对面人家哼歌声,大家都笑弯了腰。

新枚本来只会"恩狗、恩狗"地喊,由此而得了"恩狗"的乳名。但在罗庄学会了说第一句完整的话。他尿床尿湿了被褥,我们雇用的一位耳聋的女工拿去洗了。我们指着空床问恩狗为什么床床空了。他说:

"姆妈聋子'喏'!"

这一个"喏"字就包括了"把被拿去给她了"的意思。

一岁三个月的恩狗也是在这里第一次学会独自走下石级。妈妈看见吓了一跳,但负责管他的宝姐制止妈妈出声,让恩狗独自跨出这人生的第一步。

说起管恩狗,爸爸一开始就给几个大孩子订了制度,轮流负责管他。记得在思恩时,大家吃中饭,地上铺一条席子,让恩狗坐在上面,把爸爸的手杖给他,再给他一个他吃完了的炼乳空罐头,让他用手杖拨弄。我们就安然吃饭。可是恩狗不照顾我们,往往就在这时,我们闻到一股臭味,于是由当值的人把恩狗抱到厕所里去处理。

这种轮值制到了恩狗略大一些会讲话时,他常常会问:"格些嘎宁管我啊?"我们家虽然逃难在外,在家里却一直讲石门话。恩狗这句话的意思是:"现在谁管我啊?"可见他已发现我们有轮值制。

罗庄很大。前面是陆军大学的房子,在我家的祠堂房子再往里走,住着一些军官。不记得是什么因缘,爸爸认识了一位叫孔亚萍的军官。他又介绍了另一位叫关公侠的军官。都对爸爸很崇敬。我们要离开罗庄时,关公侠把他身边的勤务兵让给了爸爸,说是叫他"保护老师的生命"。我们后来一直重复这句话作为笑谈。

在罗庄,可以说是逃难以来爸爸第一次精神松弛下来。精神紧张时不会生病,一旦松弛,病魔就要同你算总账了:爸爸生了一次痢疾。由孔亚萍介绍一个叫汪小玲的中国籍的德国女医官来替他灌肠治疗。不久恢复健康。

罗庄的主人,我们称他罗老板的,也仰慕爸爸的书画。但爸爸不大喜欢和这种人交往。罗老板几次来访都遭冷遇。后来罗老板的母亲死了,大办丧事,送来讣告,想请爸爸去吃素酒,写挽联。那时爸爸刚好喝过午酒,见他来,连忙起身避入内室,嘴里还吟着李白"我醉欲眠君且去"的诗句(把"卿"改成了"君")。

对于读者,爸爸绝不怠慢,总是热情地答复他们来信,接待他们来访。如果有人求字画,他就爽脆地答应,尽快画好写给他们。

在罗庄祠堂屋前的石级上,我还有一个终生难忘的记忆。那天晚上月亮很大,我和宝姐坐在石级的阶上聊天,宝姐突然转变话题对我说:

"你知道吗?爸爸对我说:人是要死的!"

"什么?要死的?!死是怎么一回事?"

"死就是'世界上没有我了'。"

"我怎么可以没有呢?!"

"就像睡着一样,不过永远醒不来了!"

"永远醒不来?那'我'到哪里去了呢?"

宝姐没有回答。我们两人都陷入了沉思。后来我又问了很多话,宝姐都没法回答。

这次对话使我第一次了解人生问题。由这番话可以推断，爸爸已在对宝姐灌输佛教的"人生无常"。不过爸爸显然并没有对宝姐谈过"轮回"，后来对我也从不谈轮回。我至今无法相信轮回，可能也是受爸爸影响。不过与宝姐的这次谈话，对我影响是很大的。

课儿

对于子女的教学问题,爸爸一直挂在心上,并在书面简称之为"课儿"。课儿从萍乡就开始。那时是让我们学《古文观止》。几个大孩子由爸爸自己教,我和元草哥则由满娘教,满娘教我们王勃的《滕王阁序》,只叫我们背诵,很少讲解。我现在深深体会到这方法好。小时候背过的诗文,到老也不会忘记。至于理解,随着年龄的增长,知识的积累,自会领悟其意义。

我们一家念诗或古文,都学着爸爸拉调子,有点像唱歌一样。唱歌是会留给人们深刻印象的。我每学一首新歌,后来再唱时就会想起初学是在什么地方。所以现在一读《滕王阁序》就想起萍乡畹鸭塘。

到了桂林两江泮塘岭,我们学的是《古诗十九首》等。那时我们所住的泮塘岭旁边有一座松林。我们一到那里,就会情不自禁地念起《古诗十九首》中《松柏夹广路》的句子。

在我们看来,这座松林很大,阴森森的。一念这首诗,我们竟有点汗毛凛凛。六十年后再到泮塘岭看到这松林,很希望再体会一下这种汗毛凛凛,但想不到发现这松林其实很小,只因当时我们人小,才显得高大而有恐怖感。

在泮塘岭,爸爸又恢复了教哥哥姐姐们英文,教过培根《论说文集》中的《论学问》(Bacon:Essay of Studies)。不知为什么还教过英译《论语》中"冠者五六人"一节。据宝姐回忆,爸爸还让他们背林肯的《独立宣言》。当时家里没什么书,有什么就教什么,只要是爸爸看中的。同时,爸爸让软姐教丙伯和章桂哥英文。

到了宜山龙岗园，则从浙大请了正式的家教。

前几年我和宝姐回忆起"课儿"，她说爸爸不相信学校的教学，所以宝姐到了学龄仍不进小学，由爸爸自己教。而且一开始就教《爱的教育》这本书。她记得读到其中精湛的文章和"每月例话"，爸爸都要求她背下来。

说起《爱的教育》这本书，实在值得介绍一下。作者是一八四六年生于意大利的亚米契斯，写此书时是小学三年级学生，其父为他修改。亚米契斯入中学后又添加了一些新的材料，遂成此书。到一九零四年，此书已出版三百版次。一九二零年夏丏尊先生在白马湖春晖中学任教时得到此书的日译本，一边流泪一边读，读了三天。他认为当前的教育犹如要挖一个池塘储水而一味讨论池塘挖成什么形状，却不去考虑水本身。夏先生说：水就是情，就是爱！夏先生于一九二四年对照了日英两种译本把此书译了出来，并从各国所定种种书名中选取了《爱的教育》为中译本的书名。初连载于《东方杂志》。后来夏先生让昔年的学生——我父亲为此书作了插图，于一九二六年三月由开明书店初版，一连印了三十八版。

由此可知，这本《爱的教育》确实是本好书，难怪爸爸要选作教材，让没进小学的宝姐一开始就读这本书。

建国后，一九九二年，由倪美琪及其夫董兴茂二位发起成立民间组织"爱的教育研究会"。冰心、柯灵、谢晋等名人任该会顾问。一九九五年十二月，此书由华东师范大学出版社出版，多次重印。

话扯远了。我们家到了遵义后，没再受日寇骚扰，生活比较安定。在罗庄时，爸爸每周六晚上召集我们六个孩子开一次家庭学习会。会上有爸爸买回来的糕点果品给我们吃。起初每次买五元，他便定名此

《赤心国》插图之一

会为"和谐会"。用石门话来说,"和谐"二字的发音与"五元"近似。后来物价涨了,爸爸就买十元,并把这学习会改名为"慈贤会"。"慈贤"二字在石门话里读音与"十元"近似。从这两个名称看,爸爸即使在战乱时期,追求的还是"和谐"和"慈贤"。

在家庭学习会上,学习的内容很多。教我们学诗词古文当然也是内容之一。我现在自己看看诗词古文的书,觉得爸爸选给我们读的都是通俗易懂、内容精彩的好作品。除教诗词外,爸爸还让我们练习写作文。他先给我们讲故事。讲完后,要求我们凭记忆写下来。这种办法不仅能锻炼记忆，又能看出每个人的表达能力。记得我在一九五二年就读于中苏友协俄文学校时，一位俄罗斯女教师也是用这样的方法教我们的，在俄文中称之为"своими словами"，就是"用自己的话来说"的意思。这方法很能锻炼学生的写作能力。《赤心国》就是那时所讲的故事之一。一九四七年爸爸把它加上插图，就成了一篇儿童故事连环画。题材显然是他自己想出来的。爸爸厌恶人间的虚伪奸诈，希望人人都有一颗坦然外露的赤心，诚恳待人。

在学习会上还有命题作文。有一次爸爸竟让我们写一篇搓麻将的说明书。乍看这命题有点可笑。可能有人认为搓麻将有点赌博性，写说明书则似乎与作文无关。其实爸爸看到了中国人发明的麻将是很复杂而又好玩的一种游戏，不亚于外国的扑克。只是必须四人围桌玩，难于在临时性的简陋场合推广。至于赌博性，要看人们如何对待它，扑克不也可以用来赌博嘛。麻将本身无罪。至于要我们写说明书，那是因为写说明书和写作文不同，写说明书要换一副科学的头脑，要写得一看就懂，并能应用。如今扑克有种种书可教人如何玩耍，而麻将从来没有。奇怪的是麻将一学就会，世代相传总是口授，甚至有在一旁看会了的。如今爸爸要我们为它写一份说明书，真是别开生面！

提起麻将，我又想到"天九牌"这种几乎要被人遗忘的游戏牌。我们小时候常玩天九牌。天九牌一共只有三十二张，一般都是和麻将一样的硬牌，也有纸牌，不如硬牌方便。它的优点是游戏品种多，可供一至四人玩，携带也方便。在上世纪我和宝姐出游时常带着它，例如上黄山晚上寂寞时就拿出来玩。至今我家还有天九牌，不过现在越来越忙，很久没拿出来玩了。我曾想为天九牌写一说明书。数年前我在报上看到舒乙先生写他父亲老舍的文章，其中提到老舍先生竟也喜欢天九牌。我按捺不住，竟给尚未谋面的舒乙先生写了一封信，陈述自己对天九牌的爱好以及想为它写说明书并已写开了一个头。舒乙先生回信鼓励我把说明书写下去。可是至今我的电脑里还只留着天九牌说明书的头，再也没有时间续写了。如今我们买家电或手机之类的先进科技产物来，要看懂说明书，真是难上难。说明书几乎都是写给行家看的。我总是请宝姐的女儿杨朝婴替我把说明书提炼成既简练又通俗的一两张纸，才能据此学会使用。

爸爸还教我们学八卦，并用"平求王元斗非半米"八个字来形象化地解释八卦笔画的连续和断开。

一九四零年的农历除夕，我们是在遵义罗庄度过的。爸爸叫我们在那天晚上以前各自买好规定价钱的礼物，悄悄地包好。在除夜晚会上把全部礼物编成号码，大家拿阄，按次序拆开各自拿到的礼物。这时的欢乐难以形容。不仅有自己得到礼物的高兴，还有观看别人礼物的乐趣。有人买的礼物别开生面，令人意想不到，拆开时赢得哄堂大笑。爸爸买的礼物往往是超过规定价钱的。大家都希望得到。妈妈买的则往往是肥皂之类的实用品，不受孩子们欢迎。大孩子有时就与拿到不喜欢的礼物的小孩交换，皆大欢喜。爸爸称这种礼物为"除夜福物"。拿除夜福物的节目一直保留到建国后的日月楼时期，参加的人中增加了第三代，更加热闹。

在罗庄时，我和元草哥总算能正式入学了。他念豫章中学，我起初在两湖小学里念完了六年级，后来也进了豫章中学。

罗庄进城全靠步行。我和元草哥每天早上同一时间离家出门，却不一起走。他看见我走公路这边人行道上，他就走公路那边人行道上，如同陌路。大概他认为"男女授受不亲"吧。在学校就更不交往了。

记得在豫章中学时，有几个浙大学生来当老师，如教美术的华开进老师，教数学的吴兆祥老师等。他们都认识我。另有一位叫罗象贤的，是训育主任兼语文老师，他在给我们讲课文中选用的爸爸所作的《忆儿时》一文时，老是把头转过来看看我，表示这就是作者的女儿。我却不喜欢他让我在班上受人注意。

还有一次上音乐课，老师也是浙大学生，我只记得他姓齐。他竟选了一首十分不适合初中生学的歌，一开头是"女郎，单身的女郎，你为什么彷徨在……"。歌词就不去说它，那曲谱中竟全是附点音符。全班同学都不会唱附点音符，几乎教了大半堂课也没教会。我的座位是前排的。齐老师大概听出来我唱得准，便让我一个人站起来唱了一遍，算是对这堂课的这一首歌有了交代。我在节奏感方面还算可以。所以到重庆买到了京剧旧唱片后我就把唱腔速记下来供宝姐软姐和我一起学唱京戏。这是后话。

我的体育很差。在豫章中学考体育时只要求在一分钟内投入一次篮球就算体育及格。我这从未碰过篮球的人紧张得要命，一直投不进。同学们为我捏两把汗。直到最后几秒钟，天可怜见，总算让我投进了一个。

最近元草哥寄给我一本豫章中学于一九四一年纪念青年节用石印印制的刊物《豫中学生》。那发黄的纸张比如今的草纸还要差。可我们在抗战期间用的就是这种纸。所以我看见现在的纸那么好，还常常有人浪费，实在可惜。这本《豫中学生》的封面竟是爸爸画的，画题为《小松勤灌溉，他日当参天》。我在里面看到了发奖名单中竟有我们兄妹得奖的记录：读初一下的元草哥名列第一，得奖学金十五元；读初一上乙班的我得奖学状。元草哥是很用功的，至于我，恐怕是看在爸爸面上凑合着给个奖学状而已。因为我小时候读书实在不用功啊。

我在那册子里看到学生名册中有张筠、张映均这两个同学的名字，勾起了我的回忆。她们都是我的好朋友。不久前（二零零八年七月）我去武汉，竟与张映均重逢而且得知张筠就在遵义，无比兴奋！还有一个同学潘玉兰来我家吃饭，可又不想让大人们知道，便叫她躲在罗庄的某处，我把饭菜端出来让她吃。小时候往往不会判断哪些行为会给大人骂，所以宁可悄悄行事。

家中的"课儿"后来曾中断，那是因为兄姐们上了大学，各奔西东。后来我们到了重庆，爸爸还办过一个家庭诗社，取名为"鸰原诗社"，据说"鸰原"二字出于《诗经·小雅·棠棣》中"脊令（鹡鸰）在原，兄弟急难"句，后"鸰原"成为兄弟的代称。我不会做诗，爸爸出些简易的上联，教我如何对下联。

诸兄姐都离家后，我成了爸爸唯一"课儿"的对象。应该说这是福气，可我身在福中不知福，常常感到厌烦。好的诗词文章容易上口，而且确实能引起我的兴趣。但不是所有的都如此。记得胜利后在杭州爸爸教我屈原的《离骚》，最使我厌烦。什么"帝高阳之苗裔兮，朕皇考曰伯庸……"哪里背得出！爸爸看我懒惰，便用钢笔把《离骚》全部写在折扇上。时值夏季，他指望我每次挥扇时能读一遍。这样一个夏天下来总能背出。岂知我实在不争气，始终没把它背出来。而且那把珍贵的折扇也不知丢哪儿去了。不过，"课儿"在我身上毕竟起了很好的作用。小时候念的诗词到现在也不忘记。

星汉楼

罗庄离浙大所在的市中心大约有两公里多,爸爸嫌每天走来走去太浪费时间,便在丁字口西南边狮子桥附近的南潭巷租了熊家两间房。迁居的时间,大约是一九四一年早春。这里是两层三开间的新楼,但楼下厅屋很高,上方没房间。只有东西两间的楼上才有房间。楼下西房不记得是作何用;楼下东房后来租给蚕桑研究所所长的弟弟蔡复绥夫妇和一女一子四口之家居住。我家则租了楼上东西两间。这两间北边由一条高空走廊互通来往。这走廊下方,也就是楼梯的北边,就是我家的厨房。楼下的蔡家后来成了我们家的好朋友。

楼上的东西两房各隔为前后两间。爸爸住东房前间,子女住后间。满娘软姐住西房前间,外婆妈妈带着恩狗住后间。不过后来我们又在隔一段路的东边租下了"赵老"家的一间平房,满娘软姐搬过去住过。

那时候,爸爸本拟让我的姐姐哥哥们以"同等学历"考浙大,但按规定必须有高三文凭。当时爸爸的老友刘薰宇先生正在遵义以南的修文当贵阳中学校长,便通融让他们插入高三下学期,读半年后取得文凭。又因成绩优秀,被保送到浙江大学,到遵义以东的永兴去读浙大一年级上学期。所以家中少了好几个人。

在熊家新屋,向南开窗可望见湘江,风景很好。有一天晚上,爸爸照例临窗独酌,但见月明星稀,与楼前流水相映成趣。他忽然吟唱起苏东坡补写的《洞仙歌》来。这首诗爸爸教过我,所以他一吟我就懂得。当他吟到"时见疏星渡河汉"时,反复吟诵此句。就给熊家新屋冠上

《星汉楼》

了"星汉楼"的楼名。酒后,爸爸欣然执笔,写下了这三个字,托人去装裱成横批,悬挂在前房内。

我在豫章中学还没念完初一就患了副伤寒休学在家。那时我家已迁至这星汉楼。病愈后就靠请家教补习。后来到了重庆,靠爸爸的关系,我以"同等学历"混进了大专。这是后话。

在星汉楼,有一次我穿着"童子军"衣服(当时全国性的校服)在纸上涂鸦,被爸爸速写下来,后来又画成彩色画,题上陶渊明的"杂诗十二首"中一首的末尾四句:

爸爸在我十二岁的时候画的我,后面所题的是陶渊明的诗。

盛年不重来,一日难再晨。及时当勉励,岁月不待人。

旁边题"一吟十二岁画像",下边是"卅年七月于遵义"及图章。

星汉楼邻居蔡家夫妇的孩子,留给我们很深的印象。长女佩贞那时足龄四岁,长恩狗一岁,成了恩狗的"青梅竹马"。佩贞的弟弟桂侯才两岁。我那时十二岁,成了他们的"头儿"。由于我热衷于看《水浒》,宅东有一土堆,就成了我们的"梁山"。我竖起一面小红旗,占山为王。附近有一个叫陆地康(音如此)的小友,还有房东熊筑林的两个被我们称为"房东囡囡"的儿子,以及有时也来参与玩耍的巷内两个男孩,一个被我们称为"鼻涕囡囡";另一个品质较差,就被我们冠以"不好

爸爸在这幅给孩子们的画上题字"阿姊做先生，佩贞、恩狗、桂汉（侯）做学生"。

囡囡"的名称。我们一起玩耍，没想到爸爸在楼上看。他记下有趣的镜头，绘成一幅幅小画。也给蔡家赠送过一套。蔡家把其中几幅贴在墙上，被一位送信的邮递员叫王树本的看见了，很喜欢。他也通过蔡家向爸爸要了四幅这种小画。

星汉楼对面青山绿水，风景很美。不过常有人抬棺材经过。我们这边望得清清楚楚。小孩看见新奇的事物就要学。恩狗和佩贞竟把小凳翻一个身，插进两根竹竿，也学起抬棺材来。而爸爸竟也画了他们抬棺材的样子。这样的即景画，爸爸一共画了四十七幅，也包括别处的。例如画恩狗因从小吃甜的炼乳而蛀坏了牙，拔牙齿拔怕了，以后带他去哪儿都要逃。又有一幅画恩狗不肯随父母去徐子文站长家做客，我陪着他躲在警察亭后面。谁料六十五年后竟在天山茶城三楼我和两个外甥开办的"丰子恺艺林"里见到了徐站长的女儿。真是奇缘!

其他种种好玩的事,无不进入爸爸的画中。

六十多年后,我们居然会与佩贞重逢,真是意想不到的事!佩贞买到了我和宝姐编的《爸爸的画》,通过出版社打听到了我家电话。我们激动地追溯往事。我告诉她:恩哥在香港工作,她说她也住在香港。啊,那么巧!于是,佩贞和她丈夫等人和恩哥在香港重逢了!佩贞夫妇还来上海看我。谁又料到,认识还不到两三年,恩哥就猝死了。真是"世事茫茫难自料"啊!

在去老城还没过江的地方,有一家好像叫泰来的馄饨店,我常去吃。还有一家大众服务社,三个姐姐做了一些布娃娃,请满娘画了脸,送去请他们代卖,居然也卖掉了几个。

星汉楼时期,我开始服侍爸爸写字画画。所谓服侍,其实只是磨磨墨,拿拿纸而已。有一次爸爸要写对联,叫我在他对面按着对联的头。由于桌面小,爸爸才写了三四个字就叫我"抬头"。我连忙把自己的头抬起来。

"啊呀,抬头呀!"

我便把头抬得更高。爸爸笑起来:

"我叫你把对联纸的头抬起来,抬得和桌面一样平,不要让它垂下去。这样我看着上面几个字才能写下面的字。你怎么把自己的头抬起来了?!"

爸爸笑得几乎写不下去了。

在星汉楼上,爸爸饮酒后常常拉着调子吟诵诗词。我听多了就能背。可惜没头没尾的,既不知作者,更不知题目。但得益不少。爸爸还常给我讲些好玩的事。例如,他说某一地方的酒店,几乎家家都在酒里掺水。

有一顾客进门听见掌柜在问伙计：

"君子之交淡如何？"

"北方壬癸已调和。"伙计回答。

岂知那顾客懂得他们的暗语，便说：

"有钱不买金生丽。"说完就回头要去对面。老板说：

"对面青山绿更多！"

我听得莫名其妙。爸爸给我解释：

"《论语》里有'君子之交淡如水'这句。老板的意思是问伙计你掺好了水没有。北方和壬癸都是代表水，意思就是水已调和好。'金生丽水'隐去一个水字，就是说我有钱不买你掺水的酒——"

"哈哈，我懂了！老板是说对面那家酒店掺的水更多。"

爸爸还讲济公的事。他说有一家人家办婚事，请济公去喝彩。济公便在婚礼上大声说："老的死起死到小！老的死起死到小！"那人家气死了，用棍棒打济公。济公便说：

"那就乱死乱死！"

爸爸解释说："本来济公是好意，让人按年龄老少次序死。被他们一打，他就说了乱死，从此人就不按年龄老少次序死了。"

爸爸说后若有所思。是的，他的两个弟弟都夭折。我的姐姐三宝、哥哥奇伟和小产的阿难都是夭折。

我还记得，每当天凉快了，爸爸看一看寒暑表，就穿上夹袄。（那时没毛衣，有了毛衣后爸爸也不喜欢穿，说是捆绑在身上不舒服。）一边穿，一边总是反复地说：

"七十三度着夹袄。七十三度着夹袄。"那时用的是华氏。七十三度相当于摄氏二十四度。

住在星汉楼近两年，是爸爸作品多产的时期。他还完成了一个大愿，编绘了一部《子恺漫画全集》，交上海开明书店于一九四五年十二月出版。这套全集中有旧作，也有新作。

在遵义，爸爸交友甚广。记得他常与王星贤、黄羽翼、田德望、蹇先艾、李子瑾、王光衡等人来往。王光衡后来由爸爸改名为王质平。

我家第一桩喜事

星汉楼时期有过一件喜事：一九四一年九月七日，先姐和慕法哥结婚了。这是我们逃难以来的一桩大喜事。

说起这个姐夫，我初次看见他是在初到遵义还住在旅馆里的时候。那一天，我正和小朋友踢毽子，看见两个青年男子走进旅馆来说要找他们的老师丰子恺。他们的名字是周宗汉和宋慕法，都是爸爸在浙大的学生，不过这次是初访。随后慕法哥就在我家做了家庭教师(教物理)，一直出入我们罗庄和星汉楼的家里。

慕法哥在湘江对岸蚕桑研究所就职后，他的一位同事兼温州同乡陈志超先生常陪他来访爸爸。陈是一位见多识广、口才很好的人，我们星汉楼的租屋就是他介绍的，也是他促成了慕法哥和先姐的婚姻。陈下班后常来星汉楼陪爸爸喝酒聊天，慕法哥当然一起来。据说慕法哥曾向爸爸学过两星期日文，以应付他工作上的需要。不过更多的时间是来找先姐谈情。爸爸有画专写他俩相会的事。时机成熟后，他们就在遵义的成都川菜馆举行了婚礼。

先姐结婚时，爸爸亲手为他们写了一张结婚证书。先姐已于二零零七年二月十六日去世。她的结婚证书竟一直保存着。慕法哥知道桐乡档案馆征集爸爸及其子女的资料，就拿给我，表示愿意捐赠。我一看那证书，惊喜不已。当时根本没有结婚登记的制度，而且没有结婚证书出售。所以爸爸亲手用毛笔在一张粉红色纸上写了这结婚证书。幸有这证书在，我今日才得详细记下当时的重要情况。珍贵之物，宜供

爸爸亲手为先姐写的结婚证书。

大家共赏。我今抄录如下:

结婚证书

宋慕法浙江省平阳县人年二十六岁民国五年正月十九日子时生

丰林先浙江省崇德县人年二十岁民国十一年九月初六日卯时生

今蒙

陈志超郑梅英两先生介绍于中华民国三十年九月七日

下午四时在贵州遵义成都川菜馆礼堂结婚恭请
苏步青先生证婚宜其家室永相敬爱此证
　　　　　结婚人　宋慕法　丰林先
　　　　　证婚人　苏步青
　　　　　介绍人　陈志超　周丙潮代
　　　　　　　　　郑梅英　倪兰英代
　　　　　主婚人　舒鸿太太
　　　　　　　　　丰子恺
　　　　　　　　中华民国三十年九月七日

另有一纸，供来宾签名用。前面爸爸写着两行字：

敬请签名永志光宠
　　　　　宋慕法丰林先仝叩　卅年九月七日。

签名者共七十四人。

婚礼上，陈志超夫妇应该是介绍人，但那时他们已返回温州家乡，所以由丙伯夫妇代替。证婚人是苏步青（著名数学家）先生。女方主婚人是爸爸，男方长辈在温州家乡，就请浙大的舒鸿教授夫人代替。据元草哥回忆说，司仪在请几位主持人讲话时，别人都讲了，就遗漏了主婚人没讲。爸爸不在意,说他原本没想说话。其实第一个女儿结婚，料想他必定会有许多话要说的。元草哥还回忆说，曾指定一位来宾发言，那来宾讲话中说了"贵州非人所居"这样的话。其实他大概指的是古时候。不过另一来宾胡楚涣先生认为在婚礼上讲这样的话毕竟不吉利，所以主动要求发言，说幸有贵州这样的好地方，我们才能前来避难。

尽管是在非常时期，新娘还是希望尝一尝披婚纱的滋味。浙江大学竺可桢校长送一条绣花被面，就拿它来披上权作婚纱。新郎则向同学借了一套西装。先姐还找了邻居蔡家的女孩佩贞做了她的小天使。是否有男女傧相，我不记得了。如果有的话，我恐怕就是女傧相，不知男方是谁。办了几桌酒我也不记得了。

我还记得一件小事：做小天使的佩贞忽然做了一个动作，嘴里断断续续地发出嗯嗯声。后来竟把两条腿扭在一起。最后终于轻轻地说："要撒尿。"可怜的小佩贞！看来她已忍了很久。可是那时仪式快收尾了，谁也没去解救她。一直熬到结束。

先姐结婚后，就在外面租屋居住。后来姐夫到遵义酒精厂工作，一年多后才去重庆。

星汉楼的居民一个个走掉了。满娘和软姐也早已去湄潭了。因为软姐读的是数学系，浙大理工科的分校在湄潭。元草哥后来也去湄潭浙大附中读书。这样，星汉楼一度只剩下爸妈外婆和我。

遵义的往事纪实

一九四一年二月二日,我家迁星汉楼不久,爸爸和赵迺康(遵义耆宿,举人)、王焕镳(浙大文学系主任)等人结伴,到遵义新舟沙滩祭扫清代桐城散文名作家郑子尹、莫友芝以及曾出使国外的黎莼斋的墓。归来作画多幅,并参与编《子午山记游册》。

爸爸和满娘还带了我三个姐姐去金顶山的庙里住过几天。回来后,爸爸作了《青山个个伸头看》《白云无事常来往》等画。料想那里风景甚好。

还有一回,我和爸爸不知去哪里,反正是遵义的郊外。回来时走得很累。遇见前面来了一辆黄包车。那时我患副伤寒刚好,体力不支,多么盼望是一辆空车。可走近一看,坐着人。不过竟是爸爸的一个仰慕者。那人连忙叫车停下,说他家快到了,要把车让给爸爸坐。客气一阵后,爸爸就坐上了车,车子调头往城里走。我跟在后面。爸爸不时地往后看那个让车的人。后来看见他拐了弯,不见了。爸爸连忙叫拉车的停下,换给我坐。大概因为父爱感动我很深,所以这件小事我至今难忘。

一九四二年五月,爸爸在汉口初识的好友戈宝权突然来到遵义,到星汉楼来访问。他穿的一身唐装。聚谈后,才知他当时是《新华日报》编辑。香港被日军占领后,他为了不暴露这地下身份,就扮作难民模样逃离当地,经过遵义,要到重庆去。爸爸请他到餐馆吃饭,还带我去作陪。我家很难得上餐馆请客,我受宠若惊。我记得他们两人用日文背诵夏目漱石《旅宿》中的内容。记得那餐馆叫浙江餐厅,爸爸显然怀念故乡,才选择此餐厅。

一九七九年十二月,戈宝权到上海,特地来看望我母亲。二十九日他来信说起遵义的事:

> 回想起一九四二年五月间,在一个阴雨的黄昏,作为一个不速之客来到遵义南潭巷你们家,得到你父亲的热情接待;经过了三十多年之后,这次我又是在一个阴冷的黄昏,作为一个不速之客来到上海漕溪北路你们家,得到你和你母亲的盛情款待,真有人生沧桑之感!……多少往事回萦心头。容稍空时就写我所记得的丰子恺先生的回忆文字。

写回忆文是我当时向戈先生提出的要求。遗憾的是他一直很忙,没写。后来大约是我去信催了他,一九八一年二月八日,他来信说:

> 我年末会多,事忙,"文债"逼人,但要写回忆你父亲的文章事,始终记在心中。现在看到你们写的传和回忆文字等,对我能有帮助和启发,迟早总要把《忆丰子恺先生》的文字写出来……

我一直等着他寄文章来。可他一直没空写,最后得到的是他病逝的消息。

我还记得叶圣陶先生从成都到桂林,途经贵阳,惦记着住在遵义的老友,便在小旅馆里寄来了一首诗,表示思念之情。诗的题目是《自重庆之贵阳寄子恺遵义》。诗曰:

> 始出西南道,川黔两日间。凿空纡一径,积翠俯千山。

负挽看挥汗，驰驱有惭颜。恍然遵义县，未获叩君关。

　　诚挚的友情使爸爸感到无比温暖。

　　爸爸在浙江第一师范学校时期最崇敬的老师之一夏丏尊先生曾于一九四零年十一月十五日写一封很长的信寄来。昔年教国文的夏老师在这封信里大谈绘画。他给爸爸提出了"背景与人物并重"的画法。爸爸后来说，夏先生提倡的这种画法"可说是世界绘画倾向的一个预言"。

　　在我们将离开星汉楼时，一九四二年十月十八日晨，收到泉州开元寺性常法师发来的电报：爸爸另一位最崇敬的浙一师老师李叔同弘一大师于十月十三日（农历九月初四）圆寂了。当时的电报在途竟走了五天！而且后来据妈妈回忆，那电文被邮局错写为"张一法师"。妈妈清楚地记得爸爸在窗前静坐了一会。爸爸没有惊慌，没有痛哭。他说，他的惊慌和痛哭在确定弘一大师必有一死之前早已在心中默默地做过了。他知道人生必有一死，他最尊敬的弘一大师也免不了。爸爸毕竟是佛教徒。他这种思想对我也产生了很大影响。如今我也有了人世间生离死别的种种思想准备。

　　爸爸在心中发了一个愿：要为弘一大师画像一百尊，分寄各省信仰他的人，勒石立碑，以垂永久。预定到重庆动笔。

　　一九九四年我的皈依师新加坡佛教总会主席广洽法师圆寂后，我也仿照爸爸，许愿画一百尊佛像送给来信要求者。此消息在新加坡和上海一登出，马上收到了七封来自新加坡的特快专递求佛像。此后陆续来信远远超过一百人。我连超过的也都画给他们。

沙滩上的惨事

星汉楼对面是湘江,江边有沙滩。记得我和元草哥常常轮流帮妈妈拎外婆的马桶去江边洗。江景很美,有时我们顺便捡些好看的石子回来,也是一种乐趣。可是后来这沙滩遭殃了,成了枪毙抽鸦片人的地方!

抽鸦片确实不是一件好事。可当时大西南抽鸦片的人很多,记得在德胜给我们抬滑竿和挑行李到河池去的几个劳工竟也有抽鸦片的。抬了一段路休息时,他们就进入一家显然是熟门熟路的店里去过瘾了。鸦片真害人啊,辛辛苦苦赚来的钱不去养家糊口,却在烟斗里烧掉。若要追究责任,那当然主要是贩鸦片的人,而不是抽上了瘾的受害者。当时政府明令禁烟,要抓贩烟的人。可是下面的执行者贪赃枉法,受了贩毒人的贿赂,抓些吸毒而送不起贿赂的穷人来顶罪。

记得南潭巷传来军号声,由远而近,我家就紧张起来。爸爸把星汉楼的窗户全关上,有意和家人讲些别的事以转变注意力。满娘则不断念佛。随着军号声越来越近,就有死者家属呼天喊地号哭之声,有人看见家属还拎着纸钱,准备等枪声一响就烧纸钱。最可怜的是小孩跟在后面大叫"爸爸不要去!爸爸不要去"!据说死者本人是被灌了铅粉之类的麻醉药,倒是没有号哭。最后,沙滩上就传来"砰砰"的枪声。我们家中一片寂静,就好像在为罪不该死的鬼魂致默哀。

有一次,那被枪毙的人的尸体竟停放在星汉楼西侧一棵大树底下。那是我们走南潭巷出去必经之路。我们胆小的人都吓坏了。尤其是晚上,

"爸爸不要去!"

死尸脚边点着一盏油灯,好像一点鬼火,更令人打寒战。我们白天要上街,就往东绕道。但总还是望得见死尸所在之地。

唉!以前害怕的事实在太多了。在大兴路上,我有一次独自一人回家走近狮子桥时,看见右侧岩壁上竖搁着一副担架,旁边两个抬担架的人在休息。我以为担架上是货物,哪里知道经过旁边时看见裹好的一长条下边露出两只光脚。是死人!我连忙逃。回到家里对爸爸说了,他不仅不安慰我,还给我讲了些"走尸"的故事,说是古时候要把尸体搬回家乡,用不着这样抬。有法术的人只要念起咒来,尸体就会跟着他走。爸爸讲得活龙活现,我还信以为真呢。

虽然沙滩上有惨事,但那种事发生后不久,爸爸早在日本就结识的老友陈之佛先生邀请他去重庆国立艺术专科学校(就是如今杭州的中国美术学院前身)当教授兼教务主任。南京沦陷后,重庆成了临时的首都,名为"陪都",吸引不少文艺界人士前往。爸爸当然也向往重庆,星汉楼不宜再住的想法也促成了重庆之行。

贵州访旧

不久，我大娘舅的长子徐岳英从沦陷区率眷到遵义来工作了。所以我们去重庆时，外婆由孙子接了去住，没跟我们去重庆。直到她去世前，因岳英哥打算来重庆工作，才把外婆先托人送来与我们重新相会。

说起外婆，我再讲一件小事。有时外婆由人陪着走出巷去，一路有人友善地称呼她"老太婆"，她回家后很不高兴，说这里的人怎么那么不客气，叫我老太婆。我们连忙为她解释：在故乡，称老太婆是不客气；在这里却很客气，等于称你老太太。外婆释然。

外婆腰疼，常叫我为她敲腰背；她还有胃病，经常要吃一种药片，总是由我替她去买。我也不知外婆哪里来的零用钱。家里是妈妈当家，妈妈总有零用钱给她吧。不过妈妈总有封建思想，觉得外婆住女儿家是不应该的，加之妈妈是个很节约的人，所以不会多给。记得外婆每次叫我买药时，那口袋里取出来的几张钞票好艰难好可怜似的。后来随着物价上涨，药价也涨了。我实在不忍把这消息告诉外婆。每次总是由我垫上。爸爸不定期会给我一点零用钱。

说起零用钱，我又要啰嗦几句。有一次爸爸可能有点大收入，竟给了我十元法币，就好比现在给了小孩一张一百元人民币似的。我觉得自己发大财了，连忙带了一批小朋友到南潭巷口左首一家店里去吃抄手（即馄饨）。我这批小朋友当然包括恩狗佩贞桂侯等等在内，整整坐了一桌。

六十五年后的二零零七年十月十六日，我由女婿陪同，艺专老同学彭智敏由她第三女陪同，千里迢迢去贵州兴义与老同学傅世廉会面。世廉和智敏都是爸爸在艺专时的学生。世廉的第五子——当时是兴义市副市长，在贵阳相迎，款待我们住高级宾馆。次日专车直送兴义。黄昏到达，世廉已在宾馆里等我们。三个老同学拥抱欢庆，感慨万千。世廉那时八十三岁。生有八个子女。真有"昔别君未婚，儿女忽成行"之感。子女们陪同我们游玩了风景极美使人流连忘返的万峰湖和更美丽的万峰岭。十九日依依惜别，次年即二零零八年初，世廉竟与世长辞！幸亏及时去见了她一面。

离兴义后，我和女婿又坐车去遵义访旧。这一路坐了九个多小时汽车（因贵阳到遵义正在修路）。我这把老骨头还算经得起长途跋涉。

一直留在遵义的老邻居蔡太太今年九十二岁，身体健朗。除了我见过的子女外，后来又生下好几个，一共七子女。次日，蔡师母的次子桂侯夫妇和他的五妹陪同我先后访问了罗庄和南潭巷。桂侯当年才两岁，如今我和他"鬓发各已苍"。

两地都已彻底改观，老屋再也找不到了。罗庄只剩下这个名称，房子已不见踪影，陪游者总算能说出当时庄园的一个大致地点。本来出罗庄是新街。新街旁有座山，有一回妈妈叫我去街上买下粥的菜，我却被小友们劝说，一起上山去买地里拔起来的菠菜了，很迟才回家。大家都等着下粥菜呢。妈妈责备了我，我以新鲜的菠菜赎罪。如今山和新街都没有了，只有一条香港路。

到了南潭巷，则连熊家新楼所在的具体地点也难辨认了。潺潺湘江竟变成了一条静静的河。枪毙人的沙滩也没了，造起了林立的洋楼。在下面停尸的那棵大树更是没了踪影。南潭巷分成了东巷和西巷，中间被一条后来新建的万里路拦成两段。我总算在南潭西巷和丰乐路交汇的西南口找到了我带一批小孩吃馄饨的地方。狮子桥竟然还在，我还是不虚此行。不过搁死尸担架的地方那片岩石竟已被削掉，造了一排房子。

六十五年前悲惨和恐怖的阴影早已消散，我在遵义看到了繁华和丰足。恩狗的青梅竹马女友佩贞本来约好陪我来，恩狗也曾约好陪我来。可我这次突然来到，往返于香港深圳的佩贞只好"遥控"，让弟妹们招待我们住在丁字口一家五星级宾馆的二十楼，好让我俯瞰全貌。佩贞和她在深圳的妹妹则不断来电问候，关怀备至。至于恩狗，已于二零零五年先我离世，此次旧地重游，只好让他失约了。

蔡太太记性好，告诉了我一些当时的小事：例如，满娘不杀生，淘米时看见米虫也不弄死，取出来放到草地上。又如，有一天晚上蔡先生回来晚了，敲不开自家房门。敲门声惊动了妈妈满娘爸爸，他们先后下楼代敲代喊，蔡太太还是不醒，只得撬开插销才得进去。蔡太太直到第二天才知此事。

这回我在遵义还访问了爸爸在浙大时的一个学生名叫王质平的老先生。王先生今年八十九岁。身体健朗。他一九八二年曾来上海探望我妈妈，所以还认得我。他家住在五楼，他很快就上了楼，我这个住了三十年电梯房、比他小十岁的人却爬了半天才上楼。他书案上有我爸爸的七卷本文集，还印制了三本他自己的文艺作品。我拿回家看了以后才知王先生在"文革"中备受苦难，几次死里逃生，才赢得这幸福的晚年。如今他是贵州省文史研究馆馆员。他颇有养生之道，精力充沛。我和他谈到京剧《甘露寺》，还一起唱了一段。

总之，我此次到贵州访旧，感慨甚多，收获不少，不虚此行。

逃难最后一站——重庆

我家去重庆是分两批走的，因为听说重庆房荒严重，虽然家里已只剩四人，还是不敢同行。爸爸和我带着行李先行。妈妈带着恩狗等爸爸租定房子后才来。本来说好邻居蔡绥远先生也和妈妈一起来的。但他终未成行，我们就此分别了，在蔡先生去世以前再也没见到他。

宝姐和华瞻哥本来进浙大文科一年级，在永兴读书。后来听说重庆中央大学文科好，便到重庆考入了中大外文系二年级念英文。考入以后校方才收到浙大保送的通知，他们成绩真好。他们比我们先到重庆。起初住在爸爸的好友陈之佛先生家，后来住校了。而宝姐华瞻哥已在重庆，也是促成爸爸答应艺专聘请的原因之一。举家迁重庆，好让他们周末有个温暖的家回来。

那时上大学学费虽昂贵，但据宝姐说，国民政府为了吸引学生不去解放区，推出了种种助学的办法。所以他们上大学，在经济上没让爸爸加重负担。而我连初一都没念完，前途茫茫，自己却一点也不担心。到重庆后，爸爸把我以"同等学历"塞进了国立艺术专科学校。人家都以为爸爸是要我继承他的画业才让我进艺专的。其实爸爸对子女选择专业从不干预。只是因为艺专当时的校长是爸爸的好友陈之佛先生，可以为我开开后门。我只记得考画时我画了一枝白描菊花，画线条时手是抖的。就这样糊里糊涂进了艺专。

刚到重庆时，我和爸爸就住在沙坪坝正街陈之佛先生家。陈先生来重庆早，住的房子较宽。有一间通向晒台的空房可供我们住。晒衣人要穿过此房。这已是很好的条件了。厨房兼饭厅在下面。从前面的马路看来那是地下室,但那房间后面却是平地。这是重庆山城的特点。

爸爸在这里生了一次副伤寒。

沙坪坝离重庆一两小时公共汽车路程。中央大学也在沙坪坝,所以周末宝姐和华瞻哥也来陈家。我家那么多人在陈家住宿吃饭,陈师母热诚对待,毫无怨言。我们如今回想起来都觉得不好意思。陈家有二子二女。幼子家玄、幼女修范都成了我的好朋友,直到现在还有往来。

十一月一到重庆,爸爸马上举办了他的个人画展。这是爸爸第一次举办亲自到场的画展(由别人代展不算在内)。地点是在重庆市中心的夫子池。展出的画,都是逃难中新作的山水人物彩色画,幅面约二十三厘米宽,三十厘米高。爸爸说过他的画宜小不宜大。这尺寸已经比以前似信笺大的黑白漫画大多了。关于这次画展,爸爸有《画展自序》一文(一九四二年十一月)专记其事:

> 我生长在江南……所见的都是人物相、社会相,却难得看到山景,从来没有见过崇山峻岭之美。所以抗战以前,我的画以人物描写为主,而且为欲抒发感兴,大都只是寥寥数笔的小画。这些画都用毛笔写成,都可照相制版刊印。……抗战军兴,我暂别江南,率眷西行。一到浙南,就看见高山大水。经过江西湖南所见的又都是山。到了桂林,就看见所谓"甲天下"的山水。从此,我的眼光渐由人物移注到山水上。我的笔底也渐渐有山水画出现。我的画纸渐渐放大起来,我的用笔渐渐繁多起来。最初是人物为主,山水为背景。后来居然也写山水为主人物点景的画了。最初用墨水画,后来也居然用色彩作画了。好事的朋友,看

这是郑振铎先生最称赞爸爸的漫画。

见我画山水拿古人来相比：这像石涛，这像云林。其实我一向画现代人物，以目前的现实为师，根本没有研究或临摹过古人的画。我的画山水，还是以目前的现实——黔贵一带山水——为师。古人说："画不师古，如夜行无烛。"我不师古，恐怕全在暗中摸索？但摸了数年摸得着路，也就摸下去。——如上所说，我的画以抗战军兴为转机，已由人物为主变为山水为主，由小幅变为较大幅，由简笔变为较繁笔，由单色变为彩色了。

其实爸爸从一九二二年就开始"暗中摸索"了。他在《春晖》校刊第四期上发表的《经子渊先生的演讲》和《女来宾——宁波女子师范》这两幅画，就是"暗中摸索"出来的自己的风格。一九二四年发表在朱自清、俞平伯合办的《我们的七月》上的《人散后，一钩新月天如水》，则更发挥了他"暗中摸索"出来的风格。这幅画立刻引起了上海《文学周报》主编郑振铎的注意。他说：

"我的情思……被他带到一个诗的仙境，我的心上感到一种说不出的美感。"

于是，《文学周报》上便开始发表爸爸的简笔画，并冠之以"漫画"二字。后来，常有人称爸爸为"漫画的鼻祖"，爸爸自己并不这样认为。他只是"暗中摸索"出了自己的风格。事实上"漫画"在中国早已有了，只是郑振铎先生第一次把这个名称冠到爸爸的画上。一九二五年十二月，《文学周报》社出版了爸爸第一本画集，就名为《子恺漫画》。

从黑白的人物漫画到彩色的山水人物画，确实是抗战以后爸爸画风的一大转变。宝姐说，她更喜欢爸爸的简笔人物画。我也有这样的感觉。不过，现在市面上所能看到的真迹，几乎只有彩色的山水人物画。

那是因为黑白简笔画都已交出版社付印,书出版后原作是不归还作者的。加之那大多是早期作品,经过八年抗战,早已毁于战火。而那套彩色的山水人物画则是专供展览的。正如爸爸所说:

> 以前小幅的简笔单色的人物画,都可照相铸版,展览在全国各地。现在较繁的色彩山水画,在战时却无法复制。只有裱起来,挂起来,才可展览。

爸爸这种展览,不卖原画,而是预订,展览结束后按预订的重画。这样就可以永远保留原作。这套原作始画于一九三八年。到一九四六年回江南前还有补充。一九四六年十二月,钱君匋先生的万叶书店有条件出版了最初的彩色版《子恺漫画选》。不过只收了三十六幅。直到一九八八年八月,爸爸的方外好友广洽法师在新加坡展出我带去的这套彩色画时,才完整地印制了一次。法师为这画册的名称征求我的意见。我说这套画展出数次也不卖,所以是爸爸的精品。于是就定了《丰子恺精品画集》这名称。

话扯回来。这次画展所得五万多元法币,一九四三年入夏前用来建造了一所极简陋的自家的住房"沙坪小屋"。

但自建房屋的事不是画展后马上决定的。起初爸爸还是想租房子。

风生书店

在陈之佛先生家住了一段时期,有一次爸爸偶然在路上遇到以前立达学园的学生陈瑜清。通过陈的关系,又认识了他的朋友周世予。周是本地人,学徒出身,爱读鲁迅作品,也是爸爸的私淑者(后来才听说他是地下党员)。他原先开一家电料行,因警察常来找他麻烦,使他终于站不住脚,关闭了店。在陈瑜清先生等的帮助下,周世予先生开了一家旧书店,叫风生书店,就在陈之佛先生所住的正街拐弯处。周老板得知我家正找房子,便邀请我们住到书店楼上。楼上一隔为二。陈瑜清先生家已在后楼住下。我家便入住约一方丈半的前楼。爸爸还为风生书店写了招牌。后来听说我们的入住,无形中对这书店起了保护作用。我们迁走后,警察局和特务又来找周的麻烦。他终于站不住脚,关闭了店。听说小说《红岩》中的沙坪书店,就是以这家店为原型的。

妈妈和恩狗就在这时到了重庆。宝姐华瞻哥他们,周末也来凑凑热闹。华瞻哥还为周老板补习英文。在风生书店,我记得几件小事。

我们买了一架留声机(即唱机),还买了一批唱片,都是"拍卖行"里买来的。那时所谓拍卖行,其实是旧货店。店里卖旧唱片时不是随你选,而是捆在一起卖的。我们想买的唱片只是京剧的。可买来的唱片里京剧没几张。杂七杂八的很多,如德国大笑、广东音乐、苏滩、大鼓等等。爸爸在缘缘堂时就喜欢上了梅兰芳的京剧。我们受了影响,也喜欢了。每次买一沓来,总算有几张京剧。如果买到缘缘堂时有过的,如《天女散花》《太真外传》《打渔杀家》之类,旧友重逢,欢喜之至。

不过德国大笑听听，引起我们哄堂大笑，也不错。大鼓是金万昌的《黛玉葬花》，竟听上了瘾。苏滩是王美玉的，一张《活捉张三郎》，我们至今还会唱；另一张苏滩不记得叫什么名称，内有一段"上有天堂，下有苏杭"，真好听。苏滩这个剧种没有保存下来，真可惜了！

恩狗初见留声机，兴奋至极。他说："我来敲！"以为声音是敲出来的。他最喜欢的却是广东音乐。唱片中间那圈是红的，他就称它为"红歌"。

在风生书店时，我买了几只小鸭来养。怕被猫吃掉，放在一只菜篮子里挂起来。谁知那猫从桌子上跳到篮子里，把几个小鸭的头咬掉了。我醒来一看，伤心极了。爸爸劝我别哭，指点我到后面山地上去埋葬了。说是山地，其实是平地。重庆是个山城，造的房子前面是平平的马路，二层楼的后间走出去是平平的泥地。

风生书店房子很矮，站在楼窗口，额上就是屋檐。那时已是四月中。有人忠告爸爸，说重庆的夏天是很热的，再过一个月，这前楼就会热得火坑似的，就算不怕热，也会发痧生病。于是爸爸又到处托人，终于在五月初找到了一间坟庄屋，如获至宝。

刘家坟

这坟庄屋在正街东头，附近有一些荒冢。我是很胆小的，每次走进走出都是屏住气奔过这一带，到了人多的地方才喘过气来。租给我们的那间屋子，也是阴气沉沉。这是三开间。中厅供着屋主家的祖宗牌位。天哪！我们在遵义罗庄住的也是供牌位的房子。那里还算隔了一道板壁。这里却是赤裸裸供在中厅，是我们必经之路。东西两间，我家住的是西间。东间已有一对夫妇和两个孩子居住。后来才知道是雕塑家刘开渠和夫人程丽娜。我和他们的男孩女孩都一起玩过。

邻居是好邻居，可房子实在差劲。四壁是泥墙，没有窗。只有一个很小的天窗，爸爸说那天窗只有三十二开书本大小。泥墙倒很厚，足有两尺。因此室内幽暗阴凉。在这里度夏倒不错，只是太暗了。大人们都是要写字的呀。爸爸便请人加开了一排天窗，好像开了一排日光灯。爸爸真有办法！他到哪儿都是"改革派"。妈妈则永远是"因循派"，一切全靠爸爸安排。

这里终非久居之地。爸爸开展览会得了五万多元法币，他早就有意觅地自建住房。终于靠立达学园学生柳静的丈夫吴朗西先生的介绍，在正街西头叫"庙湾"的地方，离正街约半公里处找到了一块空地。在我们造好新房子搬过去之前，爸爸才和刘家坟的房东往来，知道了他的姓名，还知道他有一个读中学的儿子。爸爸还听房东的佣工说，房东对儿子家教很严，常把儿子吊在树上用鞭子抽。我听了就想，那儿子一定很不争气。我从未见过房东太太，料想这儿子一定没有妈妈。

我们搬走后，有一天爸爸在报上看到新闻说本地发生了一件骇人听闻的命案：儿子毒死了老子。据说是老子重感冒去医院看病，医生给他一包药粉，要他次日空腹服下。谁料儿子用自己以前腿上生疮时医生开的药粉暗中调换了。老子服了此药，四肢痉挛，不省人事，在送往医院路上就一命呜呼了。得知那死者的名字后，爸爸惊呼说：

"那就是刘家坟的房东呀！"

三天后，爸爸顶着烈日去访问刘开渠先生家。他回来告诉我们说：

"我快到的时候，看见许多人进进出出，手都掩着鼻子。我走到门口，闻到一股非常难闻的臭气。这种臭气，我都形容不出。就像把大便、臭屁、咸鲞、霉千张、臭豆腐干……加在一起，五味调和。我忽然想起，这是死尸的臭味！原来那家人家的亲戚为了是否要打官司讨论了好几天，就让尸体躺在中间供牌位的房内。听说还烧了好几炉檀香，有什么用！"

我们听得很紧张，都不约而同想起了刘开渠先生家。那一回爸爸终于没有进去看他们。又过了几天，听说亲戚们终于决定不打官司，把那烂得面目全非、身上都是蛆虫的尸体收殓了。

后来爸爸去访问了刘开渠先生，得知他家把通向中间停尸房的那扇门关死了，从后门进出。好在泥墙有两尺厚，倒也没有闻到臭味。但与尸为邻的日子毕竟是难过的。我家幸而搬走了。我们那房间是没有后门的呀！重庆房子那么难找，我们不可能搬迁，只能从停尸间走进走出。

爸爸说："想想在前线抗敌的战士吧！战场上尸横遍野，到了夏天，就要闻这种味。"

这次，爸爸没有像在宜山时那样骂我。他说了这几句话就沉默了。

沙坪小屋

我们终于有了自己的房子！那房子和如今的房子相比，不可同日而语。唯一的优点就是有一个庭院：用竹篱围起来，约二十方丈土地。房屋占其中的六方丈，坐落在西北角。房间的安排没说的，很实用，因为那又是爸爸亲自设计的。两开间，正屋隔成田字形，只是西北那间扁一点。朝向当然是南。进门就是客厅兼食堂，约一方丈半弱。后面的北房只有半方丈多一点，是家人卧室。东边前后间平分，前房是爸爸的书房兼卧室，后间也是家人的卧室。西边的披屋后间是厨房，前间也是卧室，不是后来加造的。

布置合理，但结构就很差了：用竹片做成紧密的篱笆式的墙，涂上泥，刷上一层石灰，就算是墙了。爸爸称这为"抗（战）建（国）式"的房子。外墙的石灰必须是灰色的，那是防空的要求。里边才是白的。由于墙壁太薄，夏天早上东边的太阳晒上来，东墙几乎可以烤烧饼。室内是泥地。有时可以看见老鼠钻来钻去。

麻雀虽小，肝胆俱全。厨房外西北角还造了一个很小的厕所。

周老板为了祝贺我们搬家，特地扛了一株五六米高的芭蕉送来，替我们种在花园的东北角里。他听见爸爸常念蒋捷的"流光容易把人抛，红了樱桃，绿了芭蕉"，知道爸爸喜欢芭蕉。

由于重庆多山地，院子里的泥层很薄，下面尽是岩石。只能种些番茄蚕豆之类。芭蕉倒能成长。

我们颠沛流离了近六年，如今居然有了安身之地。尽管房子简陋，却毕竟是自家的。爸爸把这房子命名为"沙坪小屋"。沙坪小屋不仅内部简陋，地点也较荒凉。四周没有邻居，只有坡岩起伏。远远望来，沙坪小屋犹如一座亭子。所以爸爸自称"亭长"。

南边望得见一排叫做"合作新村"的房子，有几个熟人住着。从沙坪小屋去正街，要走里把路。半途中是吴朗西先生家租住的砖瓦房，门口刻着"皋庐"二字。但是过了皋庐再往前走，却必须经过一排坟墓。我总是屏住气加速步伐。

穿过正街，是往中央大学的路。半路上有一家私人医生的诊所，医生姓彭。有几天，他家门口竟停着一具尸体。据说是医疗事故致死（不知是否真实），家属故意在他门口停尸。我经过那里自然又是一番惊吓。

总之，我觉得以前外面到处都是坟呀尸体呀，家里都是蜈蚣呀老鼠呀，床上有臭虫呀跳蚤呀，身上有白虱，头上有头虱……有那么多动物威胁着我们，至于苍蝇、蟑螂、米虫、飞蛾等，已不在话下了。自从回江南住进上海的"洋房"后，我摆脱了这一切恐惧，现在见了一只蟑螂也要大惊小怪了。

我怕蜈蚣蟑螂之类的虫豸，却喜欢猫呀鸟呀之类的小动物。

爸爸在重庆结识了一个新朋友，叫蔡绍怀，号介如。蔡介如先生是遵义罗庄时替爸爸灌肠的汪小玲之夫汪殿华的亲戚。蔡先生除了画画以外，喜欢养鸽子。为了有别于另外姓蔡的人，我们一直称他为"鸽子蔡先生"。他送给爸爸一对鸽子。后来这对鸽子孵出小鸽，渐渐繁殖起来。

我读书的艺专在盘溪黑院墙。路很远，要经过中央大学，到中渡口摆渡到对岸，再走五华里路。所以我也是住校的。有一次我把一只鸽子带到学校，在它腿上系一信，放了它。它居然飞回沙坪小屋。

很感谢鸽子蔡先生给我们带来这份欢乐。到一九九五年我进上海市文史研究馆时，蔡先生已经是馆员了。我经常去看望他，直到他逝世。

这是后话。

在沙坪小屋时,我们还养过白鹅。那是爸爸的年轻朋友夏宗禹送的。夏先生要离开了,舍不得家养的白鹅,便从北碚把它带到重庆。爸爸亲自抱了这白鹅从重庆搭车回家,把白鹅养在院子里,一直养到抗战胜利我们要卖掉沙坪小屋时才转送给别人。

爸爸是喜欢自由的人。他在艺专当教务主任并教艺术概论,虽然难得去学校,去时总得与人周旋。这是他最不喜欢的。不久他就辞去了月薪一百一十八元法币的职务。辞职后,他高兴地说:"我的时间全部是我自己的,这是我的性格的要求。"于是他就经常观察这白鹅的一举一动。

鹅的样子很高傲,像狗一样会看门,但对主人并不像狗那样亲昵。爸爸说它对任何人都"厉声呵斥"。在这旷野荒郊,这鹅给爸爸带来很大的乐趣。鹅被送走后,爸爸很怀念它,专门写了《沙坪小屋的鹅》一文。爸爸在文末说:

> 送出之后的几天内,颇有异样的感觉。这感觉与诀别一个人的时候所发生的感觉完全相同,不过分量较为轻微而已。原来一切众生,本是同根,凡属血气,皆有共感。所以这禽鸟比这房屋更是牵惹人情,更能使人留恋。

我家经常有几只野狗来,常抢鹅的饭吃。饭被狗吃完后,鹅老爷昂首大叫,似乎责备主人供应不周。鹅生了不少蛋,家里的人皆大欢喜。寂寥的沙坪小屋中有这样一只高昂的白鹅,给我们带来了不少欢乐。

京剧迷

我是京剧迷,迷到在艺专荒废课业的程度。宝姐和软姐也很喜欢京剧。华瞻哥也会唱几句《击鼓骂曹》。恩狗小时候倒没听见他唱京戏,可到了二零零四年他从香港退居回沪后去世前,有一天我突然对他说起京剧时,他竟然哼起《锁麟囊》来:

仔细观瞧,仔细选挑,锁麟囊上彩云飘……

使我大为惊讶。以前我们听唱片时他在一旁,但他脑中留下的印象竟不是我们常听的梅派戏,而是难得听的程派戏。程派戏中我就喜欢《锁麟囊》。恩狗是有音乐天才的。他是西洋音乐迷,善弹钢琴。他退居上海时已丧偶,孤独一人。我劝他买个钢琴自娱,他不肯。好在他住的地方离我家就差一条马路,可以来我家弹弹。他喜欢弹《少女的祈祷》。至今我一听见这曲子就会想起他。

我家对京剧的爱好,其实都源出于爸爸。早在石门缘缘堂时期,爸爸在买西洋音乐唱片时略微买几张梅兰芳唱片点缀点缀,不料从此迷上了京剧音乐。但当时只限于听赏,却从不去看戏。

一九四四年二三月间,我陪爸爸去长寿、涪陵、酆都旅行并举办画展,在涪陵逗留时发现当地竟有一家戏院在演出京戏。晚上无事,我们几乎天天去看。这是我们父女第一次看京戏演出,一看就迷上了。那时演出的主角是李蔷华和她妹妹李薇华。演得真好!难怪后来出了名。我们看过了全本《玉堂春》后，过几天海报上贴出《苏娘艳史》。其实我知道那就是《玉堂春》重演，可我一天不看也熬不住。我就没说穿，仍唆使爸爸去看。

回到沙坪坝后，我把京剧迷传染给了宝姐。我们两人竟在沙坪小屋东墙边扮起了京剧《梅龙镇》中的一场，还拍了照。

那时我在艺专已加入了"平剧研究团"，和柴扉、关良等老师以及爱好京剧的同学们一起唱，甚至一起排练，一起演出。我第一次在学校演出的是《武家坡》中的王宝钏，同学周驹演薛平贵。我的唱腔全是从王玉蓉唱片中听来的。

后来又演过《女起解》，同学孙鼎铭演崇公道。李可染老师操琴。

有一次，爸爸特地来看我演出。那是一九四五年迎

身着《凤还巢》戏装的我与爸爸合影。

爸爸为我的《凤还巢》戏装照题词。

新晚会时。路远,爸爸就在男同学的宿舍里借住了一夜。当晚演出的有好几个折子戏(即片段)。其中有关良先生和陈佩秋同学合演的《梅龙镇》。关先生京剧迷得很厉害,但就像他的京剧画一样,只求神似。所以唱"四平调""啊啊啊……"时,竟忘了后面的唱词。他就用"嗯嗯嗯嗯……"来代替了。这一来,竟博得了一个满堂彩。爸爸事后谈到此事总是乐呵呵的。他说:

"不是演员演的戏很有味道,因为这种客串的演员不大拘泥于程式,反而使人感到天真,自然,质朴。"

后来宝姐所在的中央大学演戏时我也去看,也认识了她的爱唱戏的同学曹永秀等。我演京戏竟出了校门,在正街到中大之间那条路上的大众剧院里和大学的一个学生合演了《投军别窑》。

沙坪坝没正式的京剧院。为了看京剧,有一次爸爸带我们到重庆去。看完戏,投宿在爸爸的崇拜者一个军人的很窄的家里,我们姊妹俩打地铺。后来才知道那是这军人的小老婆的住处。

爸爸对我们的兴趣真是够关心的。

重庆时期的交游

一九四三至一九四五这三年内,爸爸游了重庆以西、以东、以北的十来个城市,并举办了个人画展。

一九四三年二至四月,爸爸带了"保护老师生命"的连新去泸州、自贡、五通桥、乐山。去乐山的目的,就是为了访问他所崇敬的马一浮先生,希望他能为弘公写传记。一九三八年十月二十五日,即恩狗出生后的次日,爸爸送别马先生后,在日记里写道:

> 赴东环路送马先生离桂赴宜山。……匆匆话别,即到医院。途中忽见桂林城中黯淡无光,城外山色亦无理唐突,显然非甲天下者。盖从此刻起,桂林已是无马先生的桂林了。

可见马先生在爸爸心中的分量有多重!等到我们举家迁往宜山时,马先生已赴乐山,在乐山大佛附近乌尤寺内的"复性书院"讲学,住在乌尤山脚的濠上草堂内了。

爸爸此行,专门写了一首关于马先生的诗,题为《乐山访濠上草堂呈马一浮先生》:

> 蜀道原无阻,灵山信不遥。草堂春寂寂,茶灶夜迢迢。
> 麟凤胸中藏,龙蛇壁上骄。近邻谁得住?大佛百寻高。

一九四四年夏爸爸和我在重庆。

早在一九四二年春,我家在遵义时,爸爸曾托人带画去乐山展览过。马先生看了那次展览后,于三月二十一日写了一首诗《观丰子恺画展》:

卧游壁观可同时,万法生心即画师。
每怪倪迂耽竹石,恰如郑侠写流离。
洞霄九锁人归远,云海千重鸟去迟。
屏上春山蕉下梦,未妨收入一囊诗。

马先生平时作诗喜欢用典故,不容易读懂。爸爸向他指出了这点,马先生便写了两首白话诗送给他。一首是:

红是樱桃绿是蕉,画中景物未全凋。

清和四月巴山路，定有行人忆六桥。

另一首是：

　　身在他乡梦故乡，故乡今已是他乡。
　　画师酒后应回首，世相无常画有常。

爸爸非常喜欢这两首诗，一直把它挂在沙坪小屋墙上。可惜后来不知到哪里去了。另有一副对联至今还由我保存着：

　　藏胸丘壑知无尽，过眼云烟是等闲。

爸爸在乐山也访问了朱光潜先生。清明（四月六日）那天晚上，朱先生陪爸爸到在武汉大学任文学院院长（朱光潜先生任教务长）的陈源先生家里，为他的女儿小滢在小册子上画了一幅《努力惜春华》。

经过五通桥时，爸爸画下了《长桥卧波》一画，并写了《为青年说弘一法师》一文。

一九四四年二三月间去长寿、涪陵、酆都，则是我陪去的。那时出游哪像如今那么奢侈。记得在长寿时，我们被安排住在长寿中学的教师宿舍里，每天吃食堂饭。每天早晨总是吃"煮捆"的鸡蛋下稀饭。就是把鸡蛋连壳煮一下，剥开来用酱油蘸着吃。我从那时起就爱上了这种吃法，一直吃到现在，一千年也吃不厌的。只是现在听说老年人吃多了不好，不敢天天吃了。

酆都早年被人们称为"鬼都"，到了那里一看，印象很不错。我们去参观了阎王殿。一进门，有一个活无常向我们扑过来：青面獠牙，两眼流血，手执破扇，把我们吓了一跳。但我们进门后，活无常就退回去了。原来只是跳跳板起的作用。阎王殿里有两副对联：

>   为恶必灭，若有不灭，祖宗之遗德，德尽必灭；
>   为善必昌，若有不昌，祖宗之遗殃，殃尽必昌。

另一副是：

>   百善孝当先，论心不论事，论事天下无孝子；
>   万恶淫为首，论事不论心，论心天下无完人。

　　这两副对联都是劝人为善，做得都很巧妙。我虽然不相信"轮回"，但总是努力行善，尽自己的绵力帮困助学已有十多年。那只是自己本性所使然，并非求报。事实上我的晚年如此幸福，已经得到好报。但看见有人为善作恶未得报应，心里确实不平。这副对联把未得报应归到祖宗头上，想让人心平气和一点。人们一般对于自己的子孙后代是很爱护的，希望他们平平安安。所以用这办法来鼓励世人，倒也不错。

　　我更喜欢这第二副对联。不必多加解释，看到的人都会首肯。

　　这天晚上，爸爸给我讲了许多鬼故事。

　　就在这一九四四年十二月，爸爸又出了一次门，这回是单身一人去。先从重庆坐船到合川，再雇"滑竿"到南充。到达南充大约是十二月十一日或十二日。南充有开明书店的代销处。爸爸在这里举行了一次画展，于十二月十五日开幕。

　　在南充，爸爸认识了一个年轻朋友叫夏宗禹（名景凡），和他结了忘年之交，差点要招他为女婿。（对象可不是我啊！）那时"父母之命"是行不通了，很快就告吹。不过夏宗禹一直是我家的好朋友。他当时在花纱布管制局南充办事处工作，思想进步。抗战胜利后我家回江南时经过他老家宝鸡，认识了他的老母亲和一家人。爸爸去世后，一九八八年夏宗禹在华夏出版社出版了"四君子书"，其中一本就是《丰子恺遗作》。可惜夏先生在这套书出版后七年，因劳累过度而早逝了。

在南充，爸爸还认识了一个叫蒋阆仙的年轻人。蒋先生是南充人，但家在阆中，所以邀请爸爸去阆中举行画展。这次画展的成绩是满堂红。

从阆中经南充又去蓬溪，住在友人段虚谷家，参观了宝梵寺的明代壁画后才回重庆。回家已是一月下旬。

立达学园当时内迁到隆昌复校，由陶载良先生任校长。爸爸还是立达的校董。陶先生就邀请他去，并要爸爸在当地举办画展，由他包办一切。一九四五年六月十五日，爸爸便动身了，这回又是只身。途径青木关时，应友人红豆诗人俞友清的建议，在那里举行了预展。六月二十至二十六日，在隆昌展出了四天。

离开隆昌后，陶先生陪爸爸经内江于七月十二日到达成都，参加了国际救济会的手工艺讨论会。在成都又举办了一次画展，并为"杜甫草堂"书写了杜甫所作的《茅屋为秋风所破歌》。在成都时，爸爸不知为何忽然写了一首关于我的诗：

最小偏恋胜谢娘，丹青歌舞学成双。
手描金碧和渲淡，心在西皮合二黄。
刻意学成梅博士，投胎愿作马连良。
藤床笑倚初开口，不是苏三即四郎。

爸爸从成都回家已是八月初。

在重庆的将近四年中，爸爸的交游是很广泛的。在沙坪小屋时，经常有好友来访。例如开明书店总经理范洗人、老友叶圣陶、傅彬然，

《警报解除后》

他们来访时，和爸爸一起到皋庐与吴朗西夫妇饮酒叙旧。南面合作新村的沈仲九、张元善先生也常来坐坐。张元善先生来时，常和爸爸一起欣赏唱片中的昆曲。张先生听昆曲时很专心，低下头，以手撑额，闭上眼睛。爸爸事后对我说，这是好办法，别人就不会去打搅他，可以专心欣赏，这才是真正的内行。

除了邻近的友人常相往来之外，爸爸每次到重庆，也总是忙碌着访问朋友。保安路的开明书店是必到之地，此外，他总要去长安寺拜谒太虚法师。太虚法师是我们的同乡人，加之他的性格很随和，爸爸和他很谈得来。爸爸还介入过徐悲鸿先生离婚的事，但没有成效。与巴金、郭沫若、茅盾等先生也有过交往。

艺专我的同学们，也常常三五成群来我家请教爸爸一些事。关良先生还应邀来我家唱过京戏，我们也唱。鸽子蔡先生的朋友陆剑南先生来操琴。

那一时期，是爸爸创作的黄金时代，也是一家人在逃难中最欢乐的时光。平时只有恩狗依依膝下。到了周末，在中大读书的宝姐、软姐、华瞻哥和从贵州湄潭来重庆沙坪坝读南开中学的元草哥，还有在艺专读书的我，全都回家相聚，可热闹了。每周虽然只休周日一天，不像现在这样周六也休息，可那一天真开心！

抗战时期流行一句话，叫做"领来的米，买来的肉，解除警报礼拜六"。那时有米免费发放；猪肉则很难买到。所以有领来的米和买来的肉是值得高兴的事。警报解除了，人心安定；星期六之晚，合家团聚。真是"四美具，二难并"的欢乐日子啊！

外婆永远离开了我们

就在爸爸一九四四年十二月出门至一月下旬回来的那次,到家才三天,外婆就与世长辞了。这回外婆永远离开了我们,即使让章桂哥再跑一趟,也接不回来了。

我们离开遵义前,外婆的孙子把外婆接了去住。后来贵州独山时局紧张,岳英哥一家也要来重庆。大概是由于他家子女还小,老小一起带来不方便吧,或者是因为正巧有可靠的便人,他们托便人先把外婆带来。那时爸爸出门未归,我姐姐哥哥在校住宿,妈妈只能叫我和元草哥到车站去接。车站到沙坪小屋颇有一段路。外婆由我们两边搀扶着走。她走到后来,气喘吁吁地对我说:

"一吟,我走得上无气下无屁了。"

我们当时自己正当青春少年,体会不到老年人体衰的痛苦,只能把她抬得更高些,像架伤者一样把她架回了沙坪小屋。妈妈赶快安排外婆躺下。这一躺,就没有再起来过。

外婆(她名叫方宝珍)没有等到胜利的消息传来,便于一九四五年一月二十五日离去,终年七十六岁。全家人跪在床前哭着为她送终。爸爸流的眼泪不比妈妈少。后来这件事传到故乡,人们说了一句乡间惯说的话:

"女婿落泪,珍珠落地。"是的,爸爸对外婆的感情非同一般。他没有封建思想。"老吾老,以及人之老"。何况她是自己的岳母,一九三七年逃难出来共患难的长者。

虽然客居他乡，爸爸还是为外婆举行了简单的殡葬仪式。那时通讯不便，岳英哥一家还没有闻讯赶来。爸爸便以外婆的语气写了一副挽联：

我无遗憾，但望于凯歌声中归葬故里；
尔当自强，毋须在国难时期重振家声。

这"尔"，指的是岳英哥。抗战胜利后不久，岳英哥一家去了台湾。子女都很有出息。

外婆的棺材就葬在我们去正街路过的那些坟墓附近。谁知刚落葬不久，就被盗墓。大概因为爸爸名气太响了，盗墓者不了解知识分子大多是两袖清风，以为其中一定有金银财宝。妈妈哭了一场。爸爸叫人把坟墓修复，派连新日夜守护，直到坟土干了。

胜利后，棺木由水路运往故乡。不知为什么（可能是中途要转运吧），起初要有人护送一程。这任务由华瞻哥承担。对万事都要担心的满娘再三叮嘱华瞻哥："你上了船，一定要把鞋带解开。万一有什么情况，跳水方便些。"

外婆是崇德人。（离石门十八里。）棺木送到崇德落葬以后，据说又一次被盗墓。

终于胜利了

一九四四年的中秋,月明如昼,全家十人在沙坪小屋团聚。爸爸心情欢畅,多喝了几杯酒,没怎么赏月就睡着了。次日醒来,在枕上就填了一首《贺新凉》:

七载飘零久。喜中秋巴山客里,全家聚首。
去日孩童皆长大,添得娇儿一口。都会得奉觞进酒。
今夜月明人尽望,但团圞骨肉几家有?
天于我,相当厚。

故园焦土蹂躏后。幸联军痛饮黄龙,快到时候。
来日盟机千万架,扫荡中原暴寇。便还我河山依旧。
漫卷诗书归去也,问群儿恋此山城否?
言未毕,齐摇手。

其中"幸联军痛饮黄龙,快到时候"后来改为"只相思江南风物、旧时亲友"。估计是政治上的关系。因为抗战胜利的原因曾有三种说法。这里就不去评论了。

岂料被爸爸这首词说中了。一九四五年八月十日之夜,果然传来了我国胜利的大喜讯。全家欢欣鼓舞之余,一人一句写下了杜甫的《闻官军收河南河北》一诗。

一九四四年兄弟姐妹七人重庆留影
前排左起：恩狗、元草哥、华瞻哥
后排左起：软姐、我、宝姐、先姐

爸爸画了很多幅《八月十日之夜》分送亲友。次年又写了《狂欢之夜》一文补叙当时情景。那一天，就连平时客客气气的邻居也到我家来讨酒吃。爸爸找出两瓶正宗的茅台酒来请他们吃，一直闹到后半夜两点钟。

当时妈妈正陪着恩狗在歌乐山的医院里治他的大脑炎，没能和我们共欢。恩狗病愈后回来，妈妈对我们说，那天晚上外面忽然放起炮仗来，恩狗问妈妈外面什么事。妈妈打听后才知我国胜利了。六岁的恩狗虽然不懂胜利意味着什么，却也和妈妈欢喜了一阵。我想，妈妈心里一定在怀念着早死了半年多的外婆了。

至于爸爸，想的就更多了。

这幅画作表现了一九四五年八月十日之夜中国人民欢庆胜利的喜悦之情。

《一时之雄》，画面中雪人旗子上写的是"法西斯主义"。

《去日儿童皆长大》　　　　　《万里征人罢战场》

　　要回江南,首先得有钱。于是爸爸又在重庆举行了第二次画展。展出地点是在两路口社会服务处。日期是一九四五年十一月一日至七日。因订价太低,又是一个满堂红。为什么说"红",因为爸爸那套画只供展览,不出售。要买的人指定要哪一幅,就在这一幅上用回形针别上一个红条子,上写某某人订。满场都是红条子,共有三百六十张之多。有时同一幅画上别上好几张红条子,说明大家都看中这幅画。

　　展览结束后,爸爸就在家闭门作画。

　　随后,爸爸一人去过重庆附近的北碚,看到了很多老朋友如老舍、陈望道、章靳以等。

　　一九四六年一月,这批画又在沙坪坝和七星岗江苏同乡会续展。每次展览,我总要去帮忙别红纸条。

路费筹措好了,可回乡难啊。官员们坐上飞机先走了。他们号称去"接受"失地,可老百姓都说他们是去"劫收"。其他有钱有势的人把长江轮船的票买走了,哪里还轮得着知识分子!这次东归,当时通称为"复员"。江南人都盼望复员。

于是我们离开沙坪小屋,迁到重庆凯旋路特七号等候归舟。这里是开明书店的仓库,两开间。由于山城地势有高低,从后门看是三层,从前门看是一层。下面四间没有窗,只能做仓库。上面两间光线好。爸爸通过开明章雪村先生的关系,已经先把忘年交夏宗禹介绍入住其中的一间,我们就住在另一间。

四川当局曾有布告:欢迎下江教师留在重庆,报酬优厚。那时我的兄姐中已有三人在重庆当公教人员。见爸爸为船票焦头烂额,重庆却友好地挽留我们,于是,爸爸再问我们是否留恋重庆时,我们就不再"齐摇手",而是说:"还是重庆好!"

爸爸也曾考虑过:缘缘堂既然已成焦土,这里倒还有几间"抗建式"房子可避风雨。自己已没有职业的牵累,何必辛辛苦苦地带了他们回到人浮于事的江南去替他们重找饭碗。

至于我,早已把重庆当作故乡。我喜欢吃重庆的担担面和凉粉,我已经学会一口四川话。四川话和贵州话近似,所以我于二零零七年十月去遵义时,我们那位老邻居的儿子桂侯夫妇来车站接着了我,给他妈妈打手机时,他妈妈问他我讲的是什么话,桂侯回答她说"一口贵州话"。他们对此都倍感亲切。

可是爸爸还是在念着马先生的诗句"清和四月巴山路,定有行人忆六桥"。思乡之情一直牵引着爸爸的心。他还是决心舍弃沙坪坝的衽席之安,要走东归的崎岖之路。四月二十日,爸爸托人以廉价卖去住了

夏丏尊先生（本照由叶永和、蒋燕燕提供）

近三年的沙坪小屋，决心东归。

庙湾的房子刚卖掉三天，眼看不久就要回江南去，爸爸可以见到他思念已久的老师——留在上海的夏丏尊先生了，忽然接到夏先生逝世的消息！爸爸悲痛之余，于五月一日在凯旋路写了《悼丏师》一文。文中说：

> 我所敬爱的两位老师的最后消息，都在我行李倥偬的时候传到。这偶然的事，在我觉得很是蹊跷。因为这两位老师同样的可敬可爱，昔年曾经给我同样宝贵的教诲，如今噩耗传来，也好比给我同样的最后训示……

爸爸对这两位老师的感情确实非同一般。平时经常对我讲他们的

事。关于弘公的回忆,后来他都写成文章。这一回,爸爸也对我讲夏先生的事。他说:

> 夏先生是对世事多愁的人。他看到周围的亲友发生什么不快的事,都要真心地为他们担忧。这八年来他处在水深火热的上海,不知道添了多少忧愁。……唉,听说有一个时期,他们家里一天只吃两顿饭,就是我们叫"扁担饭"的。……过这样的日子,怎能不促使夏先生早逝!……这一笔账,也要记在日本侵略者头上!

我听了这番话,暗自思忖我们一家幸亏逃了出来。不然的话,爸爸一定也会遭难。因为他懂日文,名气又响。如今我们能平安地回老家去,真是万幸!

可是为了回家乡,爸爸简直和逃难时一样操心。后来他终于作出决定:"人家都走空中,走水路,我走陆路;人家东归,我先北上,然后走陇海路!"

第三章 湖畔小屋

比逃难还辛苦

一九四六年七月上旬,在胜利后将近一年时,我们终于恋恋不舍地离开了托庇我们近四年的山城。逃出来是十个人,走陇海路回去的是八个人:爸妈、我和元草哥、恩狗,以及先姐慕法哥带着他们的长子宋菲君。菲君那时才四岁,吃饭时,爸爸用一部《辞海》垫在凳子上,让他坐高些。这部《辞海》本来是给恩狗垫着坐的,恩狗已八岁,可以让给他外甥用了。

爸爸在浙一师时的同学周元祥之弟周元瑞也加入了我们的队伍同行,倒也热闹。一路在餐馆吃饭时,周先生总要他们上一个"高汤"。我们后来才知高汤是免费的,味道倒也不错。

我们先坐长途汽车到绵阳。在绵阳等候摆渡,一等等了四天。记得那时我们住在一家旅馆里,被头上有黄迹,妈妈闻闻看,说是屎的臭味。我们习惯了种种苦难生活,都不在乎。

我还记得慕法哥去菜市买一条大鱼来,做鱼丸给大家吃。久不吃水产的大人们都很高兴,只有在缺少水产的川贵长大的我,并不觉得这是享受。

摆渡后经剑阁,大雨倾盆。车顶的行李湿透了,无法使用,只得拿下来卖给当地人。所得之钱,倒也有一张车票的数目。那两百多幅专供展览用的裱好的画也在车顶,幸亏包扎得好,只湿了一部分。

到广元后换车,进陕西省,经汉中到宝鸡。夏宗禹先生有兄弟和母亲住在宝鸡。我们受到了热情的招待。在这里也看到了以前只是传闻的窑洞，住在里面冬暖夏凉。

从宝鸡搭上火车，走陇海铁路往东行。原打算一直到徐州，再南下，回到盼望已久的江南。到达郑州时，铁路桥被日寇炸毁，只好坐船过了黄河另上火车，于八月一日到达开封。但前方兰封（今兰考）正在打内战，道中有阻，便在开封耽搁下来。

说起当时的陇海路，不知是不是火车后面拖的车太多的关系，好像有气无力，开得很慢。那时我们搭的不是如今的客车，而是车厢中间开门的。车内没有座椅，反正我们带着行李铺盖，坐自己的"软席"，倒也挺舒服。由于车开得慢，有人时时跳上来卖开水等。我以为那人是从附近村子跳上来的，可是过一会儿，他又上来了。咦！难道他一直跟着我们的车？这时忽然发现我们车厢里有人跳下了车，过一会儿又上来了。我从他的动作看出，原来是下去小便！而那个卖东西的人原来是从邻近的一个个车厢走过来的，走了一遍再走一遍。火车之慢可想而知。

火车每次过山洞时，我们总是一脸烟灰。因为后来我们是坐在车厢连接处的。我只见到别人脸上有，别人却见我脸上有，大家哈哈大笑。我们也曾在火车停驶时下黄河边去用脸盆舀水打算洗脸，岂知三分之二是泥浆。

到了开封，先住了旅馆。先姐一家和周元瑞先生经不起耽搁，和我们分手先行了。盘缠已不多，爸爸急得生了病。我们五个人在旅馆里住了十二天。由于开封的报纸登出了丰子恺抵汴（开封别称）的消息，有几个昔年的学生来访，其他仰慕爸爸而前来访问的人也不少，给流落他乡的我们种种帮助，其中书法家谢瑞阶先生尤为诚恳。

爸爸病愈后，总是思念东归。有一所小学的领导来访，表示一定能替我们买到火车票。爸爸当然很高兴。他们请爸爸到学校去吃饭，爸爸盛情难却,只得去,因病体初愈,由元草哥和我陪去。在学校吃过饭后,他们请爸爸作画,横一张,竖一张,爸爸显然很疲劳。头顶上飞机声隆隆不绝,虽然不是敌机,总有点惊弓之鸟,心神不定。爸爸这次作画,肯定比"艺术的逃难"那次更加尴尬。

次日早晨,总算把我们一家连行李送上了火车。

这次上火车,不是往东去兰封方向,而是往西回到郑州。因为爸爸打算从郑州坐京汉铁路南下到武汉。那里有开明书店。在逃难途中,开明书店就好比外婆家。到了有开明书店的城市,总能得到种种帮助。从武汉买长江船票东归,也比重庆买船票方便多了。

火车抵郑州时是深夜。郑州城里已"戒严",任何人都不得走动。我们不可能找旅馆,只得把行李放在人行道上,爸爸和元草哥坐在行李上守着。妈妈带着恩狗和我则到马路对面一家敞开大门的玄关里泥地上躺下来打算睡一会儿。我被妈妈安排在里边,她自己睡在最外面,中间是恩狗。刚躺下来,在黑暗中发现这玄关的里边竟还躺着几个男人。妈妈连忙叫我起来,和我调一个位置睡。这件小事我至今一直记得。妈妈对我真好!

幸而一宿平安无事。天亮后,"戒严"解除,由于盘缠已很拮据,我们马上到火车站要改搭京汉线。那时好像根本没什么排队买火车票的事。我们带着行李直接去月台(即站台)。一个个车厢挤得像罐头食品似的,哪里容得我们五个人带着行李上去。我们失望而归,只得找了一家很差的小旅馆容身。如此一天复一天,眼看盘缠将尽,火车无望。复员竟比逃难还吃力!我想,爸爸的头发,在复员时一定也急白了不少。

天无绝人之路!有一天,我们照例带着行李站在月台上寻找希望。忽然有几个青年从车上跳下来问爸爸:

"你就是大画家丰子恺先生吗?"

"你们怎么知道？"

青年指指我们的行李。啊，原来爸爸防行李丢失或弄错，都一一贴上白纸，用毛笔写上"丰子恺"三字。正是这三个字救了我们。

这些人都是国民党青年团的团员，有节车厢是他们包下的。他们连忙吩咐车上的人腾出一块空地，帮我们一个个上车。这回的车厢不是中间开门的那种，竟像堆煤用的火柴盒芯似的车厢。我们好不容易攀过高壁，跳进车厢内为我们留着的空地上。

总算到了武汉。这里熟朋友多，爸爸松了一口气。在开明书店的帮助下，爸爸在汉口和武昌各举行了一次画展，这一下就解决了生活问题和东归的盘缠问题。

满娘和宝姐软姐华瞻哥后来总算在重庆买到了船票。他们经过汉口时，上岸来和我们相会。匆匆一面，知道双方都平安，也就放心了。

他们走后，我们也买到了船票。搭上了比火车舒服得多的江轮。

我在武汉生了一场病。据妈妈说，我先是发高烧，爸爸去买来人造冰放在我身旁。后来我身体冰凉冰凉的，妈妈以为我这一次逃不脱鬼门关了。送到一位有名的中医家去看了一次，服了汤药，倒也渐渐好转了。有人说，这种病叫"汉口热"。

在船上，我吃起饭来特别香，吃了三碗还不够，自己不好意思再去添，便由妈妈代添来给我。我还大把大把地落头发。妈妈说，这是因为我生了那场病的缘故。

爸爸在武汉开两次画展，我因病都没去帮忙。元草哥一人去了。他回来讲给我们听，说在汉口花楼街汉华书局开画展的那次，有一对夫妇看了《兼母之父》的画，竟在展览室中吵起来。那男的指责女的就像画中的女人一样不管家务，女的生气地嚷道：

"是你自己要管的呀！……"

《兼母的父》之一

《兼母的父》之二

终于踏上了江南的土地

一九四六年九月二十五日,我们在南京上岸换火车到达了上海。爸爸后来在《胜利还乡记》一文中说:

> 我从京沪火车跨到月台上的时候,第一脚特别踏得重些,好比同它握手。

那时鲍慧和先生早已回到上海,住在宝山路宝山里四十五号。爸爸本来托鲍先生在上海为我们租屋,但鲍先生夫妇留我们住在他家,把主要的前楼让给我们住。

爸爸也写过复员打油诗,我们记得的不多,但毕竟是爸爸写的,再少也得记下来。姑且一并记在这里:

> 老周吃午酒,半天在床上。……
> 宝鸡夏景禹,面上有刀伤。
> 全席酒一桌,玉堂春一场。
> 西瓜皮翠绿,香蕉颜色黄。
> 慕法已应聘,次日也学样。
> 剩下我一家,病魔就赏光。
> (抵武汉后)
> 开明胡经理,请客菜根香。

> 一吟生大病,几乎见阎王。
> 幸有冉医生,服药就起床。
> (武汉往南京轮船上。同船姜小姐)
> 脸孔像宝姐,说话蛮出俏。……
> (抵上海)
> 此脚十年前,踏过这地方。
> 慧和招待我,殷勤又直爽。
> 记者每天来,问我像审堂。

不久,我们就回故乡石门镇去凭吊缘缘堂。

那时候回故乡,要坐火车到长安,换小船去石门。抗战前,石门是个很繁华的地方,寺弄更加热闹。爸爸在《胜利还乡记》里写着:

> 每日上午,你如果想通过最热闹的寺弄,必须与人摩肩接踵,又难免被人踏脱鞋子。因此石门湾有一句专用的俗语,形容拥挤,叫做"同寺弄里一样"。

可如今已面目全非。爸爸一直把寺弄比作上海最热闹的南京路,现在两旁的房子竟已变了草棚。我小时候读书的接待寺已不见踪影。房屋十之八九变成焦土。儿时游钓之地的"木场桥"本来是石造的拱桥,如今变了木造的平桥。爸爸说:"只除运河的湾没有变直,其他一切都改样了。"

一路上竟没有一个相识的人。阔别九年,孩子们都长大了,有的老人死了。在战火中流离或丧生的青壮年人也不少。总算碰到一个老先生叫张兰墀的。爸爸说,他的儿子叫张逸心,以前请爸爸教过日文。

走过木场桥,但见一片废墟。这就是我们当年歌哭生聚的缘缘堂

《儿童相见不相识》

吗?！爸爸忽然说："喏！我看到石头了。你们看，这块突出的石头，站在上面望下去是运河的水，很危险。我小时候是不敢站的，只有隔壁的王囡囡敢站上去，还做了一个'金鸡独立'的姿势。有一次我叫别人拉住手站了一会，被你们娘娘（即祖母）责备。"

爸爸以前常给我们讲这件事。据说染坊司务用长竹竿把蓝印花布挑到架上去晒时，就是站在这块石头上的。全靠这块石头，给我们指示了老屋以及它后面的缘缘堂所在地。

缘缘堂只剩了一排墙脚石，在相当于爸爸书房的地方长了一棵两人多高的野生树木。我们在桂林时收到姑婆来信说缘缘堂的烟囱还在，象征"烟火不断"，可如今烟囱也已不知去向。华瞻哥即将去北京就职，他要带一点缘缘堂的纪念品去，便到处找，后来用利器在草地里挖了尺把深，才挖到一块焦木头，依地点推测，大概是客厅门槛或堂窗的遗骸。他把这块焦木头藏在火柴盒里了。

这天晚上我们住在丰嘉麟大伯的第三个儿子坤益哥家，爸爸喝了很多酒。第二天，我们到杭州去了。爸爸决定在杭州定居。此行就是为了"另觅新巢"。

湖畔小屋

杭州本来就是爸爸的第二故乡。我们先到素食处功德林的旅馆部下榻。后来搬到招贤寺住了一段时期。

招贤寺位于里西湖边的静江路（今北山路）上。那里的路面打了一个小弯。拐弯处有一片废墟，围着一圈墙。人们都称这地方叫"大礼堂"。招贤寺就在大礼堂的东隔壁。

爸爸买了一架"蔡司"牌相机给我，这牌子在当时是很不错的。我后来就用这相机替爸爸拍了很多照片。我拍照技术差，不过总算给爸爸留下了一些纪念。第一卷拍的就是招贤寺内的人像。有一天我和爸爸都在走廊内。

"爸爸，你别动，我给你拍一张照！"

爸爸一听说要拍照，不知为什么马上举起双手，作了一个"仰天长啸"的姿势。不明真相的人，还以为这张照表示他正在为什么高兴的事而狂欢呢。

我读书的国立艺术专科学校那时也已从重庆迁到杭州。地点在风景优美的白堤上，孤山的脚下。我上学只要先往西步行，走过西泠桥，再往东走就到了。

这年秋天，我陪爸爸到上海大新公司（今中百一店）举办了一次画展，卖得约五百万法币，以供在杭州租屋用。

十一月上旬，我们受"练市姆爸"之子周志亮（我叫他中明哥哥）的邀请，去参加他的婚礼。爸爸当他的证婚人。这一顿喜酒，我着实

我给爸爸拍的第一张照片。

地饿了肚子,因为在四川吃惯了素菜和瘦猪肉,海鲜一概不吃,而席上偏偏大鱼大肉,我只得偷偷地逃出去到摊头上买油沸豆腐干吃。

次年(一九四七)三月,爸爸在招贤寺拐弯处,过了"大礼堂"的那地方,即静江路八十五号,租到了一所平房。虽然房间里是泥地,但这房子地势高,从马路要走上五六步石级才进门,所以并不潮湿。一共有五间房:三间正屋,天井左右各有一间厢房。东侧还有厨房等附属建筑。爸妈各占东西正屋,西厢房是满娘和软姐住,东厢房则是客房。搬家那天,石门东浜头南圣浜雪恩娘(即雪姑母)的儿子蒋镇东和乡亲阿六来帮忙。岳英哥一家也已迁回江南,前来助兴。

画展所得五百万法币,尽数用在这屋子的租赁费、简单装修和购买简朴家具上,竟还不够。

这租屋位于风景地区,开门就见到对岸孤山和山下的放鹤亭。爸爸脱口而出:

"门对孤山放鹤亭!"

咦!这可以成为一副对联的下联呀!那么上联呢?爸爸想了几句,都不满意,后来靠好友章雪村先生帮忙想出了上联"居临葛岭招贤寺",太好了!

这风景优美的住屋,后来又加了附属建筑。因为家里来住的子女多了,爸爸经济也略有宽裕,便在正屋的后面自己添造了三间扁扁的小屋。房间虽小,却有室名。西边爸爸住的房间后面那个小间,爸爸取名为"宜椿室",我就住在这里;东边妈妈带恩狗住的房间后面那小间,取名为"宜萱室",元草哥从北京铁道学院回来时住。中央一小间没室名,华瞻哥从北京回来时住过。

爸爸在上海时,其实曾答应到杭州后再去浙大任教。可是到杭州后"临阵脱逃",又过起悠闲的赋闲生活来了。

这屋子,爸爸称它为"湖畔小屋",但没有为它写屋名。在这里住的时间不长,住到一九四八年夏天,就去台湾了。我们在这湖畔小屋里只住了一年半。

我们在杭州安家后,故乡的雪恩娘和乡亲们来看我们就很方便了。尤其是烧香时期,我家好比开了饭店旅馆,接待故乡的烧香客。有的并不认识,反正都跟镇东一样叫我爸妈一声娘舅舅妈,就来吃住了。妈妈忙得不亦乐乎。幸有一个叫章鸿的,妻子名秀英,夫妇俩给我家帮忙。他们所生女儿叫三芳,一家三口都住在我们这里,章鸿夫妇帮我们料理家务,三芳尚未入学,就在我们家和恩狗一起玩。

一九四八年初搬入湖畔小屋留影。

爸爸和姐妹在西湖边,左为满娘,右为雪恩娘。

爸爸是喜欢热闹的。他用苏东坡的句子写了一副对联挂在家里:

酒贱常愁客少,月明都被云妨。

那一阵子客人可真多啊!

马一浮先生的"复性书院"那时就在静江路上我家与西泠桥之间的西湖边"葛阴山庄"内。就像逃难到桐庐乡下时那样,又成了我们家的近邻。爸爸能随时前往,聆听教诲,其乐融融。

通过许钦文先生的介绍,爸爸找年轻的易昭雪医生装了一口"义齿"。

说起装全口假牙,我记得妈妈是在重庆沙坪坝的沙磁医院装的。那医院在大众剧场(就是我演过《投军别窑》的剧场)对面。每次都由我陪去。我算了一下,妈妈那时实足年龄还只有四十八岁吧。爸爸如今装全口假牙,实足年龄也才四十九岁。我到八十岁的现在,还只是上下补装,并未装全口。可见爸妈那时生活实在太苦,营养太差,以致早衰。

爸爸非常感谢易昭雪医生的高超技术,写了两篇装牙的文章称颂他。二零零七年十月,女儿陪我到杭州去开会,我们抽空访问了易先生,他身体健朗,剥一个柚子给我们吃。我在家吃柚子是靠年轻人剥的,我剥不动。我打算制止他剥,我想,他已八十五岁高龄,他还没剥好,我们要赶着去开会了吧。哪里知道他很快就搞定。我惊叹易先生手劲真大,女儿说:

"你别忘了易先生是替外公拔牙的,手劲当然大!"

噢! 我恍然大悟。

在湖畔小屋时期,一九四八年,爸爸的老友郑振铎先生来访,爸爸有《湖畔夜饮》一文专记其事。郑先生就是最初选用爸爸的漫画登上他主编的《文学周报》的"伯乐"。两人十年阔别,畅饮叙旧,用贴在墙上的苏步青先生送给爸爸的诗作为佐酒的菜:

草草杯盘共一欢,莫因柴米话辛酸。
春风已绿门前草,且耐余寒放眼看。

没想到这次会面后十年,郑振铎先生在飞往阿富汗和阿拉伯作友好访问的途中,在苏联上空遇难,从此永诀了。

京剧缘

在湖畔小屋时期,我的京剧瘾是过足了。爸爸替我和宝姐从当时杭州唯一有京剧表演的"大世界"请了一位叫沈飘芳的艺人定期来家里教我们表演动作。这位沈先生以前是唱旦角的,上了一点年纪后不再演戏,大概在"大世界"给演员说戏吧。我那时在艺专经常演出。除了校内,还到爸爸的老同学田锡安先生的单位里演出过,和浙江大学叫陈效仁的学生也合演过。那时演的戏有《女起解》《三堂会审》《御碑亭》(柴扉老师演王有道)、《鸿鸾喜》《花钿错》(我演副角小姐)、《打渔杀家》(柴扉老师演萧恩)等等。

沈飘芳先生配合我的演出加以辅导。就在那小天井里,我还向他学了不是演出用的《虹霓关》。我居然使起花枪来,真是"初生之犊不畏虎"啊!我听了京剧的唱片,就把曲调用简谱记下来。这样,学起来自然更方便些。我记录的曲谱,几乎都是梅兰芳的戏。

后来我竟有幸见到了我崇拜得五体投地的梅兰芳先生。

一九四七年梅花时节,爸爸一人去上海,摄影家郎静山先生陪他去访问了梅兰芳先生,还有盛学明和陈警聪两位摄影家带了相机去。次日《申报》"自由谈"就有人登出文章和照片记载其事。爸爸自己后来也写了《访梅兰芳》一文。

我好眼红啊!

"爸爸你为什么不带我们去?!"

我老是缠着他。终于次年(一九四八)清明过后,梅博士又在天蟾

我和爸爸与梅先生合影。

我在梅家花园里拍他们四人
左起:我二姐夫宋慕法、梅兰芳先生、爸爸、宝姐。

舞台演出了。爸爸就带着我和宝姐来到了上海。我们住在四马路（即福州路）天蟾舞台斜对面近广西路的振华旅馆。

有一位替梅先生拉二胡的倪秋平先生因酷爱西洋音乐，而且是读了爸爸的旧著《音乐的常识》（一九二五年十二月亚东图书馆出版的爸爸最早写作的音乐书）才开始喜欢上西乐的。因此很崇拜爸爸，常和他通信。我们到了上海，每晚梅先生演出结束后，倪先生就抱着琴囊来振华旅馆与爸爸聊天。爸爸学西乐而爱好皮黄；倪先生拉皮黄而爱好西乐。他俩有谈不完的话，一直谈到后半夜。

我们本来想等梅先生此次演出结束后再去访他，但看了一本《洛神》后，第二天还是去访了。托倪先生先去打一个招呼。

下午四点钟（大概这是倪先生指定的对梅先生最合适的时间），我们走出振华旅馆刚叫好出租车，看见我的二姐夫慕法哥正坐在藤椅里让人擦皮鞋。听说我们是去访梅兰芳，也是戏迷的他不管皮鞋只擦了一半就钻进了我们的汽车里。

"天外飞来的好运气！"我和宝姐

梅兰芳蓄须明志照片，爸爸把这照片贴在墙上，一直到抗战胜利。

送给他这句话，未免带有妒羡的语气。我们盼了这么久才托人安排好这次访问，他却一钻进汽车就可以去见伶王了。

爸爸则嘲笑我们见伶王如"瞻仰天颜"，"面见如来"。

我们终于来到了马思南路（即今思南路）的梅宅。叩门后，随着大门打开，马上有两只小洋狗出迎。这时轮着慕法哥来嘲笑我们了：

"你们巴不得每人做一只吧？"

说说笑笑之间，我们穿过花园，终于坐在客厅的沙发里了。倪秋平先生先我们来此，这时他先到客厅里来陪我们，才聊了几句，梅先生就下楼来了。那时我们三个戏迷的表情，据爸爸后来在《再访梅兰芳》一文中说：

陈宝一吟和慕法，目不转睛地注视他，一句话也不说，一动也不动，好像城隍庙里的三个菩萨……

我们看看坐在梅先生旁边的爸爸，其实比梅先生小四岁，才五十一岁，却留着胡子，一副老相。

记得抗战时期，我们在沙坪小屋时，从上海寄来报上剪下来的一张梅兰芳蓄须的照片。梅先生在沦陷区为了表示不愿为日寇演戏，把胡子留起来了。我们几个"梅迷"都对他怀着崇高的敬意，爸爸称颂他的"威武不能屈"的大无畏精神。如今，中国胜利了，梅先生又剃去胡子，出来为人民演戏了。这种品德比他的艺术更可贵。我们打心底里敬佩他。

爸爸两次访梅，均有文记载其事。在一九六一年梅先生逝世和逝世周年纪念时，也都写了纪念文章。为同一个人写了四篇，这在爸爸的文字生涯中是很难得的事。

弟子胡治均

胡治均先生是浙江镇海人,出生于一九二一年。因家境贫寒,只读到小学五年级就来上海"学生意"(即当学徒)。他在读小学时就看到我爸爸的《护生画集》,深受感动。后来又读了《子恺漫画》《缘缘堂随笔》等书,成了忠实读者和私淑弟子。他一直盼望能见到慕名已久的作者。

一九四七年春,他在上海觉林素菜馆对着墙上挂的爸爸的画看得出神,一位素不相识的觉林职工拍拍他的肩膀和他聊了起来。知道他热爱丰画,表示愿意引荐去见作者本人。不久,爸爸带着我从杭州来上海,那位职工和爸爸约定了时间,便让胡先生到我们下榻的振华旅馆见面。爸爸十分热情地接待他,并约他以后到上海时每次都来振华旅馆相会。

就在这一年冬天,胡先生写信到杭州,请求爸爸收他为弟子。十二月十二日他收到爸爸复信,大意说:

　　仁弟读书不多,为人忠厚,而好文爱学,颇有慧根。仆忝长一日,愿为师弟之交。

爸爸还托开明书店、万叶书店寄给他好几本自己的著作,还送他一幅四尺中堂《双松图》,题的是"门前双松,终岁青葱,不识衰荣"。跋曰:

此画作于重庆,因爱双松之姿,收为缘缘堂自藏,今赠与新相知治均仁弟作永念。

　　可惜此大画及接受他拜师的信均毁于"文革",令胡先生十分痛心。
　　胡先生认识了我爸爸后,曾提出要学画,爸爸却回答他说:"学画要有天才,当上画家能有几人,想要用画画挣饭吃,更不容易。"又说:"只要人品正,行为正,不会作诗亦有诗,不会作画亦有美。"
　　胡先生出于爱好,便私下偷偷临摹。
　　一九四八年爸爸带我和宝姐一起来上海,胡先生请我们到他那简陋的三层阁家里去吃饭。我们登上一节扶梯,转弯处总有一只煤球炉子。我们十分艰难地从一个个炉子旁经过,才进入他家狭小的三层阁内。
　　爸爸应约寄给报刊的画,都关照用毕退回原稿,把原稿送给胡先生。如此积累下来,有三百幅之多。胡先生原是上海供电局的干部,只因在"反右"时差点被划成"右派",便降职担任抄火表的工作。"文革"中自然躲不过批斗抄家,三百幅画绝大部分都损失了。一九六九年春,他的"问题"审查结束,便来看望尚未"解放"的爸爸。他失声痛哭地诉说画幅受损失的事。爸爸安慰他说:
　　"不要难过。这样的大劫大难,谁有本事逃得过!只要人不死,就是大幸。……老舍被他们逼死了,你听说吗?死了就完了!我们不能去死。我不死,还有手,我会给你再画的。"
　　从此,每次胡先生来,爸爸总有画送给他,从不间断。画越积越多。到一九七一年秋,爸爸题"敝帚自珍"文字一页,作为这一批画的总称。其中有语曰:

爸爸和他的弟子胡治均。

……交爱我者藏之。今生画缘尽于此矣。

《敝帚自珍》共画四套。三套都是给家属,一套给弟子胡治均。

爸爸去世后,一九八一年七月一日,胡先生为祝贺党诞生六十周年,在《解放日报》上发表了他自己所作《献寿图》一幅,俨然是丰画的风格。

一九八二年我受浙江人民出版社之约写《丰子恺传》(次年二月出版)。为了集思广益,我请宝姐、先姐、元草哥以及潘文彦、胡治均二位先生一同参加撰写。胡先生当时交给我《振华旅馆》一文供我编入传记中。如今我再读此文,发现其中有一段写爸爸的内容,我竟已忘了个干净。今抄录如下与读者共享:

> 一九四七年旧历九月是丰子恺先生的老师——弘一法师逝世五周年,也是丰先生的另一位老师夏丏尊先生逝世一年多的时候。就在这年春,丰先生趁在沪机会,与开明书店的几位老友,发起为两位前辈举办纪念会。他们决定在今年秋凉,假上海玉佛寺的一个厅堂,展出两位老人的遗墨、遗作和遗物,以志追悼。确定之后,丰先生在回杭州之前与我相约,秋凉之后,再在这个振华旅馆相会。
>
> 秋凉,纪念会如期开了,但是丰子恺先生未能参加。这是因为这年旧历九月二十六日,恰巧是丰先生自己五十诞辰。他写信告诉我,略谓:杭州亲友,借了里西湖的新新旅馆,一定要为他祝寿。他无法推辞。信中说:"其实五十非寿,六十方称下寿……然亲友盛意难拂,藉此以叙旧耳。"他信中还告诉我,他收藏的遗物、纪念品,已派专人送到上海开明书店。纪念之事,全拜托叶圣陶先生主持了,并介绍我去见叶圣陶先生。

叶圣陶先生等开明书店同人,闻知丰先生五十寿辰,同时在上海也发起一个为丰氏贺寿活动。这个活动可说是简单朴素,又是风雅别致。朋友中有作诗的,有填词的,也有随便说几句恰如其分的祝词,各人把自己的作品,亲笔写在一本装裱精致的册页折子上。写齐之后寄给在杭州的丰子恺先生。这份礼物确也别出心裁,是一件可贵的纪念物。我见过这本折子,并抄录了几则,记得:

叶圣陶的贺诗:

何以为君寿,吟诗博上娱。
声名周海内,啸傲对西湖。
崇佛情非佞,爱人德不孤。
巴山怀昔醉,此乐欲重图。

郑振铎写道:

我国画家专长多,子恺以菩萨心作觉世画,五十之年固事业之方始也。

傅彬然题曰:

以艺术手腕,显菩萨心肠。

周振甫的七绝:

百年事业今方半,已使儿童识姓名。
小品法传重海外,悠然风度仰渊明。

此外,还有周予同、章锡琛、徐调孚等诸友,都有诗文为贺。老友们的贺诗,恰如其分地为子恺翁作了写照。

在台湾五十六天

开明书店的负责人章雪村（锡琛）先生要去台湾看看开明的台湾分店，约爸爸同去。那年暑假，我正好从艺专毕业，章先生也是带家属同行的，于是爸爸就带了我于一九四八年九月八日离开杭州，是爸爸的好友《浙赣路讯报》编辑部副主任舒国华先生的小汽车送我们上火车站的。那时，大陆政治日渐腐败：横征暴敛，贪污舞弊，通货膨胀，民不聊生。家里几乎每天都要为开门七件事费尽心机。家里人多事杂，不胜烦恼。爸爸倒有意去看看刚收复不久的宝岛台湾，是否宜于安家。当然还打算在台湾开个画展，以补贴天天涨价的昂贵的油盐柴米的开支。我们在上海会合了章先生一家。

此次台湾之行，后来曾被人误解以为他怕解放才"逃"到台湾去，真是无稽之谈。爸爸笔下曾画了那么多同情劳动人民的画，怎么会怕解放军来解放劳动人民呢！再说，那时离解放还有一年，爸爸在政治上哪有这种敏感。他在抗战时期十分关心时事，经常看报；太平时期我看他沉湎在艺术中，不那么过问政治，甚至不大看报了。爸爸去台湾的缘由，就是上面所说的，想换个环境。可是到了台湾以后发现台湾没有他喜欢喝的黄酒，只有米酒、红露酒，他喝不惯。酒是他的命根子，于是就离开了台湾。这是后话。

九月二十七日，我们和章家坐上了"太平轮"，离开了上海。在船上一宿，晨起发生了章老板（我们都这样称呼他）手表被窃的事。船上的工作人员因见旅客名册上有丰子恺的名字，对于查这案子特别起劲，竟查到了小偷———一个衣冠楚楚、相貌堂堂的青年知识分子。爸爸后来写下了《海上奇遇记》以记其事。

我们在基隆上岸，来到台北。章老板一家就在开明书店住下，我们被安排在附近的文化招待所，地址是：中山北路一段大正町五条通七号。宝岛归还才三年历史，因此这里的地名还保留着日本统治时的遗迹。不仅地名如此，当地人还会讲日本话呢。

有一回爸爸和我去餐馆吃饭，女招待讲台湾话（即闽南话）我们听不懂。爸爸和我吃菜都是很苛求的。爸爸能吃海鲜，但要求菜里别放猪油；我不吃海鲜，吃猪肉还要指定瘦的。这样复杂的内容，无法用手势来表达。这下完了！忽然爸爸灵机一动，试着对那女招待讲日文，一开口她就应答如流。唉，想不到在自己的土地上，要借助日语来通话！

在台北，爸爸也有不少新朋旧友往来。一九二三年钱歌川从日本留学回来后，在上海遇到任教于立达学园的在日本认识的黄涵秋先生，通过黄认识我爸爸。后来交往甚多。那时，钱歌川先生受台湾大学陆志鸿校长之聘，正在台大创办文学院。他和爸爸在台北常相往来。可是一九七四年他从美国回大陆探亲，在上海逗留三个星期，要陪同他的人带他去看好友丰子恺，那人说，他从未听说过此人，无法打听。返美后次年，钱先生在报上看到了我爸爸逝世的消息。

爸爸的学生萧而化一家，也在这里重逢。互相回忆萍乡的情况，都想不到会有抗战胜利在台湾重逢的一天！

刘甫琴先生在这里任开明分店的经理，招待很客气。我们平时都是在店里吃饭。爸爸和章老板一起喝酒，论古谈今，谈到高潮处，章老板就拍拍屁股哈哈大笑。如果换了现在，我一定会倾听他们的谈话并仔细记录。章老板是个了不起的人，他的谈话内容一定是极精彩的。可那时十九岁的我什么都不关心，甚至不喜欢听。有几次我不跟爸爸

《水涨》

去开明吃晚饭,情愿自己在招待所里用电炉煮面食吃,有时把保险丝烧断,整个招待所漆黑一片。他们惊讶怎么回事,忙着修复;我躲在房里装作没事一样。即使去开明吃饭,也总是闹着要早点回去,而他们的谈话方兴未艾,惹得章老板搔搔头皮连声说:

"一吟要先回去,葛东西……葛东西……"

绍兴话表示无可奈何的意思吧。有时候我就一个人先回去了。

十月十三日晚上八点十五分,爸爸应邀在台北电台作了一次以"中国艺术"为题的广播演讲。还在中山堂举办了一次画展。

酒的问题总是使爸爸伤脑筋。钱歌川先生来台湾时带来一坛绍酒,

爸爸和我在阿里山看日出

爸爸和我与高山族第二位公主合影。

要请爸爸去喝,爸爸叫他送到开明来与众同乐。上海的弟子胡治均从老师的来信中得知他思念绍酒,马上到麦家圈去买了两坛上好绍酒"太雕",托人带到台北开明书店。爸爸很高兴,马上在开明书店举行了一次"绍酒宴",让江南来的朋友大过其瘾。

可是，靠带来绍酒喝，绝非长久之计。爸爸决定不到台湾来安家。于是，我们随章老板一家游玩了草山、阿里山和日月潭后便离开了台湾。

我们先游离台北较近的草山，下榻阳明山庄。后来启程到台中，坐小火车上阿里山。那火车是头尾各有一个龙头的，走在"之"字形的铁路上，轮换着用前后两个龙头拉动车厢上山。我们观赏了三千年神木，爸爸后来还画了一张画。最有趣的就是住宿在山顶日本式的旅馆里。躺在"榻榻米"上通过落地玻璃窗俯观云海，犹如躺在一大堆雪白的棉花丛中。棉花中间伸出一株株树梢来，真好看。次日清晨，我们冒着严寒去看日出。

在阿里山上，我买了一个比眼镜盒短一点的手炉，里面不知装着什么，点燃后，用手握着它可以取暖。这东西竟然一直保存下来，后来捐给重建的缘缘堂陈列起来了。

离开了阿里山，我们来到日月潭，在山顶的湖泊中泛舟，访问当地的高山族公主。大公主不在家，我们就与二公主合影留念。下山后，经嘉义、新竹回到了台北。爸爸作《莫言千顷白云好，下有人间万斛愁》记录自己的感想。是的，台湾有万斛愁；可是从佛教的观点看，人间就是苦海，哪里没有万斛愁！

在台湾盘桓了五十六天，我们于十一月二十八日渡海来到了厦门。

南国之行

厦门有爸爸的一个年轻朋友叫黄恢复,笔名黎丁,他家住在内武庙街十七号。我们就借住在他那里。

弘一大师在厦门南普陀寺住过。在瑞金法师和广洽法师的协助下,弘公在这里办了佛教养正院。所以厦门有弘公居住过的房舍。爸爸渡海到厦门的目的,就是想参谒老师在南普陀的故居。

事有凑巧,新加坡的广洽法师正好也在南普陀。广洽法师早在一九三一年通过弘公的介绍开始和爸爸通信达十七年之久而从未见面。一九三七年抗日战争爆发,他退居南洋新加坡弘法。这一年恰好回厦门南普陀寺参加传戒大会。所以我们一到南普陀寺,就由广洽法师指引,参谒了弘公住过的阿兰若处。广洽法师还指点给我们看弘公当年手植的杨柳树,并作解释。原来弘公是按佛教戒律用柳枝来刷牙的:把柳枝半寸处咬一下,当刷子用,刷后用刀切断被咬过的部分,把它浸泡在水里。这柳枝生根发芽后,弘公把它种在水池边,柳树竟长到一丈多高。

爸爸抚摸着柳树,站立了好一会,才依依不舍地离去。后来作了《今日我来师已去,摩挲杨柳立多时》一画送给广洽法师。

十一月十八日,爸爸应厦门佛学会邀请,在寿山岩以《我与弘一大师》为题作了一次演讲。他认识了厦门大学哲学系教授、佛学家、书法家虞愚,这才有了后来请托他为《护生画集》第五册写字的因缘。

这年冬天,爸爸去泉州参谒弘公圆寂之地。由黎丁先生和我陪同。先到安海,下榻在弘公住过的水心亭。由沈继生居士代表正在患病的

今日歌来师已去 摩挲杨柳空多时

戊子暮春 书厦门城南普陀寺
广洽上人承指示
弘一大师故友手植杨柳
作画志感 即呈
上人惠存 丰子恺

爸爸送给广洽法师的画。

一九四八年初爸爸与新加坡广洽法师摄于厦门南普陀五老峰后之山麓。

爸爸坐在弘公生前的床上。

泉州佛教协会龚念平会长前来迎接。到了泉州，住在玉屏巷"同乐会"宾馆。次日清早去温陵养老院参拜弘公骨灰塔和"晚晴室"，坐在老师和皈依师圆寂的床上拍照留念。由于是我拍的，质量自然不好，但总算留下了一点纪念。我们还参谒了弘公讲经的大开元寺，并到"弘一大师最后讲经处"的纪念碑前瞻仰。一路都由佛协叶青眼和沈继生两位居士陪同。

在泉州花巷的民众教育馆，爸爸举办了一次画展；在明伦堂文化界欢迎会上发表了以《人生的三个境界》为题的演说；在大光明戏院演讲了《广义的艺术》。

从泉州经石狮回厦门后，又于十二月二十三日应石码王凤池先生邀请，去该地三天，二十五日回厦门。去石码是虞愚居士和我们同行。石码各界人士在石码中学举行了一次欢迎大会。爸爸和虞先生都在会上做了演讲。

爸爸所到之处，都受到热烈欢迎，都举行了演讲和画展。看来爸爸对南国的天时地利人和都很满意，打算留下来做厦门人了。他写信给还在杭州的妈妈，要她安排好一切，前来厦门定居。宝姐本来在杭州教书，正好放寒假，她年底就到厦门来了，后来通过爸爸的关系，在双十中学教英文。软姐和满娘仍留在湖畔小屋，不拟南迁。华瞻哥已赴美国留学。所以妈妈只带了恩狗和正在家中养病的元草哥一同来到厦门。

记得我去码头接宝姐时，由于大船不能靠岸，用驳船载我们接客的人过去。驳船傍着了大船后不知何故不让我们上去，我看到好些人都攀越栏杆而上，我也学着攀越。船上的警察手执腰上解下来的皮带做出要打人的样子。但看见攀栏的都穿西装革履，不敢下手，竟朝我手背上打了一下，手背顿时青红起来。

妈妈他们到厦门是一九四九年一月。起初也在内武庙挤着，但不久黎丁先生和我们一起在古城西路四十三号另租了宽敞的房子，我们两家都搬了过去。

但在内武庙时期，有一件事不可不记。那时爸爸忙着作画展重订的画。他实在忙不过来，有一次忽然向我提出：

"一吟，你来帮我上色吧！"

我吃了一惊。

"我……"

"陈之佛先生的工笔画，后来也是叫他大女儿上色的。"

"可人家本来就有功底，我……"

"你不也是艺专毕业的吗！"

父命难违，我就真的干起来了。我在艺专学的是应用美术，颜料一般是平涂的，比较工细。如今是给漫画上色，大概要有漫画的风格。于是我学爸爸那样，上色时有意给某些地方留空，算是"意到笔不到"。

"啊呀，你上色怎么留许多空白！"

"爸爸你不也是这样做的吗？"

爸爸、恩狗与广洽法师在古城西路楼上阳台上。

"留空是一件很自然的事，你却是有意留这么多空。"

"怎么才是自然的呢？"

"……"

爸爸大概觉得对我很难说清楚，还不如自己动手，把不该留空的地方一一给我补上。我惭愧地在旁边看着。

这件事已经过去六十年。可如今我要旧事重提。我为当时上色上得不好要向那些拿到画的人致歉。同时，我有幸和爸爸"合作"了一次，深感骄傲。不知那批画今在何处？也许已在浩劫中毁去。即使尚存，恐怕也难找到了。但我必须把这件事趁我有生之年公诸于世，才觉得安心。

古城西路四十三号是二层楼三开间，楼下和楼上的中间房都作过道。楼上左右两间我们住，楼下黎丁家住一间，另一间作厨房用。

黎丁的妻子叫琇年，人很和气。她不大会说普通话。有一次爸爸下楼，看见她出门去，就问她去哪儿。她回答说：

"去剃头。"

第二天爸爸又遇到她，出于礼貌，又问问她。她仍然说"去剃头"。噢，爸爸看见她的头发仍是老样子，心里想：昨天没剃成，所以今天再去剃。但第三天仍如此。爸爸觉得奇怪，把这事讲给我们听。正好黎丁先生来了，我们就问了他，他说：闽南话"剃头"这两个音是"玩儿"的意思呀！我们听了哈哈大笑。

原以为在这里可以长住下去，但不久获悉解放军即将南渡长江解放上海。叶圣陶先生从北方来信，劝爸爸趁早北返江南。爸爸虽然喜欢南国气候暖和，宜于居住，但对江南富有诗意的四季有别、春红秋艳毕竟也很怀念。看了叶先生的信，就决意拔根，举家北返。

但爸爸考虑着一件大事：他为报师恩、为践诺言而在弘公将届七十冥寿时所作的七十幅护生画虽已完成，而且广洽法师已在为这第三集筹资出版，但为第一二集写文字的弘公已经生西，找谁来为第三集写字呢？幸得章雪村先生来信指点，可以去香港找书法家叶恭绰先生书写。

爸爸决意自己单身前往香港，让妈妈带着我们回上海。（宝姐学期未满，暂时仍留厦门。）我们送爸爸上"丰祥号"时，但见厦门文艺界人士及友好在码头送行，盛况惊动了一船旅客。

爸爸在香港得到叶恭绰、黄般若以及《星岛日报》总编辑沈颂芳等先生的帮助，举行了三次画展，解决了他所担心的另一个问题：到了初解放的上海，一家人的生活费如何着落。如今，有了这笔钱，暂时没问题了。

爸爸带着叶恭绰先生写好的护生文字，到广州搭上末班飞机，于四月二十三日到上海和我们团聚了。

第四章 日月楼(上)

共和国诞生

"啊呀,好险哪,我坐的是末班飞机,差一点不能着陆。现在总算回来了!回到上海来迎接解放了!"

爸爸在隆隆炮声中赶回上海,兴奋地对我们说。那时我们住在西宝兴路汉兴里四十六号张逸心先生家。他请爸爸教过日文,当时也做一点出版事业。

爸爸带回了画展所得的钱,我们后来就在同一里弄近弄底处向杨老太"顶"了一幢房子。所谓"顶",就是转让租赁权,要付很大一笔钱,而且由于通货膨胀的关系,不收钞票,要收"小黄鱼",即重一两的小金条,收好几根。那时压根儿没房屋买卖的事。"顶"就相当于买。"顶"来的房子都是装修好的,还有家具。杨老太留给我们的家具中有一口日式的七斗橱,我们几次搬家都带走。最后我捐给了重建的缘缘堂。

一九四九年五月二十七日,红旗飘扬到上海上空。我们都到弄口看街上的解放军经过。他们纪律严明,不收路旁欢迎者的慰劳食品。爸爸很感动,对我们说:

"旧社会有一句话,叫做'好男不当兵,好铁不打钉'。这句话现在不适用了。解放军为正义而战,当兵的个个是好男。我们的国家前途无限光明!"

上海解放前,有不少人往尚未解放的地区逃,甚至逃到国外。我们却在爸爸的安排下反而"逃"进来。不过全家尚未团聚,还有华瞻哥去美国留学未归,宝姐在尚未解放的厦门教书。爸爸写了长达十页的信寄给华瞻哥，在信中详述家人近况，爸爸要求华瞻哥看过这封信后转给在厦门的宝姐。谁知这封信差点害了宝姐。宝姐后来告诉我们说，有人透露给她听：这封信转到厦门后，被特务机关截获，拍成缩微照片存档。当局打算逮捕我大姐。只因经办此事的人同情教育界，才改为暗中监视她。

刚解放时，国民党飞机屡屡侵犯上海上空。我们住的地方附近工厂较多，经常成为轰炸目标。爸爸在上海艺术师范任教时的学生（后来又成了开明书店同事的）钱君匋创办的万叶书店，位在安全的卢湾区。他担心老师的安全，邀请我们到那里去住。这年的七月四日，我们就搬进了南昌路四十三弄（临园村）七十六号，住在二楼。汉兴里的房子，后来又以"小黄鱼"顶了出去。

不久，上海文艺界在我们隔壁的复兴公园举行劳军游园会。爸爸踊跃参加，在园中设座，当场为人们画肖像速写，所得笔资充作慰劳解放军之用。遇到解放军来请他作画，当然一文不收。

暑假后，我在正行女中、乐华小学、怀远中学三校兼任图画教师，开始有收入了，买了一双皮鞋送给爸爸。给他钱，他坚决不收，向我要了两毛钱，说是做纪念。

就在那个时期，有一次，在上海的画家和来自解放区的画家在中华学谊社开会。我陪爸爸去参加。先是由解放区的画家介绍他们从事革命美术工作的情况。然后，大概出于对老前辈的尊敬，会议主持人请爸爸上去讲话。爸爸先是讲了几句要向解放区同志学习，努力为工农兵服务等话。然后说，各位讲的话自己因为没有实践经验，讲不出，只能谈点自己的感想。接下去爸爸说了些什么，其实我都听见。但我记性不好，这里借引别人给我的信里的一番话，更为详尽：

他认为中国传统绘画中的梅兰竹菊四君子今后还是要画的，因为工农兵劳累了一天，看到它多少可以消除疲劳。说到这里，他指着桌上的一瓶花说：就像今天开会也摆上一瓶花一样。就好比一个拳头，反映工农兵是前面四根手指，是主要的。梅兰竹菊虽是小指，但它还是需要的。丰子恺的这番话即使在当时无疑也是正确的，老艺术家是在很负责地提醒大家。不料连这极简单的道理，一些美术家也接受不了，当即就对他提出了猛烈的批评。这个结果是丰子恺不曾料到的，他很受震动，像被浇了一盆凉水……

我和爸爸并坐在一起，回过头去，只见爸爸脸涨得通红，嘴唇微微颤抖。

就这样，爸爸的积极性被挫伤了。但他并没有消极下去。他知道这只是几个观点极左的人一时的兴风作浪。他还是要按自己能力所及为新中国服务。

爸爸先是画了《绘画鲁迅小说》交万叶书店出版。后来选择了翻译这条路。他自学俄文，译出了不少当时十分需要的中小学图画音乐参考书，也译了俄罗斯古典文学著作。

苦学俄文

说起爸爸学俄文，可真神！我见过别人一旦决心要学外文，便把这门外文的学习书全买来，置于书架上，别人看起来真壮观，实际上只学了一点点就废弃了。

爸爸却只买了一本小书。那时我们已离开邻园村。由于开明书店迁北京改组为中国青年出版社，昔日的开明老板章雪村先生全家北上，就把四马路（今福州路）六百七十一弄七号的房子连同家具无条件让给我们安身。我们于一九五零年一月二十三日迁入。那房子的边门就对着国际书店的后门，买外文书非常方便。爸爸买来一本日文版的《俄语一月通》，全书一共只有三十课，按规定是一天学一课，而爸爸往往一天学几课，很快就把这本书学完了。爸爸在日本时虽然也学过一点俄文，毕竟生疏了。如今以五十三岁的年龄从头学起，速度如此之快，令人吃惊。

我们兄弟姊妹没人能继承爸爸的艺术，却有好几个人继承了他的外文：首先是恩狗，英、日、俄、德、法文都懂；华瞻哥和宝姐都是中央大学外文系毕业的，除了主语英文外，还选修第二外文。宝姐选修法文，一九七一年曾被译文出版社派出去编《法汉字典》，后来又自学俄文和日文；先姐除了教语文外，也教过英文；软姐从英文译过数学教材；元草哥长期在出版社工作，自然常要接触英文。

关于学外文，爸爸在《我的苦学经验》一文中曾说：

　　语言文字，只不过是求学问的一种工具，不是学问的本身。学些工具都要拖长许多的时日，此生还来得及研究几许学问呢？

学外语最难攻的是文学作品，于是他不读别的，专拣文学原著来死啃。起初选读高尔基短篇小说的中俄文对照本来读；后来又读托尔斯泰的《战争与和平》原著和屠格涅夫的《猎人笔记》原著。两部书同时并进。那时他还有作画、编书等任务，以及种种社会活动，会议也很多，读俄文原著是利用空余时间。两厚册《战争与和平》原著，花九个月的时间读毕。不久，又读完了《猎人笔记》，并花了五个月零五天的时间把它译出，于一九五二年年底译毕后，交吴朗西先生的文化生活出版社于一九五三年出版。一九五五年国家办的人民文学出版社采用了这个译本，把它列入"外国古典文学名著丛书"重新出版。当时因爸爸忙于其他工作，就叫我代他校对一遍，并撰写序言。

那时不像现在一样丰衣足食，而且缺乏健康知识。我家收入也不丰。爸爸那么消耗脑力，却得不到较好的营养。常常头晕，有一次竟在楼上晕倒了。妈妈在楼下，没人知道，最后他自己醒了爬起来。据说是脑贫血所致。但他仍然学他的俄文，译他的书。

说起俄文，我的俄文还是在爸爸的鼓励下学起来的呢。我于一九四九年下半年在三个学校兼任了一学期图画教师后，十分不喜欢这工作。因为图画课不受学生重视，尤其是怀远中学的学生，上图画课就等于休息，可以在教室里做他们想做的任何事情，谁来睬我这个二十一岁的女教师。再说，那时教图画课，是在黑板上画了让学生临摹。我哪里会即兴创作，就是到了现在也还是不会。当时我就在家里靠爸爸的帮助预先在纸上画好了，带两枚图钉去挂在黑板上。有的画压根儿是爸爸代画的（可惜没有保存下来）。这种教法是弄虚作假，毫无事业可言，我不喜欢。所以只教了一学期我就央爸爸替我通过曹辛汉先生介绍到金科小学教语文数学并当级任教师（即班主任）。但他们把学生最吵闹的一班让我教。我既吃粉笔灰又受学生的气，加之和爸爸一样营养跟不上，而且我家所住房子是人口稠密地带，贴邻同样一幢房子就住着十三家房客，我们都是生煤球炉子倒马桶的，空气哪里会好。半年下来，一九五零年暑假校方正要发展我为共青团团员时，我患了肺结核。于是辞去职务，爸爸陪我到杭州那湖畔小屋（软姐满娘还住在那里）休养了近两个月之后，回上海继续在家休养。

休养时期没事做，爸爸就勉励我学俄文。开头是他教我。爸爸学俄文是只看不读，所以发音较差。我们去杭州期间，曾请软姐的同事、跟了丈夫王季梁教授入了中国籍的名叫德孟铁的德国人教我们发音。

一九五一年初，我进了上海俄文专修学校。一年后毕业，插班入中苏友协附设俄文学校（夜校）。还在读俄校期间，钱君匋先生创办的万叶书店让我白天去当编辑、校对兼抄谱。以后又和爸爸合作或自己独立，译了不少苏俄音乐美术文学方面的书。我觉得自己学俄文是对路了。因为有原作者在掌舵，我这译者只要划桨就可以了。这工作符合我只会临摹不会创作的性格。

一九五三年四月，爸爸受上海市陈毅市长聘请，当了上海市文史研究馆馆务委员，馆方每月致酬一百元。从这时开始，爸爸每月有了固定收入，生活大大得到改善。

爸爸的好友叶圣陶先生当时担任着北京的人民教育出版社社长之职，他鼓励爸爸把苏联的音乐美术教育法多介绍些进来。于是，爸爸和我合译了《中小学图画教育法》《音乐的基本知识》之类的不少教育参考书。当时正彷徨歧途的美术老师这才敢教学生作写生画了。苏联"老大哥"也是从教写生画着手的，谁敢反对！爸爸从此也开始有了较多的稿费收入。

爸爸在上海文史馆题画。

我还得讲一讲我家住福州路时的三件事：一是华瞻哥本来赴美国留学，新中国建立后，他回到了祖国，在上海复旦大学教书；二是元草哥参加抗美援朝去朝鲜了；三是宝姐在厦门认识了她在"双十中学"教英文时的同事杨民望（福建音专毕业在双十中学教音乐的），一起回上海来结婚。那时结婚和现在不可同日而语。他们的新房是我家朝北的七平方米"亭子间"，就是一楼和二楼之间的小间。没有装修，也没有添任何新家具。

他们结婚时，爸爸想请梅兰芳先生证婚。可是民望哥是基督徒，他不同意。后来终于请爸爸的好友谢颂羔牧师为他们证婚，在八仙桥青年会举行了婚礼。宝姐生下第一个孩子时也还挤在亭子间里，直到她工作的音乐学院编译所分配给她一个汽车间，她家才搬过去。

日月楼中日月长

爸爸稿费收入多起来,口袋里的钱又要"哇哇叫"了。爸爸想另外"顶"一处环境较好的房子。爸爸和宝姐商量,宝姐问爸爸顶房子要多少钱,钱是否已有准备。爸爸支吾说:

"顶费六千块钱……"

"那你是否拿得出?"宝姐知道爸爸在钱的事上不会打算,十七年前,次日要逃难了还没准备好钱,全靠子女们把压岁钱凑起来才够开支。

爸爸说:

"我可以借内债。一吟有稿费,你妈妈有私房钱,还有华瞻,在美国待了几年回来,总有点钱吧。"

宝姐听爸爸说是要东借西凑,便反对顶房子。

爸爸不大开心地对我说:

"你宝姐反对我顶房。她一向是个做事稳健的人。我还是想顶。"

作为爸爸未来的"债主"之一,我没有反对。

于是爸爸不听宝姐劝告,还是托人觅屋。有一次,一位姓沙的女士做中介,帮我们在陕西南路三十九弄内找到了一幢房子,就在进弄第三家,门牌九十三号。即将最后谈妥时,我和满娘就到那附近去"观察"。

"啊,这里斜对面就是米店、药房,还有花店!"

花店对我们来说是从未见过的奢侈店。

"喏,还有小吃店,淮海路口还有这么大的食品商店、水果店、专卖收音机的商店和银行!方便极了!空气又好!"

那地带原是英租界，比四马路"洋"多了。我们两人好像到了外国似的兴奋。回家——比划给爸妈恩狗他们听。

可是，正当大家欢喜雀跃时，爸爸却病了。病得不轻，是肺结核加肋膜炎。我也曾于一九五零年七月患过肺结核，可见福州路的房子空气污染实在太严重。

爸爸住了医院，抽了积水。房子已付了顶费，只待我们搬进去。怎么办呢？

"这样吧，一吟你和恩狗先搬进去，我和你妈妈等我病好了再搬。"爸爸在病床上无奈地对我说。

一九五四年九月一日，我和恩狗搬进了一生从未住过的西班牙式小洋房。前房客叫董太太，带着一群孩子搬到了自建的三层阁楼上，一楼二楼全让了出来。她丈夫在印尼。她怕丈夫有外遇，所以顶掉了房子马上就要动身去印尼。这房子她已住了多年，对门前的一草一木都有感情。

"这木桃是我亲手种的。还有这山竺、这紫荆……你们可要保护好啊！"好像托孤似的。

那天晚上，我和恩狗决定吃一顿洋晚餐——麦片加糖，那时视这为珍品。我下厨。煮好端出来，恩狗马上开始吃。

"啊呀！咸死了！"

"什么？！"

我恍悟：原来我放糖时错放了盐！那时我们爱吃糖，不像现在忌多吃糖。所以我还特地多放一点。

次日，我们到后门口去刷牙。啊，蓝色的天！绿色的树！红色的瓦！这么好的环境！我们去医院看望爸爸时，把自己美好的感受讲给他听。爸爸憔悴的脸上出现了笑容，但还是有几分担忧的样子。

"长乐村"三个字是爸爸所写，后面人字形楼房是日月楼

一九六三年爸爸倚日月楼南窗眺望。

日月楼"横批

"爸爸病快点好,早点来住吧!"我们安慰他。

爸爸总算出院了!进门后第一句话是:

"一吟!你宝姐的话是有道理的。我在医院里常想:这次如果我出不了院,就此走了,留下你们和这房子怎么办!"

"爸爸别说这样的话,你是吉人天相,不是平安地出院了吗?这里环境真好啊!"

爸爸先不上楼,把床放在楼下,我也在楼下陪他。

我把新屋的情况一一描述给爸爸听。爸爸能起床走动时,我们就让他搬到二楼去睡。他看到那室内阳台不仅有南窗,还有东南窗和西南窗,阳光充足,很高兴。晚上又发现上面有天窗,皓月当空。

"好一座日月楼!"爸爸不禁脱口而出。

接着,爸爸似乎又在思考什么。忽然说:

"日月楼中日月长!"

"这好像是一句诗。"我顺口说。

"不,应该是一副对联的下联。那么上联呢……"

爸爸苦苦思索,没有想出合适的上联。他把这事告诉了郑晓沧先生和马一浮先生。郑先生为他撰了上联"琴诗影里琴诗转";马一浮先生为他撰了"星河界里星河转"。爸爸把这上联告诉了郑晓沧先生,郑先生也大加赞赏,说"星河界里星河转"宏伟壮丽,并表示自愧不如。于是爸爸决定用马一浮先生的,并请求马先生书写。马先生那时住在杭州,任浙江省文史研究馆馆长。他毕竟是大学问家。

爸爸自己写了"日月楼"横披,和这对联一起裱了,挂在阳台上。从那时开始,爸爸在日月楼度过了二十一个春秋,不算短。遗憾的是后九年遇上了史无前例的浩劫!不过,这前十二年毕竟是幸福快乐的。

耳目一新

吃饱穿暖以后,就会想到旅游。我们那时虽然不能和现在相比,也称得上丰衣足食了。抗战时期到过不少地方,但对爸爸来说,那和旅游是不可同日而语的。

住在福州路时,我们就已开始动起来。一九五四年的夏天,那时华瞻哥已从美国回上海定居,他喜欢古文诗词,喜欢到诗词中提到的有古迹的地方去。爸爸选定了南京。华瞻哥在教书,恩狗在读书,所以爸妈和我也只能凑他们的暑假去。

在火车里时,爸爸和华瞻哥就在吟诵刘禹锡的《乌衣巷》:

朱雀桥边野草花,乌衣巷口夕阳斜。
旧时王谢堂前燕,飞入寻常百姓家。

一到南京,他们就忙着要去找"朱雀桥"。问了好几个人,回答都含含糊糊。我们到了一个桥上,父子二人只好假定这是"朱雀桥"。我替他们拍了一张照,心里却在窃笑。因为我的性格比较现实,缺少遐想,不像他们那样懂得怀古。

南京当时给我留下的印象就是一只"火炉",不亚于武汉。记得我们叫了一辆出租车(那时出租车可以坐五个人)去雨花台玩。时值正午,我们坐在车里热得受不了时,司机忽然说:

"到了!"

一九五五年夏爸爸与家人在莫干山旅馆。

"到哪里了?"

"雨花台呀!"

啊,这么火辣辣的太阳,谁愿意下车走到"火坑"里去呀!没奈何,只得舍弃雨花台,请司机开到另一处较阴凉的风景点去。那一次游南京,给我留下的印象就是火炉。后来我春秋季节经过南京,就大不一样了。

搬到日月楼后,爸爸的经济情况更加好转,加之我也有不少译文的稿费收入。我们旅游的次数就更多了。

一九五五年,举家上浙北的莫干山,连妈妈的妹妹联阿娘和先姐的长子宋菲君也一起去。住在"莫干山旅馆"。

一九五六年暑假,爸妈我和恩狗上江西庐山。爸爸有《庐山游记》记其事。那一回,我们是由文史馆开了介绍信去,很容易就找到了住所:第一招待所。

在庐山之游中,我记得一件小事。我们的船每经过一个码头,只要靠岸,我和恩狗必然随爸爸上岸去看看。在南京停靠的时候,我们到一家商店里买了一把很锋利的小刀。爸爸每次出游时,总喜欢买一样小小的"纪念品"带回去。有时回去仔细看看,却是上海生产的!这回的小刀也是一样。爸爸笑笑说:

"总归是南京买的呀!"

谁知这把小刀闯了一点小祸。到了庐山,有一天在餐厅里用晚餐时我用它削水果,一不小心,刀尖戳了我左手食指和拇指间"虎口"旁的地方,正好触犯了动脉,血流不止,按也按不住,地上都滴满了血。爸爸连忙求助于服务员。他们看见血太多,赶快打电话请来了医生。血止住了。后来留下一个伤疤,直到晚年才渐渐消失了。

不记得哪一年了。爸爸忽然发心带妈妈和我坐一坐飞机,因为我们二人都没有尝过坐飞机的滋味。但飞机票太贵,我们只能就近飞到杭州。三人兴奋地上了飞机,飞机在天上大概只飞了五分钟就开始下降。我们俯瞰下方的小山小水小房子,觉得很新奇。料想爸爸也如此。谁料爸爸两脚着地后的第一句话是:

"奈末性命着光了!"

这句石门话的意思是"这下性命保住了"!原来爸爸是为我们享受,他自己却提心吊胆!

说起石门话,我们一家人在家里一直是讲石门话的。即使到了现在,我和我那不是石门出生的女儿小明在家里也一直讲石门话,女婿也能听懂,外孙不仅听得懂,还会讲几句,而且一直向往着去石门乡下和小朋友玩。

一九五七年六月七日,我们游了江苏的镇江和扬州。爸爸有《扬州梦》一文记其事。

我因与爸爸有合作翻译的关系,从一九五四年起在万叶书店申请改成了半天上班。万叶书店与其他两家出版社私私联营为新音乐出版社后迁往北京,我就以特约编辑的身份留在上海工作,直到一九五六年十一月解除特约。因为钱君匋先生回上海来创办上海音乐出版社,我就进了那出版社。但试用期三个月后因上面不同意我办半天公,我就回家了。直到一九六一年进上海编译所。所以一九五七年起我是自由职业者。

恩狗因患了轻微的肺结核(可能是传染),在格致中学读到高三就休学在家。他喜欢诗词,爸爸教了他很多首。教到姜夔的《扬州慢》时,爸爸被其中"二十四桥仍在,波心荡冷月无声"的句子引起了怀古的心情,马上叫恩狗去买火车票,经镇江转扬州去访古。我们姐弟同行。

记得就在我们到扬州那一天,报上登出大篇关于"右派"的报道。多少优秀的知识分子从此开始了苦难的生涯!可是爸爸对政治很漠然。

爸爸和我在二十四桥前。

给我的印象,爸爸只有抗战时热心关注时事,天天看报。建国后,似乎就很少看报了。我想,这一半由于他本来就是一个不问政治的艺术家,一半则是因为那时报纸的报道很单调,报喜不报忧。

我那时其实也不喜欢看报。如今就不一样了。我每天必看报。如果没空,也必定保留着以后补看。爸爸如果活到现在,想必也是一样。因为现在的报纸越来越报道真实情况了。那时我们对有关"右派"的这篇报道一点也不敏感,仍然热衷于自己的游玩,后来,对于报上的报道,一时还信以为真。某某人是"右派",被抓出来了。我们就以为他真的是坏人。直到后来大批大批的人都被定为"右派",爸爸的好朋友们也当上了"右派",我们才震惊起来:这社会怎么了?!唉,还是"莫谈国事"吧。

爸爸、恩狗和我在镇江。

父子二人又是热衷于访问古迹。一股劲儿地找二十四桥。终于找到一座很差的小桥，他们两人也有点失望，别说我了。于是就在那里拍了照。

回城后在一家菜馆吃晚饭。我记得一件小事。爸爸照例要求吃绍兴酒，服务员说：

"没有。"

"那么随便什么酒，只要是黄酒。"

服务员又说"没有"。爸爸说：

"这倒凶啦！"

"我一点也不凶，确实是没有。"

爸爸在平山堂以紫藤树的枝干为桌写诗。

我和爸爸都笑起来,向服务员解释:不是说他态度凶。在我们家乡话里,"葛倒凶或"(这倒凶啦)只是表示遇到了尴尬,表示为难,毫无责人之意。爸爸却把这话搬到了扬州,我越想越好笑。

就在这一九五七年的九月,爸爸说,他口袋里的钱"哇哇叫"了,便包了一辆祥生出租车和妈妈、姨妈、外孙菲君及我去海宁观潮。一路上我咳嗽不停,是干咳。回家后我大吐血,肺病复发。不过第二年就转入"吸收好转期"了。

一九六三年十月,爸爸又和妈妈游了镇扬,估计上次妈妈有事没去成,这次为她补游吧。我自然奉陪。

镇扬当局大概知道了爸爸自己已来过一次,这次就出面热情招待。

在镇江时,就有专人陪游。到了扬州,我们被安排住在萃园招待所大鱼池馆。扬州文化处处长张青萍、统战部部长张建平天天来相陪。爸爸对二十四桥犹不忘情,又去了一次。瘦西湖当然也是必去的地方。走到平山堂鉴真纪念馆前的紫藤树旁,爸爸忽然诗兴勃发,马上掏出随身携带的小纸,借紫藤树的树干为桌子把诗写下:

朝辞北固与金焦,暮上扬州廿四桥。
浩荡东风多雨露,西湖虽瘦也苗条。

自一九五三年受聘于文史馆后,一九五四年爸爸被推选为中国美术家协会常务理事和上海美术家协会副主席(一九六二年起任主席)。一九五六年当选为上海市人民代表。一九五七年始任上海市政协委员、上海市外文学会理事。一九五八年始任第三届全国政协委员。

一九五九年开始,爸爸到北京去出席政协会议。这是爸爸第一次到首都。他和画家王个簃先生同宿一房,并有幸受敬爱的周恩来总理接见。周总理亲切地握着他的手说:

"啊,老漫画家,久仰久仰。"

周总理关心爸爸的健康,又问了他的年龄,才知道两人是同一年出生的。最后周总理问到我们的家庭情况,并要爸爸下次开会时带了老爱人一起到北京来。

爸爸这次开会回来,给我们讲这情况时十分兴奋,时时抹着激动的泪水。第二年,他果然带妈妈一起去了。二老把我也带去,以便照顾。不过我当然不宿在宾馆,而是借宿在厦门好友黎丁家,那时他家已到北京,黎丁先生在《光明日报》任职。那一回,我们游了不少地方。元草哥于一九五一年参加抗美援朝,已于一九五四年回国,到北京的人民

出席政协会议期间，周恩来总理与爸爸亲切握手。

音乐出版社工作。他有时也来和我们一起随团体游览。有一次在野餐时，贺绿汀先生为我们拍了一张照。我们自己虽然也拍了许多照，但我被摄入镜头的不多，因为我要替他们拍呀。

爸爸第三次去北京开会时，又加了一个满娘。满娘那时是在沪杭二地轮换住的。她也是初次进京。我和她都住在黎丁先生家。那一回游得也很畅快。

由于一次次进京，单纯的旅游到一九六一年才恢复。去"天堂"苏杭之类，那是常事，算不得旅游。

一九六零年六月二十日，爸爸担任了上海中国画院的第一任院长。喜欢赋闲的爸爸到六十三岁的退休年龄怎么反而当了院长呢？其实他是

一九五九年爸爸在长城。

再三推辞的。据当时的画院办公室主任程亚金先生回忆：起初，美术理论家、画家邵洛羊先生曾到日月楼来请我爸爸当院长，但爸爸没同意。后来请宣传部、文化局的石西民、徐平羽两位领导出马。爸爸推辞说：

"我不是画中国画的。"

"你以中国笔、中国纸画出中国人，怎么不是中国画！"徐平羽先生这样回答他。

这么一说，爸爸没有办法了。最后说：

"那我有条件。"

"你是不是要推荐人？"

"不是。我不愿坐班。"

爸爸和元草哥在中山公园。

爸爸妈妈哥哥和我在十三陵水库(贺绿汀摄)。

徐平羽和石西民两位一口答应。后来爸爸又提出了不受工资，这一条坚持再三，未蒙同意。据妈妈回忆，是在上任三个月后把工资（每月二百二十元）一起送来的。

我们把这次的行动称为"三顾茅庐"。后来听人传言，说是因为"摆不平"，才请了不是画传统中国画的漫画家来当院长。副院长是王个簃、贺天健、汤增桐三位先生。

据程亚金先生回忆说，我爸爸虽不上班，对画院却是全心全意的。每次请他来开会要他发言时，程先生把意图讲给他听，由爸爸写了发言稿，交程先生他们看看：是否符合党的政策要求？程先生说：他比我们想得还周到。

爸爸任了画院院长后，我家生活水平又有提高。他不愿受工资，并非平时收入充裕。那时他的经济来源主要是稿费。在建国前，他曾订过好几张"润例"，靠卖画改善收入。他的画润并不高，他曾在给友人谢颂羔先生的信上说：

艺术品犹米麦医药，米麦贱卖可使大众皆得疗饥，医药贱卖可使大众皆得疗疾，艺术品贱卖亦可使大众皆得欣赏。

所以爸爸的画总是卖得很便宜，而且很多是奉送的。建国后，我没见过他再订润例。所以他是靠稿费生活的。稿费能有多少！但他起初还是不愿受画院工资。后来受了，毕竟不无小补。从那以后，出门旅游的次数也多了，常请画院写个介绍信，以防交通和住宿困难。

一九六一年四月，由画院开了介绍信，我陪爸妈上了黄山。那一次游览给我留下最美好的印象。（我一直认为黄山风景最美。直到一九八九年我和宝姐等游了天子山后，才知道中国还有和黄山媲美的山。）

爸爸与画家程啸天合影于陕西南路宅前。

在去黄山的途中,爸爸想起了有通信联系而尚未谋面的新安派农民画家程啸天就住在去黄山途中的岩寺附近,便在上黄山前托人打电话约他到岩寺见一面。谁料程啸天先生背了一个箩筐来到岩寺见了爸爸后,丝毫没有热情的样子。他正要去离岩寺有一段路的某地,爸爸便叫他上车同行。一路我们还是不见他有一点热情。坐在前座的我正在想:爸爸交的这个朋友来信时说很仰慕爸爸,见了面怎么那么冷淡!这时程先生忽然开口:

"我向你打听一个人。你认不认识上海的丰子恺先生?"

"我就是丰子恺呀!"

"啊呀!"

接着程先生叙述了这次误解的原因。原来替爸爸打电话联系此事的人只说了上海国画院院长要见你。而程先生听错了，以为是一位"顾院长"要见他，他不知顾院长是谁。直到快分手时忍不住问了一下才知道。可是那时他已到达目的地，只得紧紧握手，依依道别。后来程先生专程来上海访问爸爸。我为他们拍照留念。

当时黄山还没有缆索，黄山管理处交际科的人建议雇轿子抬上山，爸爸坚决不肯。我们只是请园林服务处的老宋帮拿行李，招待所的五号女服务员小程搀扶缠过小脚的妈妈，一行五人从前山登上玉屏峰，在宿舍式的"文殊院"住宿。下了三天雨，无法出行。其间得到了两个好消息：国际乒乓球比赛中国得冠军，加加林坐飞船上了天。

天气放晴后，我想上对面的天都峰，爸爸要同行。老宋说：

"去年你们画院里的画师来游玩，两位老先生都没有上天都峰。你老人家兴致真好！"

妈妈缠过小脚，只能留守。六十四岁的爸爸却勇敢地完成了他的心愿。他下结论说：

"凡事只要坚忍不懈地进行，即使慢些，也终于能获得成功。"

爸爸欣喜之余，做了一首诗以记其事，题为《游黄山欣逢双喜》：

结伴游黄山，良展值暮春。美景层层出，眼界日日新。
奇峰高万丈，飞瀑泻千寻。云海脚下流，苍松石上生。
入山虽甚深，世事依然闻。息足听广播，都城传好音。
国际乒乓赛，中国得冠军，飞船绕地球，勇哉加加林！
客中逢双喜，游兴忽然增。掀髯上天都，不让丰一吟。

"不行不行！爸爸你怎么把我的名字写上去了？！"我抗议。

一九六一年爸妈和我在黄山。

"那不是很好吗?正好押韵。"

"不要不要!我要你改别的字!"

爸爸看我如此坚决,就提起笔来,把"丰一吟"三字改为"少年人"。

"不让少年人,这下可以了吧?"

"好!这样才好!"

爸爸在一九六一年五月十一日写的《上天都》一文的末了就用上了这首诗。

当时的黄山有一件事给我留下很深的印象。我们到"西海"去,走

《黄山天都峰》

得热了,脱下毛衣,拿在手上。老宋说:

"不用带走。就放在这里路边,回来拿。"

"???"

我们表示极大的怀疑。但老宋的表情让我们放一百个心。游了西海回来,毛衣真的还在原处!

总之,黄山留给我极好的印象。

同年九月七日,爸爸随上海政协参观团去江西,到了南昌、赣州、瑞金、井冈山、抚州、景德镇等地,大受教育。回来写了四篇文章以记其事。

一九六二年三月爸爸又到北京。五至六月间爸妈和我游金华。爸爸也有文记其事,但没有发表。爸爸逝世后我在他的一本小册子上发现有这样一则记载:

"人民文学'花不知名分外娇——金华游草'(六二年七月十八日)"

我曾致函人民文学,要求寄回该文,得复信说找不到了。虽答应再努力寻找,却不再有下文。

一九六三年三月爸妈带元草哥和我游宁波、普陀。有《天童寺忆雪舟》和《不肯去观音院》记其事。这一年十月,如前所说爸爸又和妈妈、我重游扬州。十一月赴京参加政协会。出门次数特别多。

一九六四年没有出游。可能是忙于译《源氏物语》的关系。

一九六五年十一至十二月,新加坡广洽法师回国观光,到上海来看爸爸,同游苏州、杭州。

杭州是爸爸常去的地方。有时一年去几回。每到杭州,总是去蒋

爸爸参观南昌时的画作《千寻大树从根生》。

庄访问马一浮老先生。其他和田锡安、黄鸣祥、沈本千等老同学也常相往来。

一九六六年三月，爸爸和妈妈带了华瞻哥的长女南颖游绍兴、嘉兴、南浔、湖州、菱湖。这是爸爸一生中最后一次出游了。下半年就受到浩劫之浪的冲击，九年后离世。

外公纸

我箱子里珍藏着一叠小小的宣纸片，长约二寸，宽约三四寸，是爸爸用画画写字废弃的宣纸裁成的。这种纸在我们家里有一个特殊的名称，叫做"外公纸"。

提起这种"外公纸"，我总是叹佩弄文舞墨的爸爸竟也如此善于安排日常生活。一般艺术家似乎总是给人以不修边幅或生活零乱的印象。爸爸却不然，他的生活虽然朴素，却是有条不紊，而且善于采取合理的措施。"外公纸"便是其中的一种。

作画写字时废弃的零星纸，爸爸从来不丢掉，总是把它们裁成小片，叠成一叠，收藏着备用。这种纸的用途可多呢。可以擦调色盘，可以试笔，可以吸水。所以爸爸给画上色时，桌上常备这种纸。

那么这种纸为什么被称为"外公纸"呢？原来这种纸在和外孙共同进餐的食桌上也有它的妙用。爸爸经常带一叠在身边，给当时还挂鼻涕的孙辈们擦鼻子用，或者给他们在用餐时抹桌子擦碗筷揩手用。要知道：那时还没有发明餐巾纸啊！

外孙们小时候经常来外公家。喜欢作乐的外公也时常带他们上馆子或者去外地游玩。一到吃饭的时候，老老小小在桌前坐下来，外公总是及时地掏出这种纸递过去。孩子们习惯了，认为这种纸是外公专有的。有时外公还没来得及把纸拿出来，就有人喊着："外公，纸！"

这样一喊，外公就笑嘻嘻地掏出纸来。渐渐地，"外公，纸！"也就变成了"外公纸"这一名称。

一九六二年众孩争看外公写生。

这种"外公纸"上,常有一些作画打草稿用的木炭条痕迹,有时还写着几个不完整的字,甚至会出现一只燕子或人的身躯的一部分。

用"外公纸"比用抹布更吸水,比抹布更干净,只用一次就丢,很卫生。我也很喜欢用,有时也向爸爸讨"外公纸"。"外公纸"源源不断地产生,我们当时却不懂得珍惜它。如果不让"外公纸"裁碎,即使是画坏了写坏了的,留下来做个纪念也不错啊!

有人认为,名画家是下笔成画,不可能废弃。爸爸并非这样。不知是他对自己要求高,还是每天画的画写的字实在太多,总会产生一些"外公纸",当然其中也包括他习字的纸。爸爸到老也不放弃临摹自己喜

逃难老干部十人合影
一九五七岁尾岁初
（阴历岁底）
或新年里？

一九五七年与满娘及全家。
前排左起依次是妈妈、满娘、爸爸
后排左起是先姐、我、恩狗、华瞻哥、元草哥、软姐、宝姐

欢的字帖。

如今我箱中还保留着的最后一叠"外公纸",我再也舍不得用它了。但使用"外公纸"的习惯已经养成。我画画写字后,也把废弃的纸留下来供画桌上使用。至于给外孙辈们擦嘴擦鼻子的"外公纸",早已被餐巾纸代替了。其实,"外公纸"就是餐巾纸的先驱。

我起初以为"外公纸"是"日月楼"时期的产物。其实,爸爸去世后,据蓉哥哥回忆,这玩意儿早就有了。

一九二五年后,平屋修复了,蓉哥哥也常去玩。有一次她发现平屋运动具柱子上挂了一叠叠柔软而吸水的纸片,下面放着一只竹篓。她问了宝姐,才知是给孩子们揩鼻涕用的。那时孩子太多,母亲照顾不过来。到了冬天,小的几个经常拖鼻涕,处理鼻涕的唯一方法就是用棉袄袖口擦一下。所以棉袄袖口永远是亮晶晶的。爸爸看到了这一情况,才设了"外公纸"。

由此可见,"外公纸"已有三十年的历史了。

阿咪

养猫是我家祖辈遗留下来的传统。据爸爸文章中说：

> 大家吃过夜饭，父亲才从地板间……走到厅上来晚酌。桌上照例是一壶酒，一盖碗热豆腐干，一盆麻酱油，和一只老猫。父亲一边看书，一边用豆腐干下酒，时时摘下一粒豆腐干来喂老猫。

缘缘堂时，我家也一直养猫。只有抗日战争初期，保命要紧，哪里还顾得上养如今所谓的"宠物"。不过安定下来不再受警报骚扰后我家还是养过猫。胜利后回到江南，在杭州租屋定居，可爱的猫又出现在我们家中。爸爸有《白象》和《贪污的猫》记其事。建国后，在福州路是否养猫，我记不起来。但迁入日月楼后，养猫的传统又恢复了。我家养了不止一代猫。爸爸去世我家迁至漕溪北路后也养过好几只猫，最后以父母子三猫先后从十三楼失足坠下死亡告终。从此我家也终止了养猫的传统历史。

养"宠物"是家庭中自娱，一般不会发生什么涉及他人的大问题，更不可能发生政治问题。可是日月楼养的"阿咪"竟发生了重大的政治问题。关于这，我将在以后的一章中交代。之所以在"新中国时期"这一章中专为猫开辟专节，那是因为祸根种在太平时期。往事不堪回首，不谈了。

一九六三年爸爸与猫在日月楼。

白头今又译"红楼"

还是来谈谈有意义的事吧。

从一九六一年八月开始,爸爸全身心地投入了日本古典巨著、世界最早的长篇小说《源氏物语》的翻译工作。《源氏物语》的内容略有点像中国古典小说《红楼梦》,原著是古文,在日本有好几个现代语译本。爸爸翻译时以古文本为基础,参照各个现代语译本。为了选择用哪种文字风格来翻译,他考虑良久。最后决定使用现代白话文参照《红楼梦》《水浒》的风格。我是爸爸的译文的第一个读者。爸爸要我敞开思想提意见,我也就不客气地提了一些。

这部小说一共九十万一千一百字,是人民文学出版社约稿出版的。爸爸在翻译的过程中,把进展的日期写得清清楚楚:从开始准备到翻译完毕,共四年一个月又二十九天。而从动笔到译完,实际上只有两年九个月又一十八天。

爸爸为了翻译此书,填了一首《浣溪沙》:

饮酒看书四十秋,功名富贵不须求,粗茶淡饭岁悠悠。
彩笔昔曾描浊世,白头今又译"红楼",时人将谓老风流。

这部《源氏物语》直到爸爸去世后五年多才得开始陆续问世。出版社要我通校全稿并加注。爸爸确实教过我日文,紧接"文革"前我也译过一篇没发表的日文文章。可是要我通校《源氏物语》,那我绝对

一九六三年爸爸在日月楼译《源氏物语》。

是没有这能力的。我只答应通读抽校加注,后来还做了一张人物表。《源氏物语》总算于一九八零、一九八二、一九八三年分上中下三册出齐了。

我家第一台电视机

一九六二年一月十八日,爸爸受照顾,以四百五十元买到了我家第一台电视机。那时的电视机是黑白的、电子管的,很庞大。而且不像现在这样买来就可以看,必须去电视台接受"培训"。我去了。在一个厅里坐满了人。上面的教师教我们如何开机、如何调水平同步和垂直同步等等。

电视机拿到我们家后,家里的人多么兴奋啊!以前,隔壁九十一号的"小弟"为我装了一台十分庞大的录音机,我们已经兴奋得不得了。以前认为"话出如风,怎能追回"。可如今就是能追回,让自己再听一遍。真神秘啊!故乡来的亲戚听了自己的声音,更是觉得神奇。笑声充满了日月楼。

如今又有了一台电视机,不仅能听,还能看——可不是看自己啊。现在科技越来越发达,可以把自己的生活录进磁带制成光盘在电视机里播放,让自己看自己。那时是电视台播放什么我们就看什么,而且好像只有一个电视台,还不是从早到晚播放。可我们已经够高兴了。每天吃过晚饭,一家人坐在电视机前享受——不是爸妈和我姐弟四人。亲友们全家出动,周末来看电视。这个消息还传遍了里弄。邻居纷纷前来试探:是否能"揩油"进来看看?我们都允许。客厅成了个小戏院,座无虚席。

我们在观众席的正中间前排放一只沙发。这是爸爸的专座。他每晚都在这里度过欢乐的时刻。

可是后来有一晚,爸爸在看电视的中途上楼去了,久久不回。我便上楼去看个究竟。

"爸爸你为什么不下来看电视了？"

"……我想休息休息。"

我听得出爸爸说的不是真话。在我的追问下，他终于说了实话：

"坐在我后面的那个男孩位子比我高些，他往前靠在我的椅背上，鼻子里喷出来的气正好喷到我头颈里……"

噢，我终于明白了。

"那我下去把位子挪一挪。"

"不要！今晚的电视不大好看。我本不想看。"

爸爸对别人是能照顾就照顾，宁可牺牲自己。我们家乡有句话，叫"香火赶出和尚"。我知道爸爸的脾气，也就不再勉强。好在那个男孩不是每个周末都来。

这台笨重的电视机一直用到"文革"抄家被画院抄走。爸爸的"问题"解决后，电视机和其他的东西一起还来，我们就把电视机放在三楼了，因为那时客厅已被迫退租，由别人住了。爸爸去世后，我和"文革"中从复旦大学迁来同住的华瞻哥家分炊。那电视机留给他们，我另买了一台小电视机。那时倒已有了半导体电视机，但我没钱买大尺寸的，就买了一台九英寸的，把女儿的眼睛也看成了近视。如今我家的经济条件大大改善。二零零零年从漕溪北路迁到斜土路以后，三间房和厅内各有了电视机。回想当年，不胜感慨。

困难时期

一九六一年开始,我国面临困难时期。是什么原因造成困难,我已经被弄糊涂了。一会儿说是自然灾害,一会儿说是苏联专家撤走,一会儿说是"浮夸风"造成。我只说说我家当时的情况。

不记得从什么时候开始,开门七件事,凡与衣食行有关的,都供应困难了。为了抑制抢购或供应断档,政府发行了种种票票,我记得有:粮票(分全国通用和本市使用)、油票、肉票、鱼票、豆制品票、盐票、糖票,还有供应日用副食品的小册子(买西瓜凭这本子,买火油、煤球也凭这本子),此外还有布票、纺织品券、线票、手帕票、糕点票、就餐券、香烟票、火柴票、肥皂票、电视机票、缝纫机票、脚踏车票、手表票,还有华侨票,共二十二种。可能还有我忘记了的。其中豆制品票还分上中下三旬供应,而且每张小得像大拇指的指甲一样。每次领来票票,总是由我分好包好才交给妈妈。

到春节时,另有票票分大户小户供应。例如:家禽、蛋品、海味、龙头烤、海蜇、海带、干果、干菜、粉丝、大水果、小水果、蜜饯、白酒、黄酒、啤酒、糖年糕。

我记得西瓜供应很少,夏天一户只供应一个(也分大户和小户)。如病人要吃而不够时,得凭医生证明才能买到半个。

华侨票必须有外汇的人家才有。我家托新加坡广洽法师的福,经常有华侨票。持此种票到华侨商店去,几乎样样都有卖。不仅我们自己,连故乡的人也沾了光,常来上海买电视机、脚踏车之类。

上海政协还有一个叫"文化俱乐部"的地方,专供委员及其家属免票用餐。画院有时也有一些优惠。美协还设法供应爸爸每天六两黄酒。所以我家受影响总算不大。我只记得我用糕点券买来一块点心,要分成四小块慢慢享用。如今也是这样,但性质完全不同,如今是因为供应太丰富了,我怕自己吃得太多会更胖,才用此法限制自己每次少吃点。

有一件事使我终生遗憾。雪恩娘因乡下粮食不够,儿子镇东陪着她来上海,希望在我们家住上一段时期。那时通信是很困难的,故乡来的人几乎都是不告而来。可爸爸已决定和妈妈偕我上黄山,一切安排就绪,次日动身。爸爸没有改变既定的主意,他邀雪恩娘同行,雪恩娘坚决不肯。爸爸便把雪恩娘一起带到杭州,把她留在满娘家,我们自去黄山,讲好回来接她一起到上海住。亲姊妹在一起叙旧,也蛮好。可是雪恩娘住了没几天,我们回来接她时她已回家乡去了。我们很纳闷。满娘虽然性格多忧,但绝不会讨厌妹妹雪恩娘,何况受爸爸之托。后来爸爸想起,原来雪恩娘从小去乡下当童养媳后,每次来娘家,总是住不惯而提早要求回乡的。这么一回忆,倒确实如此。但家乡毕竟吃不饱,给了她钱也买不到吃的。不知她后来怎么过下去了。那时家乡没电话,无法通消息。对这件事我心底里一直留下一份遗憾。供应好转后,故乡来人络绎不绝,但雪恩娘总是很少来,来时说好住几天,也总是提早走。

故乡的亲人们对我们在人情上的欠缺,从来不放在心上。一直到现在还是诚恳相待,热情无比。

日月楼鼎盛时期

有了这么宽大的房子,住在外面的宝姐先姐和她们的孩子们、故乡的亲友们都经常来玩。家里到了星期天常常很热闹,甚至星期六的晚上就有外孙来住宿。(那时每周只有星期天休息一天。)

楼下的家具基本上都是前房客董太太留下来的,在我们看来是豪华之极。那吃饭的桌子本来已够大的,还可以拉开来在中间加板。外甥们常在这里打乒乓球。据外甥杨子耘回忆,他们几个还坐在三楼楼梯上借助打过蜡的滑力滑下来,滑到二楼转个弯,一直滑到底楼,大人们也不加干涉。只有爸爸午睡时妈妈才喝住他们,那时他们就乖乖的一声不响了。

我们隔壁九十二号张家的两个女孩也经常参与玩耍。其中小的一个叫萍萍,后来我认了她做干女儿,也常来宿。我还像在遵义时那样当孩儿王,他们都住在我房里。

爸爸爱孩子,是众所周知的。但他不是仅仅爱自家的孩子;他爱普天下的孩子。邻家的萍萍和她的姐姐芳芳常来我家,爸爸都喜欢。那时我家已托姐夫民望哥买来了一架旧钢琴(新钢琴是买不到的)。弹琴的主要是我弟弟,但我有时也在琴上弹弹单音的歌曲,教芳芳萍萍唱歌。有一次我教她们唱李叔同先生的《送别》,唱到"天之涯,地之角,至交半零落"时,爸爸在一旁微微叹息。歌唱完后,爸爸说:

"一吟,你教孩子唱'至交半零落',不大好。"

"可是这首歌实在好听啊!"我无奈地说。

妈妈六十大寿时与爸爸的合影。

"让我来把歌词改一下,改成适宜孩子唱的。"

爸爸说改就改。第二天我再教她们唱时,歌词已变成这样:

> 星期天,天气晴,大家去游春。
> 过了一村又一村,到处好风景。
> 桃花红,杨柳青,菜花似黄金。
> 唱歌声里拍手声,一阵又一阵。

爸爸写通俗的文字最拿手。这歌词,我用不着解释,两个孩子一唱就懂。

爸爸还为芳芳萍萍选一个曲子填了一首歌词:

> 今朝夜里好月亮,芳芳萍萍去白相。
> 走到门口马路上,碰着隔壁丰孃孃。
> 正好有部微型车,停在陕西南路上。
> 三个人连忙上车去,到外滩去看月亮。

我们用上海话唱,更是顺口。

有一次,爸爸和我带了小冰(先姐的儿子宋雪君的小名)和萍萍去西郊公园(后改称动物园),回来时公交车排队长得转几个弯。我们不耐烦排,就开始步行。萍萍走不动时由我背她。走得肚子饿了,却买不到吃的。只见一家炮仗店。爸爸说:炮仗也可充饥啊!说着,他就去买了一串鞭炮,把串绳拆散成一个个炮仗,用他随身带的打火机点燃了放。边放炮仗边走路,果然忘了饥饿。后来终于搭上了公交车。总之,和爸爸在一起,苦中也会作乐。

爸爸六十大寿时与妹妹雪雪的后代合影

爸爸六十大寿时与众亲属在上海丰寓门口合影。

不仅孩子们热闹，到了周末，上午爸爸照例有几位固定的客人来访。朱幼兰先生（当时在中学工作，后来任上海佛教协会副会长）慕爸爸的名，设法打听到了地址，以后一直是周日的座上客，如今我还和他的儿子显因有来往。朱南田先生（酱园的职工）也经常来，他对《护生画集》作了很大的贡献。我和恩狗借用白居易《琵琶行》中"大珠小珠落玉盘"一句的谐音，称他们二人为大朱（珠）先生、小朱（珠）先生。重庆认识的蔡介如先生也经常来访。后来我进了文史馆，和他同馆，经常相见。爸爸去世开追悼会时，是他代表生前友好致辞的。不过如今他也已和爸爸作伴去了。

胡治均先生更是每周必到的座上客。不是周末他也会来，直接到楼上坐。他要学画，但爸爸不赞成他学，他和我一样，是爸爸去世后才正式学画的。爸爸只是教他读古文，以提高他的文字修养。

在日月楼，曾举办三次做寿的庆典。一九五五年妈妈六十大寿。一九五七年爸爸六十大寿和一九六五年妈妈的亲妹妹我们叫她"联阿娘"的六十大寿。每次做寿都很热闹，家属和亲友都来欢聚一堂，并照例由我摄影留念。

此外，新朋旧友到日月楼来访问的，也络绎不绝。到了周末，爸爸总是在楼下的时间多，省得一次次下楼上楼。

住楼房有住楼房的不方便之处。楼下有什么事，必须跑上跑下。一天要吃三顿饭，还得上楼去通知。有一回，兰州客送来一只精美的摇铃。我们就用这铃来报告吃饭的消息。

"丁零零零！"

"噢，吃饭了！我们下去吧。"

我和爸爸便放下手头的工作，下楼吃饭了。

"我们成了'钟鸣鼎食之家'了！"爸爸高兴地说。

我马上想起了王勃的《滕王阁序》，也觉得挺有意思的。

每年到了除夕，更是热闹非凡。兄姐们都带着孩子来父母家，一起乐到夜半才回去，有的干脆留下来住宿。晚上，家里的电灯全部开亮。

除夕玩儿的花样可多了！吃了年夜饭之后，由我和姐姐们商量，安排种种节目。最初是唱歌。我把要唱的歌抄在大纸上挂起来。我们唱李叔同先生配词的《送别》，唱大家都会唱的三十年代歌曲如《毕业歌》之类，也唱种种革命歌曲。

歌一唱完，人心就齐了，不再分散注意力。接着就做种种游戏如击鼓传花之类。游戏中自然夹着受惩罚的人的种种表演。此外还有猜谜等等。出谜语的大多是宝姐，猜出的人可以领赏。还有一种游戏是

"猜句子"。例如"少小离家老大回",让七个人各记住一个字,然后把本来被关在外面的猜的人叫进来,由他向七个人依次随意提种种问题。例如问:"你是几点钟起床的?"被问者回答:"我从少年时候起就是七点钟起床的。"这句中就嵌进了"少"字,不过很容易暴露。那人有时还没问完七个人就猜出来了。

还有一个节目是拿"除夜福物"。这种游戏抗战时期在遵义时,爸爸就教我们做了。日月楼时玩得更痛快,因为人多,而且钱也多了。虽然规定数额,常有人超额。爸爸的那份更是丰盛,有时还买使人意想不到的东西,拆开来一看,大家哈哈大笑。

可是,情况渐渐不妙。有一次,里弄的工作人员来关照:为了表示邻里团结,要我们把门口小院子的三边竹篱笆全部拆掉。好端端的竹篱笆为什么要拆呀? 我们心里实在想不通。可是那时的人都已被训练得很驯服,谁敢反抗!于是牢牢的篱笆就在我们自己手里变成了一捆捆的小竹条。

到一九六五年的除夕,情况就更令人不解了。正当我们欢欢喜喜、热热闹闹唱歌的时候,后门铃声响了,进来两个警察,说是"来看看"。警察走后,我们再也乐不起来了。谁也没料到,接下来就刮起了"史无前例"的一场浩劫!

有朋自远方来

在日月楼时期，经常有熟悉的或不熟悉的种种客人来访爸爸。如今对不熟悉的人来访，一般总有点警惕。可是爸爸的读者都是从完全陌生到熟悉，甚至变成好朋友的。迷上他作品的人不可能居心叵测。例如南昌一个叫宫正的青年来访，爸爸就留他宿在家里，后来爸爸随政协参观团到南昌时还见面，一起合影。"文革"中他又来访。如今又千方百计找到我，数度在上海见面。像这样的人还有不少。甚至没见过面的通信读者也成了好朋友。例如绍兴农民"红（楼梦）学家"胡世庆就是一例。我们现在一直和他以及他那能干的妻子董学文交往。他们本是贫贱夫妻，如今妻子已是绍兴国旅的董总；胡先生却依旧是个书生，一直在忙着他那部《中国文化通史》的校改工作。据说他早年家境贫寒时曾以刚穿上身的价值八元的新衣服换取地摊上标价四元的一套《红楼梦》石印本，至今传为美谈。

一九五六年十一月，爸爸的老友内山完造先生——当时任日中友好协会理事长，后来任副会长，从日本转北京来上海参加鲁迅逝世二十周年纪念会。爸爸和巴金等文化界人士到龙华机场去迎接他。内山先生给爸爸留下深刻的印象。抗战前内山先生在上海开内山书店，不是为了经商，而是致力于中日文化交流。走进他的书店，可以随意烤火聊天，还有茶点招待。买了书也不必急于付钱，尽管等有钱时再去付。

日本战败后，爸爸特地去访问内山先生，并托他买一套日文版的《漱石全集》。内山先生手头有一套，但缺了几卷，便以十七万法币卖给了

一九五六年众人在上海万国公墓
左三为爸爸，左五是内山完造先生

一九六五年爸爸与广洽法师在日月楼。

我爸爸。不久内山先生又把缺卷中的一册寄来，书价法币一万元。爸爸却汇给他十万元。内山先生起初对爸爸这一行动不甚理解，后来他到邮局去领款，邮局职工认出了他，对他说：

"内山先生是鲁迅先生的老朋友，是上海的老朋友，是中国的朋友啊！"

大家对他十分热情，并没有因为他是战败国的人而对他另眼相看。这时他方才领悟我爸爸这片诚意，原来是同情他的处境，想对他有所表示，又怕有损于他的面子，才借购书的机会多汇了一点。这件事使内山先生感动得流了眼泪。他在自己所写的《花甲录》中说：

"像丰子恺先生这样体贴人心，在日本人中是很难得看到的，在中国人中也是少见的，因此内心非常感激。"

这次在上海重逢，内山先生又怀着感激的心情重提这件往事。他读过爸爸战时所发表的文章，知道爸爸率领人口众多的家属远奔四川，感到十分内疚，因为"那次悲惨的旅行就是日本军造成的"。

一九六五年深秋，爸爸迎来了新加坡的莫逆之交（后来任新加坡佛教总会主席的）广洽法师，同游了苏州和杭州。

广洽法师此次回到祖国，给苏州赠送了捷克雕刻家所作印光大师雕像；给泉州赠送了徐悲鸿所作弘一大师油画像。爸爸把好容易辗转收购到的李叔同先生在浙一师给学生上音乐课时放在钢琴头上的一只打簧表送给了广洽法师。

广洽法师对弘一大师的纪念和弘扬不遗余力。一九五三年在杭州虎跑建立的弘一大师纪念塔，也有他的参与和捐款。一九六二年和一九六四年出版的《弘一大师遗墨》及其续集（均非卖品）则全仗广洽法师的资助。提供资料和担任编辑工作的，则是刘质平先生、吴梦非先生，还有钱君匋先生。（如今我和他们的子女也保持来往。）

爸爸画了一幅以虎丘塔为背景的广洽法师肖像画《苏台怀古图》

参与《弘一大师遗墨续集》的五人合影
左起：吴梦非、我、爸爸、钱君匋、刘质平

送给他。在沪苏杭三地盘桓了两三个星期后,两人依依惜别。爸爸送法师一首诗:

河梁握别隔天涯,落月停云滞酒怀。
塔影山光常不改,孤云野鹤约重来。

想不到父亲来不及等到法师"重来"之日就与世长辞了。

第五章 日月楼（下）

当时只道是寻常

春去秋来岁月忙,白云苍狗总难忘。追思往事惜流光。
楼下群儿开电视,楼头亲友打麻将。当时只道是寻常。

这是爸爸于一九七零年六月二十八日晨写给恩狗的信里所附的一首"浣溪沙"词。

信里只附这首词,没有附言。我一直到要编《丰子恺文集》前向弟弟要来爸爸给他的全部信件时,才看到这封信和这首词。我的眼睛不禁润湿了。

"当时只道是寻常"这句话,带给我的是甜酸苦辣种种滋味。

一九六六年六月以前,我家一片祥和之气。

爸爸自己不一定参与打麻将,可他总是为亲友创造条件。(当然绝不赌钱,完全是游戏性质的。)楼下没空(例如让亲友邻居在厅里看电视了),就在楼上安排。如果人少缺搭子,他就凑上一个;人够了,他就退出,在一旁抽烟看别人打。总之,他很喜欢热闹。

这种热闹的日子,当时只道是寻常。一场浩劫开始后,人人自危,不敢串门。家中冷冷清清,这才体会到当时没有珍惜"寻常"之可贵。

爸爸和我,常年都是待在家里弄笔杆子的人,对社会上的事,尤其对政治,消息不灵,麻木不仁。哪里知道当时已是山雨欲来风满楼。

我只是在一次学习会上曾听说爸爸的随笔《阿咪》受了批判。"受批判",在当时是一件非同小可的事。受批判的人好像被判了什么刑,永世不得翻身。后来我又听说爸爸是"内控"对象。大概因为他常应海外友人的要求,往海外寄字画(包括当时斥之为"迷信"的护生画)。他虽是对外文化协会副会长,但已有好长一段时间不来叫他去接见外宾了。

其实,那时候批判《阿咪》,倒还算实事求是。只是说这篇文章光写狗呀猫呀的小事,而不反映工农兵大题材,不像后来对《阿咪》的批判那么胡说八道。我回家对爸爸说了《阿咪》受批的事,他没有任何表情。是啊,从来没有深入工厂、扎根农村、体验过部队生活的爸爸,你叫他怎么写得出工农兵呢。不是提倡"百花齐放"吗?狗呀猫呀的,为什么不能写呢?

不关心政治的我,以后就没有再把这件事放在心上。

终于向《阿咪》开炮了

一九六六年六月六日，爸爸任职的画院来了两个人。态度还算客气，还是丰院长长丰院长短的。不过他们说出了一件令人不快的事：

"丰院长，画院里贴出了一些大字报，其中也有关于您的。您是否可以去看看？"

爸爸虽是院长，却是讲好没有重要事情不去画院的，何况去做这种没趣的事。他们看出爸爸有难色，就退了一步，说："叫你女儿代你去看也可以呀！"

就这样，第二天我去了汾阳路的画院。我女儿那时还不到一岁半，我把她抱了去，目的是想冲淡这不愉快之行的气氛。

一进门，就看到一张很长很长的大字报，几乎从天花板一直到地板。批判的就是《阿咪》。可是这一回批判的内容使人难以接受。说什么《阿咪》一文中"猫伯伯"有影射！……我的脸一时涨得绯红。天下竟有这样荒唐的事！我忍着即将夺眶而出的泪水，抱着天真的小宝宝离开了这冷酷无情、不可理喻的大字报，急急忙忙走出了画院。

走到汾阳路上，女儿忽然"哇"的一声呕吐了一大堆在我肩上。怎么了？莫非祸不单行？急忙回到家里，我忍不住一边哭，一边把大字报的内容告诉了爸爸妈妈。

爸爸沉吟半晌，猛吸着香烟，过了好一会儿，才慢吞吞地说：

"一吟，你也知道，我们石门话有'鬼伯伯''贼伯伯''皇帝伯伯'这样的称呼，我也不知道为什么这三种人畜都可用'伯伯'来称呼，其实也并没有什么贬义。毛病就出在这上面。"

"不去管它,你先带孩子看病要紧!"爸爸妈妈都催促我。我噙着眼泪抱起孩子连忙去枫林路儿科医院。

"是肠套。必须马上做复位手术!"医生诊断后说。

缺乏医学知识的我,从未听说过"肠套"这种病。总是在想:爸爸倒霉,我也倒霉。

在给女儿做复位手术之前,要先让她安眠。喂她吃了安眠的药,她仍不睡;加了药剂量,她还是不睡。任凭我抱着她在走廊里走来走去,这小鬼就是不肯睡。天都快黑了,医生也要下班了,只得再给她打了安眠的针,好容易才睡着。

谁想到这倒霉的事还在后头呢,现在只是一幕序曲。

"说明他们已束手无策"

从来搞运动都没有碰我爸爸,这回是怎么搞的,竟揪住他不放。没多久,爸爸就被"请"到画院去"交代罪行"。再后来,干脆"勒令"他天天到画院去接受批判。一向受人尊敬、数十年没坐过班的爸爸,到六十九岁时遭此厄运,怎么吃得消啊!

爸爸深悔不该进了画院。其实,即使赋闲在家,也逃不脱这天罗地网。里弄里批斗起来更加厉害。画院还算文明的呢。

画院对爸爸组织了几次批判会,起初还只是一般的批判,后来要他"交代罪行"。所谓"罪行",就是要他承认在自己的作品中有影射。这怎么可以随便承认啊。他们给爸爸扣上一顶顶帽子,说他是"漏网大右派",是"反共老手",是"反革命黑画家",是"反动学术'权威'"……

爸爸伤透了心。如果他真的是反革命,一九四九年四月他何必从当时还未解放的厦门投身到即将解放的上海来呢?他又何必在年过半百后还重新学习俄文,为新社会的读者服务呢?他又怎么会在一九五八年四川省革命残废军人教养院课余演出队来沪演出时"以最耐寒的黄花,献给最坚强的英雄呢"?他又怎么会在一九六一年访问南昌的革命烈士纪念堂时洒下激动的热泪呢?爸爸想不通,怎么也想不通。

记得有一天,爸爸从画院回到家里,神情黯然。一杯酒下肚,就把白天遇到的事一五一十说了出来。他对家里人说:

"他们逼我承认反党反社会主义,说如果不承认,就要开大规模的群众大会来批斗我……我实在是拥护共产党,热爱新中国的啊!可是他们不让我爱,他们不许我爱……"

爸爸又吞下了一杯苦酒,老泪纵横。

我从来没见过爸爸这样伤心。爸爸以前也哭过不少次。可性质不一样。有时是看了电影或文艺作品受感动;有时是遇到了人生无法避免的生离死别。爸爸说:

"抗日战争时期,可以扬眉吐气地怒斥敌人;空袭的时候,至少也可以找个地方躲一躲。可现在……四周草木皆兵,好像都是敌人,叫我往哪里躲?!"

那时候,"开群众大会"让爸爸很害怕。他并不是真的怕群众,他曾无数次在群众面前讲演过,口若悬河,神情自若。可现在,他是怕对付那些被组织起来的、被操纵了的群众。

就在那一天,抗日战争时和我们一起逃难的丙伯的第

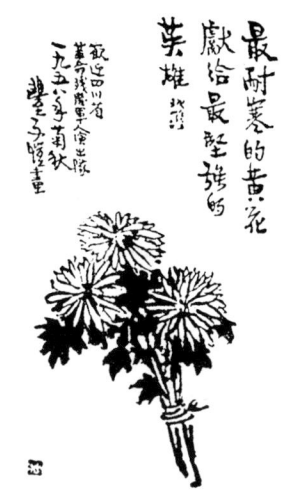

爸爸当年献给英雄的两幅画。

二个儿子周诒青（耘农）从外地来，正在我家做客。吃饭时，爸爸问他：

"你看这场运动什么时候能结束？"诒青参加过"四清"运动，颇有经验。他首先安慰我爸爸说：

"批斗到了最高峰，用'群众大会'来吓你，就说明他们已束手无策，姆爸（即大伯）你不要惊慌。至于运动什么时候能结束，我也说不准，照'四清'的前例看来，该不会很长吧……"

诒青说的"批斗到了最高峰，就说明他们已束手无策"这句话，多少给了我们一点安慰。但毕竟世事难料。这一晚，我们怀着忐忑不安的心情度过了。明天不知又会有什么花样。

她竟在偷听

爸爸从赋闲突然到上班被批斗,一时无法适应。还没到两个月,他就发高烧,病倒了。他的公费医疗当时还挂钩在华东医院。我们就把他送进了华东医院。医生说是中暑。

那时正好中共八届十一中全会在一九六六年八月八日通过的"关于无产阶级文化大革命的决定"(即"十六条")下达,群众"欢欣鼓舞"地游行,锣鼓喧天,高呼口号。在医院的病房里听得一清二楚。他们"欢欣鼓舞",我却愁容满面。既担心爸爸的病,又担心他的前途。

宝姐和姐夫民望哥平时不便上我们家来看爸爸,因为我们家对门就住着我大姐的同事,怕被撞见,于双方都不利。(也确实有过这样的情况:谁来我家,不仅他本人要受审问,他单位还会报告画院,画院再审问爸爸。两头审问了再核实。)这回爸爸住了医院,他们想,这里是公共场所,是神圣的救死扶伤的医院,夫妇俩一起去看望一下爸爸该不会有什么问题。

我看见民望哥来,犹如见了救星。因为我和父亲长期不坐班,消息不灵。民望哥下乡搞过"四清",像诒青一样。我可以问问他。病房里有医生护士走来走去,问这种话不方便。后来民望哥说有事要先走一步,我就送他下楼。走到楼梯拐弯的地方,再跨下几级,我们停住了。我认为这里是安全的地方。

"爸爸实在吃不消了。你看这运动什么时候可以结束?"

民望哥回答了我一些话,大致跟诒青说的差不多。说完后,我们就分手了。等到我回楼上才走了两三步,突然发现有一个护士转身也回楼上去。分明是下楼来跟踪我们,发觉我突然回上来,她赶紧回去。

"偷听!"我突然意识到,"真是卑鄙无耻。"

那护士显然是受上级指使,有画院"造反派"从中安排。我心里既紧张,又愤怒。晚上回家对妈妈说了,她也为爸爸的命运提心吊胆。

爸爸病好了一些,我们赶快安排他出院。

风卷落花愁

形势急转直下。全上海——不！全中国，忽然一片混乱。到处都是大字报。

八月二十三日，首都"红卫兵"来上海"破四旧"。（"四旧"是指：旧思想，旧文化，旧风俗，旧习惯。）上海当然响应。于是各单位陆续组织"红卫兵"和"造反派"。不仅命牛棚里的人"破四旧"，连走在街上的人也受检查：不能穿裤腿大的裤子，你穿了，就剪你的裤腿；不能穿皮鞋，你穿了，就命你脱下，让你光着脚走路；不能烫头发，你烫了，就把你的头发剪下……上街的人狼狈地回来，一时吓得人心惶惶，都不敢出门。幸而这几件事都与我无关。我从不烫发穿皮鞋，更不穿时兴的衣裤。我还能出去。不过，形势越来越紧。一会儿传来消息，说某某人家里受冲击了，某某人被"扫地出门"了（意思就是要他一家离开原来的住处，迁到简陋的地方去），某某人被捕了，某某人跳楼自杀了……真个是山雨欲来风满楼啊！不，倾盆大雨已经临头了！

街头一片混乱。时时有锣鼓声、口号声从陕西南路传来。日月楼的四对窗，向西南的那可以望见街头的情况。我那小女儿不甘寂寞，在窗口看了还不够，嚷着要求到更近处去看。我就抱着她下楼，走到弄堂口站了一会。

游行队伍中有不少人捐着毛主席像，敲锣打鼓喊口号。女儿看得入了神。她出生以来从未见过这种热闹场面，赖着不肯走。我心里却不是滋味。是毛主席发动这场"文化大革命"，要打倒像我父亲这样安分守己、热爱祖国、热爱人民的老知识分子吗?正在游行的这些人,都相信这一套吗?我一向不问政治,可能情况不是我所想那么简单。

女儿看个没够,我可站得腿酸了。我就抱着她走进一家店去。女儿忽然指着店里的一张毛主席像,高喊:"咕咕嘎!咕咕嘎!……"我吓了一大跳。店里的人也愣住了。我赶紧捂着女儿的嘴,快步离开店堂回家去。

她为什么指着毛主席像叫"咕咕嘎"?哦,我明白了!刚才她看游行,队伍里有很多人掮着毛主席像,同时锣鼓"咕咕嘎,咕咕嘎"地敲响。女儿是把这两者联系在一起了。

回家后我把这件事对父母说了。他们都笑起来。从此以后,"咕咕嘎"就成了我家称毛主席时的暗号。并无不尊敬的意思,只是因为成了惊弓之鸟,不敢随便称呼他老人家的名字。

我似乎记得,就是那一天,锣鼓声一直响到了晚上还不停。

"打倒丰一吟!"

就在街头的锣鼓声中,我家的电话铃声突然响起。亲友们生怕连累爸爸,有很久没敢来电话了。那会是谁呀? 我拿起话筒,还没开始说话,就听见对方一片嘈杂声。

"喂,是谁呀?"

"我们是(某某)中学的学生。我们要找丰子恺。"又是一片嘈杂声。

"……"我的心怦怦乱跳。"你们找他有什么事?"我想自己先挡一下再说。

"要他交代《阿咪》的问题……"

我更紧张了。会不会要上门来冲击? 先前听邻居们在议论:红卫兵冲进谁家谁家去了。可我又不敢把电话擅自挂掉,怕惹怒了这帮"红卫兵"少爷。(家庭出身"好"的人才有资格当"红卫兵"。我们是"牛鬼蛇神"的子女,怎敢得罪他们呀。)

幸而对方嘈杂了一阵子,似乎自己散去了。我和爸爸妈妈才松了一口气。"啊呀不对! 他们都离开了电话机,会不会正向我们家出发,要上门来批斗?!"

我们全家又处在紧张惶恐中。

"明天申请拆电话机!"爸爸忽然果断地说。

"对!"我们一致同意。"明天就申请!"

岂知还没等到明天,就发生了令人心惊胆战的事。

爸爸已经上床了。陕西南路上依然在"咕咕嘎,咕咕嘎"地闹个不停,甚至更热闹了，一声声敲在我的心上。我似乎有一种不妙的预感。

忽然，锣鼓声更响了。

"好像进弄堂来了！"我对妈妈说。我们还来不及去窗口看个究竟，我家大门已经被敲响。自一九五四年搬进日月楼以来，敲门声从来没有这么让人心惊胆战。英娥阿姨着急地说："怎么办？怎么办？"妈妈也束手无策。爸爸说："我上三楼小间去躲一躲，你就说我去画院交代问题了。"

对！就这样！对方主要是找我父亲，不会把我怎么样的。

当时我们一心认为敲门的是先前打电话来的那帮中学生。只要被批斗的对象不在，他们就会转移到别家去的。

于是我下楼去把门打开。冲进来的是什么人，我来不及细看。只听见他们边走边喊："丰子恺在哪里？我们要找丰子恺！"

"他去画院交代了。"我胸有成竹地说。

"我们就是画院来的！"

"天哪！这下完了！"我的心咯噔一跳，手脚不知所措了。

这帮人一边问"丰子恺在哪里？丰子恺在哪里？"也不等我回答，径直往二楼走。他们走到爸爸原来睡觉的床前，没见人，摸了一下被窝。

"被窝还是热的！你们把他藏到哪里去了？"

他们一边问，一边冲往三楼，根本不等我的回答。

这三楼是前房客在二楼的基础上搭建起来的（所以整个弄堂没有一家搭得一样的）。本是一大间，我们入住后把它一隔为二，东边是大间，西边有楼梯上来，要留出楼梯通往东间的走廊，所以隔成小间。爸爸就躲藏在小间里。

八年抗战，爸爸也躲藏过，可那是躲藏日本鬼子的炸弹。如今却是躲藏自己的同胞，而且是画院的同事！我一阵辛酸。

"砰砰砰！砰砰砰！"他们拼命敲小间的门。我的辛酸马上变成极度紧张……我仿佛看到爸爸被他们拖出来拉到楼下去批斗的混乱场面……我的心又从紧张变回辛酸。

爸爸不开门。我想他此刻一定也很紧张。忽然，有几个"勇敢者"冲进大房间去。我不知他们想干什么，本能地跟进。只见一两个"勇敢者"正往窗口爬。

"啊呀，使不得！使不得！"我惊叫。大房的窗外有一片瓦，与小房的窗相连。他们想从这儿爬进小房间。但那片瓦是斜的。万一"勇敢者"技术不高明，掉了下去，那我们一家都罪该万死了！

"快下来！快下来！"我赶紧喝住他们。"我替你们叫开门就是了。"

他们听我这么一说，就乖乖地下来了。

"爸爸！我是一吟。你开门吧，不然他们要爬窗了。"

门一开，那些年轻人就往里拥，我只能站在楼梯口，看不见里面在做什么，好像在责问爸爸为什么不好好交代。

"要拖爸爸出来了，"我心里怦怦乱跳。他们果然都出来了，但没有拖着爸爸。

"走！丰一吟！你把丰子恺藏起来，你有罪，你跟我们下去接受批斗！"

"好！好！"我马上高高兴兴地跟着他们下楼。这是我意想不到的最好的结果。我虽然是"牛鬼蛇神"的家属，但我本人没进过"牛棚"，他们不会难为我的。爸爸无恙，这说明画院的造反派还是有人情味的，能想出这个办法来，既保全了他们的面子，又照顾了老院长——爸爸毕竟跟他们无冤无仇啊！

我站在我家大门口接受批斗，他们都走下台阶，站在院子里喊口号。先喊了一些打倒丰子恺以及列举他的罪名的口号。最后就喊：

"打倒丰一吟！"我是每一句口号都跟着他们喊——这是例规，我早就学着了。这时当然也跟着喊打倒自己。

"不许丰一吟庇护反动学术'权威'丰子恺!"诸如此类的口号喊了很多。弄里的居民、弄外的路人,越来越多地聚集到我们院子里来看热闹。我反正上舞台演过京戏,面皮还算老。加之一想到能学花木兰"替父挨斗",心里还乐滋滋的呢。

斗完以后,他们在门口的东墙上贴了一张大字报。等他们走后,我转过身阅读起来。开头的内容无非是给爸爸戴上种种"帽子"。接下来是骂我不该包庇丰子恺。这些都在我意料之中。但接下来写着:不许丰子恺的女婿幕后策划!啊!被我猜中了!那天在华东医院到楼梯口来偷听的护士,正是受画院造反派的指使!

门外看热闹的人陆续散去。当我回到二楼时,爸爸已坐在自己床上。

"一吟,委屈了你!"

"那有什么。画院的人总算照顾你,没拉你下去斗。"

"你爸爸和画院的年轻人没结什么仇啊。"妈妈在一旁说。在这以前,我一直没注意妈妈在哪里。这时候才发现她和英娥阿姨就在爸爸身旁。

"是啊!先生一直在家上班的。和他们客客气气的。"英娥阿姨也带着庆幸的口气说。

那时候,听说"牛鬼蛇神"都要挨到种种"节目":先是在单位被贴大字报,后来大字报贴上街头……再后来到家里来批斗……爸爸总算都轮到了,没受皮肉之伤,已是大幸。听说到家里来批斗这一关,不是那么容易闯过的。有的人挨了打,甚至被打成残废!

这一关过去了,我们一家睡了一个安稳觉。

半夜敲门

"砰砰砰!砰砰砰!"我被敲门声闹醒,一看手表:四点多。

有道是"鼓楼上的麻雀——吓出了胆",我也不怕。下楼去开门一看,竟是好几个头戴安全帽、手持棍棒的人。我知道这种人在当时叫"文攻武卫"。没什么大不了。不过看他们手里拿着棍子,总有点"吓势势"(上海话)。万一他们给爸爸来这么两下,老人家怎么吃得消呢!

他们显然是挨家挨户地在敲门。因为敲开了我家的门后,另几个马上去敲别家的门了。我怀疑他们连找谁都说不出来。

"丰子恺在哪里?"名字总算叫对了。这回我就乖乖地引他们上楼。他们只有两个人跟我上来,其余的到隔壁去了。

这一回爸爸也不再躲藏。我们上去时,他已穿好衣服站在那里。"你是丰子恺吗?"

爸爸点点头。

"你知道你这个资本家剥削劳动人民的罪行吗?"

我心中窃笑:原来他们连爸爸的身份和"罪行"都没弄清楚。爸爸也朝我看看。两人都不敢笑。

"我知道。"说了这一句,爸爸马上背起《毛主席语录》来:"资产阶级、小资产阶级,他们的思想意识是一定要表现出来的。"我佩服爸爸在"牛棚"里已被训练得对毛主席语录那么"活学活用"。在这以前,我脑子里一直在转念头:如何缓解这局面,使他们轻松地放过爸爸。

正在这时,我发现爸爸背错了几个字。好机会来了。我连忙故作严肃地说：

"爸爸，你背错了！应该是'反映'，不是'表现'。"

那两个"文攻武卫"朝我看看，也摸不透我的底。大概他们觉得我这个人是站在"革命群众"立场上的，至少没有抵触情绪，他们就转而跟我说话了：

"我们把他带下去问问话。"说着就做了一个要爸爸跟他们走的手势。爸爸刚出房门，那个在后面走的"文攻武卫"就转过头来还算和气地对我说：

"我们只是在弄堂口的马路上问几句话就放他回来的，你不要担心。"

我心中很感激。大概我刚才的态度起了一点作用；或许这两位"文攻武卫"是有良心的，看到我爸爸老了，我又是一个女同志，就发善心了。

他们刚走，躲在隔壁房间不敢出来的妈妈立刻走过来，面露焦急的神色，英娥阿姨也随后跟上。我对她们说了情况，她们松了一口气。没多久，爸爸就回来了。我们都拥上去。没等我们开口，爸爸就说：

"没有什么，没有什么，只不过问了我几句牛头不对马嘴的话，就放了我回来。"他接着又说："对另外几个人就没有那么便宜，还在很凶地问。对我算是好的。"

我们松了口气。

"你们大家再睡一会吧，还早呢。"

"爸爸，你也再躺一会。"

其实谁也睡不着。

好像在搞地下活动

电话机很快就拆除了。形势紧张,赶快写信通知先姐。信中不敢多说,怕信被拆。只说天太热,你不要来。此处没事,没有必要来。可先姐还是来了。

"你没收到信?叫你别来,你怎么来了?"

"我上午给家里打了好几次电话,都打不通;下午到了学校里又打,仍没反应。我就打到电话公司去问,回答我说:这号码已无用,电话机已拆除。我一听,更急了,连忙从学校赶来。"

当时爸爸不在家,先姐急得哭起来。幸而不久爸爸就回来了。先姐后来回忆当时的情况说:

"爸爸身上都是粉笔灰。我给他掸了。爸爸坐下来吃晚饭,仍饮酒自若。我稍问问运动情况,爸爸总是说没什么。他总把话扯开去,好像很不愿意有人问起这种不快的事情。"

和宝姐通消息是比较快的,但必须学"地下工作"的方式。我进了编译所后,本来是不坐班的,一星期只去学习一个下午。"文革"一开始,就要求我们编译所和出版社一样正规上班。所以我几乎天天可以和宝姐见面。但宝姐所在的编辑室头头已表示过:

"丰陈宝应该受到监视,不然会把信息通过丰一吟传给丰子恺的。"

此话传到宝姐耳中,宝姐有一段时期不敢和我搭腔,也不敢来看爸爸。有一次她熬不住了,特地换了一套平时不大穿的衣服,在晚上较晚的时候,走在路灯照不到的树荫里,偷偷地来看爸爸。

我家门口贴上大字报说不许女婿幕后操纵这件事发生后，第二天宝姐在单位里就受到责问（显然是住在我们弄堂对面的人传过去的）：

"那女婿是指谁？"

宝姐说："爸爸女婿多了，我怎么知道是谁！"

从来都是老老实实的宝姐，这回竟大胆地赖了账。是啊，她一定考虑过：这件事查不出来的。因为看到民望哥的人，就只有华东医院那个护士。她又不认识民望哥，也不认识宝姐。知道是女婿就很不容易了。

不记得是从什么时候开始，爸爸的工资已从每月二百二十元降到六十元"生活费"，存款也被"冻结"了。（后来连我个人的存款也被"冻结"。）家里开销不够，有一天，妈妈到陕西路淮海路口的银行去取爸爸的存款。他们不让取，说是上头吩咐已经"冻结"了。这还不算，张春桥（后来才知他是"四人帮"之一）知道了妈妈取存款这件事，竟在一次会上说：

"要有阶级斗争观念，要提高警惕性！譬如反共老手丰子恺就很不老实，叫他老婆去银行取存款。……要注意阶级斗争新动向！"

所以宝姐每次来，总给妈妈塞点钱补贴家用。有时约了我到离家很远的地方去秘密相会，暗中把钱交我带回去给家里用。其他子女对老父母也有种种关心。

有一次，爸爸在"牛棚"里因头晕跌倒在水泥地上（大概又是脑贫血发作），去医院，头上缝了几针。我找一机会悄悄地告诉了宝姐。宝姐非常挂念。但风声很紧，她不敢来。一时也没有机会和我两人单独在一起。她便写了一张小纸条问爸爸情况，把纸条塞在缝衣针的管子里，在两人交手过时一边递上针管一边对我说：

"这就是你要向我借的缝衣针。"

"日月楼"只剩一半了

凡是被斗过的人家,总会受到里弄和房管处的注意。

有许多消息传来,说里弄这家被"扫地出门"了,那家的主人被斗后自杀了,还落了个"畏罪自杀"的罪名,等等。

我们心中惶惶不安,等待着大祸临头。

担心的事很快就发生了。白天有人敲我家的门,还敲得杀气腾腾。我正在楼下客堂里,赶快去开。

"快去房管所一趟!"那人好像赶任务似的,说完就走。我们的房管所就在后面长乐路茂名南路口。

"我们不会被'扫地出门'吧?"爸爸担心起来。

"不会!"我装作很有经验的样子安慰他。"你又不是资本家,不属'地富反坏右'。"

所谓"地富反坏右",是"文革"前就有的名称。那时人们都以为地主、富农和不法资本家、反革命分子、坏分子、右派真的全都是坏人。"文革"后,又加入了什么"叛徒""特务""走资派"(即"走资本主义道路的当权派")、"臭老九"(指知识分子)等莫名其妙的另外四类。当时我说:

"只有'地富反坏右'才会扫地出门。我们不会的。爸爸还没有定案呢!"

"嗯……"爸爸将信将疑地应了一声。

"那位负责的苏同志上了点年纪,人很和气。一吟你给他说几句好话,他会……"

"知道,知道!"我没等妈妈把话说完,赶紧出门去了。一路上满肚子心事,筹划着到了那里该如何应对。

到了房管所,人多着呢。主持人不是苏同志。

"坏了。"我这才想起来,苏同志已上了年纪,快退休了。"这下糟了!"

一个很凶的年轻人正在呵斥被叫来的人,责令他如何如何。有的人回答时强词夺理,有的人则苦苦哀求,看来都没有什么好下场。我心里想:太平点算了。强词夺理会使对方反感,苦苦哀求非我辈所愿。抗战八年,我们什么苦头都吃过了,只要不扫地出门就行。

终于轮到我了。那个年轻人见了我,二话没说,开口就下令:

"你父亲被批斗,大字报都贴到街上来了。你们一家人住那么多房间。快把一楼和三楼统统让出来,还有亭子间。你们一共才三个人,加个保姆也才四个人。二楼还不够住吗。对了,厨房后面的小平房也让出来!"他看见我要说话的样子,赶紧接着说:"怎么?你要是不服气,我们就把你家的沙发都往外扔!"

"没希望了……"我只好乖乖地退出,让后面一个人上来听他训话。

我垂头丧气地走回家来。一进门,爸妈马上问:"怎么样?"我几乎要哭了。得知详情后,妈妈叹一口气说:

"光是让楼下倒也罢了。三楼也叫我们让出去,住进来的房客不是要从我们二楼经过吗?还有厕所、浴室,不都要和我们合用吗?"

我默默地望着爸爸,没出声。爸爸慢吞吞地说:

"什么困难都能克服,只要不赶我们出去。住进来的也都是人,只要我们对他们好,人家也会通情达……"

爸爸说到这里,词语含糊了。想必是记起了批斗他的人不属于通情达理的。

我在房管处也没问一楼和三楼该什么时候让出来。这一天，大家都懒洋洋的，没有马上动手处理室内的东西。

第二天，苏同志忽然光临我家。爸爸接待他，我们都在一旁陪着，想听听他带来的是好消息还是坏消息。看他那尊敬我爸爸的样子，不会是坏消息吧。

"昨天他们对你们的房子问题，是过分了一点。没办法，年轻人造反的劲头大，况且他们不知道你是高级知识分子，是知名人士。我和他们谈了一下，让是总归要让的。这样吧，三楼免了，留着你们自己用，方便些。其他还是要让的。不过，老先生，你们慢慢来，不必那么急的。"

我们听到这里，心里落下了一块大石头。三楼不让，太好了！

苏同志临走前又说了些闲话，显然带着对爸爸敬仰而又不敢太显露的语气。

"这是个好人！"爸爸送走他后说。

"我们全亏他！"妈妈感激地说。

接着，我们就考虑如何处理楼下的家什。小间原来只是放一个石磨（我们一直管它叫"磨子间"），把磨子搬出来就行。亭子间是英娥阿姨住的，请她搬上三楼，也比较简单。倒是楼下客厅和吃饭间里，有前房客董太太留给我们的很漂亮的洋式家具，沙发呀，吧台呀，大菜台呀，怎么办呢？

房管所的人虽然气势汹汹地勒令我们退了房子，后来倒也不来催我们出空。苏同志显然是知道内情的。我们也就拖着。不过，从那时起，我们生活都已集中在楼上，任楼下空着。

如今根据一些发票，我知道我们开始卖家具的日子是一九六六年十月二十九日。这一天，找一家旧家具店上门估价，卖掉了四件家具：一只柚木大菜台连两块柚板，五十五元；一个柚木长橱，四十元；一个玻璃橱，三十五元；八只椅子，四十元。羊肉当狗肉卖了。第二次卖家具是在一九六七年八月。除了卖去剩下的家具外，沙发也卖掉了。两个月后，最后一件大家伙——惠纳八十五键钢琴，终于也卖掉了。扣除修理费后净得二百七十八元三角。记得卖钢琴时爸爸有点难过。这是他为最疼爱的幼子新枚买下的。如今卖掉了钢琴，再也听不到他弹琴的声音了。

就这样，给我们带来了十多年欢乐的"日月楼"，只剩下一半了。

护生画集出事了

那还是比较早的时候。爸爸虽然已在接受批判,家里还没有受到侵犯。有一次华瞻哥来,问起画院对爸爸批判了些什么。爸爸讲了一些,其中提到《护生画集》。华瞻哥听到这里,很敏感地从书橱里抽出一本《护生画集》第五册,那是广洽法师于一九六零年初在新加坡出版后寄来的。华瞻哥翻着翻着,紧锁着眉头说:

"唉,这些画……一幅幅,他们都可以找出理由来批判。唉……"

翻到最后,华瞻哥忽然"啊"了一声,接着就把这最后一幅的画题读出来:"月子湾湾照九州,几家欢笑几家愁——啊不!还是万家愁呢!那还了得!"

我和爸爸带着惊疑的眼光望着华瞻哥。

"你们难道还没有觉得问题严重吗?"华瞻哥觉得我们在政治上太无知了。

"那不是《水浒》里的诗句吗?"爸爸说。

"可你是在什么时代发表这幅画的!是六十年代!是在共产党的领导下!不仅几家愁,你还改为万家愁呢!"

这时候爸爸和我一下子都意识到了问题的严重性。我脸上感到火辣辣的,心想"这下可闯祸了!"爸爸比我镇静,他讷讷地说:

"从佛教的观点来看,人世间就是苦海——"爸爸还没讲完,华瞻哥打断了他的话说:

"可现在碰到了'文革'呀!秀才碰着兵,有理讲不清。他们批你,

《月子弯弯照九州,几家欢笑万家愁》

你能和他们宣传佛教吗？爸爸一直待在家里，不知道外界的情况，情有可原。可你呢？你们编译所不是也有政治学习吗？"华瞻哥转向我。"你看到爸爸画这样的画，难道不觉得有严重的政治问题吗？"

"我们学习每周只有一次。在学习会上光是聊天……爸爸画护生画，我没……"

这时爸爸在一旁端详这幅出问题的画，自言自语说：

"九州明明是指中国，我这一点难道不懂……画中的城墙是长城模样，更证明了我指的是中国。我怎么会……真是见了鬼了！"

华瞻哥见爸爸自责，便安慰他说：

"好了好了，事情已经过去，就别去想它了。现在最重要的是怎么挽救这件事。弄得不好，可以被定为'反革命'，那时麻烦就大了。"

反革命是要坐牢的。

我们三人都紧张地陷入沉思。最后还是爸爸先说话："写信请广洽法师帮忙！"

我们两人听了，好像看到了救星，都说："好！这办法好！不过具体怎么做法，还得慎重考虑。"

以前爸爸寄出去的东西，曾受过检查。我们有个党员同事在"文革"初期曾透露给我和宝姐听，说爸爸是"内定"的"右派"，因为他老是往外国寄书册。是的，爸爸确实常给广洽法师寄书画作品和图册。可他们怎么会知道呢？难道邮局可以随便拆包？既然这样，爸爸这回如果再往外寄信求助，信被拆了可了不得啦。我们仔细商量的结果，由爸爸写一封信给广洽法师，就说那最后一幅画是解放前一九四六年的旧作，早年寄赠法师的。只因法师凑不满八十幅，从旧画中随便选了这一幅放了进去。如今既已出版，务请刻一个"1946年"的图章，盖在每本书这幅画下方的角上，以弥补此错误。

"好,好,就这么办,"华瞻哥表示赞同。"你们看,爸爸在这册书的'后记'中写的就是'广洽法师将予历年陆续写寄之护生画八十幅在星洲副刊'——爸爸这幅也属'历年'之列呀!"

我们也点头表示同意他的说法。

"啊呀不对!"我忽然想起,"如果法师来信说那是你自己选的,不是我选的啊,岂不更糟!"

三个人又都沉默了。最后还是爸爸出了个好主意:

"这样吧,我给法师拟一封回信,要他照抄。"

"这样做法师会不高兴吗?"

"不会不会,法师很尊重我的,"爸爸说,"再说,他们在外面也会听到'文革'的情况。他会了解的,他会帮我这个大忙的。"

我们就帮爸爸拟定了回信,回信内表示这是法师自己从爸爸的旧作中选取这幅画的,现已一一盖上"1946年"的图章。很晚,华瞻哥才离去。第二天,我把信投进了邮筒。于是,天天等待着回信。

自"文革"以来,我每天为爸爸的事愁眉不展。自从发生护生画事件以后,我更加发愁了。现在我两眉之间有两条皱纹,以前没有的,就是"文革"中出现的。那一阵子,我天天蹙着眉头祈求上苍保佑爸爸别出事。

等呀等呀,信终于来了!完全照爸爸一样写,而且说他已盖上了"1946年"的图章。(已送出的书只好算作漏网之鱼了。)广洽法师真好!我们好比有了护身符,我拿着信舍不得放下来。

"啊呀!我们把这封信放在哪里才好啊?"我忽然想起。"不是到处都在抄家吗?如果这护身符被他们抄走……"

我这话引起了家里人注意。大家都发起愁来,想出了种种办法。我楼上楼下走了一圈,发现通向客厅的大楼梯和通向厨房的小楼梯交汇的那个平台上似乎有一个洞。我蹲下去用手挖一下。那洞是转弯的，而且不是无底洞。把信塞在里面，既安全，又不外露。我把信放了进去，大家心中都落下了一块大石头。

"一吟，既然信可以藏起来，那我们把汉兴里的房子顶掉了得来的那些'小黄鱼'，你也找一个地方藏一下吧！如果给他们抄走了，就算有得还，至多也只是按平价的行情折价给了钱，太吃亏了。"妈妈说。

我朝爸爸看看，爸爸说：

"对了！我忽然想起来：按政府规定，饰金可以私有，而这种金条似乎必须归国家收藏。"

"那还是藏起来的好。让我再来找个好地方吧！"

我又楼上楼下兜了一圈，英娥阿姨跟在我后面。我们走到了厨房里，她指了指楼梯间。所谓楼梯间，是楼梯下面进去高而后来渐渐低下去的一个潮湿的暗间。里面放些杂七杂八的东西。我觉得这种地方反而受人注意。不过，我打开门后，发现左下方有一扇我平时从未注意到的小门。打开一看，里面黑糊糊的，一股潮湿的气味向我袭来。这里原来是我们这幢房子底楼的地板下面。从弄堂走进我家房屋时要跨上四级水泥的扶梯。把房子的底层造高一点，是为了防潮湿。这可帮了我大忙。我决定钻进去。这么大一个地方，哪儿都可以安全地容纳这几块比指甲略大的"小黄鱼"。

"我进去吧！"忠诚的英娥阿姨见我进去有点困难的样子，自告奋勇地说。

"不！你年纪比我大。还是我进去。"

说这话时，我的半个身子已经进去了。等我全部进入以后，定一定神，里面的情况已摸清楚。我决定把这包东西塞在靠近小门的凹凸不平的墙上，以便事情过去后容易取出。

太方便了！我很快完成了任务，爬了出来。这地方确实安全，后来我家经过两次抄家，也没被发现。

我从未做过这类"地下工作"，事后想想觉得可笑。爸爸去世后，妈妈把这些"小黄鱼"分给我们七子女，分不匀的，我托我的在银行工作的朋友切割了一下。可我虽然辛辛苦苦地奉母命"窝藏"了这些"小黄鱼"，其实我对黄金一点兴趣也没有，分到我手里的早就被我送掉了，连送谁都忘了，也不想问。

烧《护生画集》

"啊呀,我想起来,三楼的矮壁橱里还有广洽法师寄过来的很多护生画第五集呢。上面不是都有那幅画吗,而且没有盖过'1946年'图章的。"

我忽然紧张起来。一家人都愣住了。其实不识字的英娥阿姨,甚至识字的妈妈都并不十分清楚这本书里的问题出在哪里,但她们都意识到这是一个严重的问题。

"丢……"爸爸还没说完,就已知道不可能丢。曾听到过传言说垃圾桶里发现了金银财宝之类的东西,也要追查是哪家丢的。"怎么处理都可以。反正这种书新加坡有的是。"爸爸补说一句。

"我放在浴缸里用水把书浸软,撕碎,就看不出了。"英娥阿姨对我们家是忠心耿耿的,完全像自家人,甚至比自家人还自家人。(有时妈妈也得让她几分。)所以她对这件事很关心。

"试试吧。"爸爸说。

于是行动起来。可是事与愿违。这本书印得太考究,纸很牢,怎么泡也泡不软,依然故我。英娥阿姨叹气了。"怎么办,先生?"

"那就……烧掉它。"爸爸无可奈何地说。

可是烧有火光,有烟味……我们一筹莫展。最后还是英娥阿姨出了个主意:

"晚上烧,不,半夜烧,这件事交给我。"

"我和你一起来。爸妈你们就别管了,到了晚上,你们只管睡你们的。"

半夜,英娥阿姨从厨房里端了个炒菜锅上来,还不知她从哪儿弄来一些灰放在锅底,把锅搁在一只翻过来的小凳上,还有一把拨弄用的火钳,想得很周到。我们把这套道具放在上二楼刚走完扶梯还没进房间的那块平台上,把这四周所有门窗全部关闭,家里的灯也都关了,只剩楼梯走上来那块平台上方的一个灯。记得这一天,外面一直下着毛毛小雨,到半夜也不停。这是有利条件。

我们开始"焚书"了。把书放在一旁,由我一页页撕下来,英娥阿姨管焚烧的事。烈火熊熊,一本本《护生画集》就这样付之一炬。

"焚书"已近尾声,正当我们暗自庆幸时,忽然我家的门铃响了!

我永远忘不了这紧张的一刻!是谁会在半夜按我家的电铃?莫非有人发现了火光?有人闻到了气味?这下祸闯大了!不仅我和英娥阿姨这两个"执行者"会遭难,还会连累爸爸,说他是"指使者"。只有妈妈无辜,还能来替我们送送牢饭。

我和英娥阿姨呆若木鸡;爸爸妈妈在黑暗的房里,但愿他们已睡着了,没听见。

我们这样待了很久。我简直停止了思维,只有心在怦怦乱跳。可是,竟然什么也没发生!门铃只响了一次,就再也不响了。

是佛在保佑我们吗?是按错了门铃吗?是谁开玩笑吗?或者,更可能的是过往巡逻的人闻到了气味,怕我家失火。按了一下门铃没反应,也不想管这闲事了。总之,在那暗无天日的时期,这天半夜一定有人在佑护我们。

一定是弘一大师!他不会怪罪我们烧《护生画集》,因为他知道我们是逼不得已的;而且他能预见到爸爸后来身陷困境还在晨曦中完成最后一册《护生画集》,提早为弘一大师祝百岁冥寿。

熊熊烈火慢慢熄灭了。我们的心跳也渐趋正常了。但是大家都不敢对话,生怕被人听见。

英娥阿姨收拾好残局。我们就这样在沉默中过了不眠之夜……

两次抄家

这几天,英娥阿姨听来不少传言,说某某人家被抄家了,抄出多少黄金现钞……严刑拷打……东家上吊了……

"抄家"——这是旧小说中见到过的名堂,想不到到了二十世纪的今天,又死灰复燃了。

快轮到我们了吧。我们虽然已经做了很重要的准备工作,但没考虑过转移东西的事。听说有的人家把一些值钱的东西转移到了亲友家里,后来被查出来,连累亲友也挨批斗。

"算了。何苦连累人家!何况我们家还有什么值钱的东西呀?"爸爸说。

"我还有一点饰金,是陪嫁时的老货。我也舍不得给他们抄走啊!"妈妈说。

"黄金是泥土,有什么用!"爸爸向来看轻钱财。何况已经隐藏了那些"小黄鱼",万一有个什么变化,可以变钱维持生活,那就够了。除此以外,我们家一无古玩,二无字画。爸爸不喜欢这些。有人送他,他往往转送人家。

记得有人送爸爸一方端砚,他马上转送了人。爸爸去世以后,那人竟来向我要回。我说爸爸转送人了,他不信,还口口声声说那端砚如何如何好,弄得我很尴尬。

一点都不转移,总有点不甘心。英娥阿姨力劝我转移到她妹妹家里。她妹夫钱逸云酷爱收藏字画,自己也善画。"文革"前常来我家走动,有时向爸爸讨些字画。"文革"一开始,他家就一直关心着我们,向英娥阿姨打听我家的情况。他们表示愿意接受我家转移。转移到他们家,确实是上策,比转移到子女亲戚家安全得多。可是爸爸对此无动于衷,也劝妈妈别连累人家。我不大甘心,想来想去,竟转移了两样不值钱的东西:转移了一岁半的女儿的照片和一副天九牌。

这一天终于来了。是爸爸的单位画院来抄家。他们是文明的抄家。不来翻箱倒柜、喑呜叱咤这一套。就问我们什么什么有吗?凡是我们家有的,我们就主动拿出来,生怕违反规定,连累了爸爸。我们交出了全部饰金和家里的存款。(我把妈妈早先给我的三件饰金也拿出来,他们却不要,说"这是你个人的,不必上缴"。我个人的存款上有我的名字,就更不用上缴了。谁想后来我的存款也被银行冻结了。)他们拿了爸爸的几张存单,数了一下,我听见其中有一个人对同伴说:"丰子恺家的存款比贺天健家的零头还少。"(我们上缴的一共是六千多元。)后来得知,他们是先去吴湖帆家和贺天健家。他们大概不知道自己的院长是一个最不善理财的人,一手来,一手去;甚至还没拿到手的钱就已经给人家。

他们拿走的东西都开列在清单上,而且后来大都完好地还给我们——我说"大都",缺少的只是我保存的一些照片。我的一个朋友曾去画院"串联",看见地上有几张散落的照片,捡起来一看竟是我家的,后来便送还给我。我照片簿上的照片比抄家时少了很多。这样看来,女儿的照片还幸亏转移了。这次抄去的还真不少,有妈妈的金银首饰,爸爸所有的真迹画,而且是他壮年时画的,就是历次展览时只重订而不卖原件的那两百多张画,不少书籍,开明书店的股票(因这些股票,后来又加上了一顶"资本家"的帽子),我的照片簿等等。

他们走后,爸爸发现有几本古诗词竟漏抄了。后来先姐来看爸妈时,爸爸就把一本最喜欢的《白香词谱》交给她,说:"这本送给你,免得再来抄去。"

　　我们家的第一次抄家总算平安无事。事后听说：画院的书法家马公愚把要抄家的事打电话通知了家中，被他们发现，马上把他拖出来，叫他跪在草坪上，用皮鞭抽打他的光脑袋，最后用冷水浇在他头上，他头上直冒蒸汽。从此以后，人人自危。可爸爸回来从没讲起过此事。是他没看见？不知道？不！不可能不知道！是他瞒着我们。他怕我们提心吊胆；他把提心吊胆悄悄地留给自己一人，默默地忍受着。而我们还在为这次抄家庆幸。我们老是说那句话：爸爸毕竟不去画院上班，没跟别人结什么仇。以此安慰自己。

　　抄过一次再杀回马枪的情况确实不少。我们后来又被抄一次，但不是画院，而是美术学校的学生。这一次就不一样了。抄去的东西不但没有清单，而且就此不还，抄家的方式也属于野蛮的。

　　这群学生缠住爸爸不放。经过画院抄家，爸爸还有什么能应付他们呢。但他们并不善罢甘休，那气势汹汹的样子，眼看着就要打爸爸了。我连忙上前去说："你们要什么，我这里有。"我这样一来，好比引火烧身，果然灵。其中一人说："好，他女儿带我们去！"我把他们带到自己房里，他们就老实不客气地翻我的抽屉，把我保存在那里的爸爸的十几张画全部拿走了。

　　我收藏的爸爸的画本来就不多。因为我一直和他住在一起，不像住在外面的子女，爸爸有时给他们写信，就附一张画去。我连爸爸的信都没有一封。只有一次，爸爸发心给每个子女都画一套四季小品，春夏秋冬各三张。我也拿到一套。这次就被他们抄走了。他们还到三楼的矮壁橱里，拿走了两麻袋信——是人家写给爸爸的信。

　　这次抄家，后来什么都没还。到各单位都在归还抄家物资时，我也曾代妈妈写信给美校的校长索还这些抄家物资。校长回答说，他们学校从来没有抄过我们的家,那是学生自己的行为。因此他们不能负责。

我虽然觉得遗憾,但也不十分在意,反正以后还可以请爸爸补画。我没料到这"以后"永远没有了!

无穷尽的批斗

我已算不清在整个"文革"时期爸爸挨了多少次批斗，因为次数实在太多了，数也数不清。况且有的批斗他从来不告诉我们，我只是后来听别人说的。

上海文艺界的四大领导——作协的巴金，音协的贺绿汀，剧协的周信芳，美协的丰子恺，到后来都是上海"十大重点批斗对象"。爸爸不该当美协主席和画院院长。在家赋闲，也许会好些。不，恐怕也不会好到哪里去。他写的文章太多了，画的画就更多。画院里画山水画的画师，不也都在挨批斗吗？山水画里挑得出什么骨头；爸爸的画和文章里可挑的骨头实在是太多太多了。如果放在里弄里批斗，说不定会更糟。

画院逼着爸爸"彻底"交代，否则要开群众大会——那一次使我家特别紧张。爸爸自己呢，从来都受人尊敬，突然变成阶下囚，思想更是转不过弯来。不过，后来渐渐明白了：这是政治上的斗争，波及老百姓。历史上的老百姓成为政治斗争牺牲品的事不在少数。至于下边那些执行者，其实也是老百姓。有的人是愚忠，有的人是不敢抗命，那都是可原谅的。唯有那些浑水摸鱼的投机分子，在这种乱世，正是他们表现自己的好机会。有道是"阎王好见，小鬼难挡"。也只得任他们表现，任他们折磨自己！想通了这个道理，爸爸就不再认真。他开始做戏，巧妙对付。

批斗的次数很多，除了画院之外，什么少年宫啦，美术展览馆啦，江西中路青年会啦,上钢三厂啦,求新造船厂啦,崇明啦,川沙啦,车沟大队啦,民建大队啦……恐怕连爸爸自己也记不得那么多,我连先后次序也搞不清。

少年宫那次批斗时,据说唐云先生遭到毒打,棍子都打断了。因此,接着把大家拉出去游街时唐先生没法参加。据说游街的人中有沈柔坚先生等等。

爸爸事后说,那次游街时,有一少年尾随着他,找一机会悄悄地对他说"丰先生,我是很崇拜你的"。

崇明是画院程亚君先生搞"四清"运动的地方。所以爸爸被带到崇明去,程先生也一起陪去。爸爸的漫画一张张被放大后裱在硬纸上带去。崇明较远,要过夜的。爸爸就在这时养成了和衣而睡的习惯。

他们两人被批斗,造反派则趁机在崇明买大闸蟹带回去享受。

在车沟大队时,正逢刘少奇同志被宣布为叛徒、内奸、工贼,工宣队便对"牛"们训话:"你们的总后台垮台了!"天晓得,"牛"们之中恐怕没一个与刘少奇同志有任何联系,怎么一下子变成自己的总后台了?!

关于川沙的批斗,在爸爸去世后我认识了一位川沙的朋友,请他写了如下的情况:

> 一九六九年秋冬之际,由上海美术界组织派人开小轿车,将丰子恺先生带来川沙大会堂批判。
>
> 批判会上,事先已将丰子恺先生画集里十来张漫画临摹放大在整张白纸上,由批判发言人逐张进行批判。批判一张,撕下一张,团成纸团,丢在丰子恺先生的周围。在批判结束时,有一个人拿竹扫帚随着丰子恺先生走进舞台侧幕时,象征性地跟着扫过去,同时高呼口号:扫进历史

垃圾堆!

丰子恺先生在批判会上,由于年老了,是让他坐在凳子上的。只是在批判高潮时,曾叫他站立过。

批判会后,丰子恺先生仍由小轿车带走,离开川沙。

这次批判算是文明的。爸爸还坐上了好久没坐过的小轿车,批判时也没让他多站。倒是造反派们在这次批判前煞费了一番工夫,还准备了道具,可能像排戏一样还得先排演一番吧。

张乐平先生在一九八一年五月二十日的《解放日报》上发表过一篇文章,写的是他和我父亲的事,题目叫《画图又识春风面》。其中关于批斗的事这样写着:

"文革"时期,我们当然在劫难逃。因他是美协上海分会主席,沈柔坚和我是副主席,他挨斗,我俩总要轮流陪斗,坐"喷气式"(吟按:指由两个"造反派"一左一右按下被批斗人的头飞快地把他推出场),挂牌,一样待遇。有一次在闸北一个工厂被揪斗。我们一到,匆匆被挂上牌子,慌忙推出示众。一出场,使我好生奇怪:往常批斗,总是子恺先生主角,我当配角,而这一次,我竟成了千夫所指,身价倍增。低头一看,原来张冠李戴,把丰子恺的牌子挂到我的脖子上了。我向造反派的头头指指胸前,全场哄笑,闹剧变成了喜剧。

林放先生于一九八三年二月十日在《新民晚报》上发表的文章《丰子恺先生一事》中提到求新造船厂的那次批斗。文章不太长,我就全文抄录如下:

听说丰子恺先生的《缘缘堂随笔集》又将出版,而且听说那里面还收有好多篇从未发表过的《续笔》在内。这些《续笔》,据丰一吟同志说是在丰先生白天坐"牛棚",挨批斗,清晨却在灯光下悄悄地写出来的。丰先生本来是一位慈祥恺悌的君子,可是他这种韧性的战斗,就不是我们一般人所能及,更不必拿那些随风而倒的小丈夫来对比了。

子恺先生是属于我们老师一辈的长者。我至今还能回味自己的中学生时期,从丰先生的美术音乐著作和随笔漫画中吸取的营养和情趣。由于年龄上的差距,我和丰先生是够不上有什么交往。但在"文革"中却居然也有这么一次的"缘"分,足以印证一吟同志所说的丰先生在大动乱中写作的背景。那天由好多个"造反"组织在求新造船厂联合召开的批斗大会,"牛鬼蛇神"是黑压压的一大堆,约二三十名之多,其中就有丰先生。不过那天的重点对象似是周信芳和袁雪芬两位。丰先生和我面对面地枯坐在长板凳上,听着前台的董超、薛霸凶神恶煞似的抡着水火棍揪斗周、袁两位,大声吆喝,拳足交加,完全是按照京剧《野猪林》的戏路来进行批斗的。尽管气氛是如此紧张,丰先生却还是跟平素一样,恬静肃穆,淡然入定,只是在他的眼光里流露那么一点悲天悯人的忧郁的神情。直至批斗会解散后,我们又同乘一辆卡车,到了南市某处,丰先生跳车下去,恰巧旁边有一辆车横闯过来,擦着他的身边疾驰过去。大家"哎呀"一声为他捏了一把汗,然后目送他踽踽独行而去的背影。这就算是我对丰先生的最后印象了。

现在呢,除了上面我所见的白天坐"牛棚"挨批斗的背景之外,又加上了"清晨却在灯光下悄悄地写出了《缘缘堂续笔》"这样执拗地忠贞于艺术创作的情景。这是一种什么精神?这样的老知识分子是什么样的知识分子?难道不值得我们怀着尊敬的心情好好地思考思考吗?

不记得是什么时候,里弄也奉命监督起爸爸来了。要他每天在我家门前的水泥地上扫地。活儿不重,但叫人痛心!我年纪轻轻的不许扫,专职打扫卫生的英娥阿姨不许扫,偏要叫七十多岁的老人家去扫。我们忍心吗?我只好为爸爸做一点准备工作:给我家的畚箕装上个长柄,让爸爸可以不必弯腰。没扫了几天,妈妈就代替了爸爸做这工作。好在里弄里也没人来检查。

先姐还回忆起一件事。有一次她带了女儿阿春来看爸爸妈妈。爸爸上午被传到单位去了半天,回家已很累。吃了午饭正在午休时,忽然楼下进来一个人,妈妈事后告诉我是里弄干部×大姐,原来就是那个得志弄权的小人。她大喊着:"丰子恺,快去劳动!"

先姐连忙下楼对她说:"爸爸上午累了半天,身体不大好,已睡了。"

妈妈随后下楼,对那女人说:"他上午去单位劳动过了!"

那女人坚决要爸爸去。正在这时,爸爸已起身,一边下楼,一边把一件夹衫披到身上说:"我去我去!"

那天我正好不在家,先姐进门时就已看到里弄里一些十二三岁的顽童手持木条口里喊着"牛鬼蛇神不许乱说乱动"之类的口号,跑来跑去。她极不放心,决定跟去,但又怕被那女人看穿了要加以阻拦,便随手抱起阿春,假做一路逗她玩儿的样子,往爸爸劳动的地方走去。

那是在弄内拐弯的地方,已经有几个"牛鬼蛇神"在劳动了。他们的工作是把墙上的旧标语纸刮下来,把墙洗干净。先姐看见爸爸俯身去捡了一个小瓦片作为工具,开始刮起来。旁边有五六个小学生手拿鞭棍站在那些被强制劳动的人身后。先姐怕他们对爸爸胡来,就一直抱着阿春站在一旁。这时那个×大姐走过来板着脸问她:"你到这里来啥意思呢?"

"没什么,我抱孩子在玩。"先姐说。

幸而人多刮得快,更幸而那几个学生没动武,先姐才略略放心。一直等到爸爸结束劳动一起回家,才松了一口气。

在那些日子里,街面上到处都可看到贴着批斗爸爸的大字报。据说漫画中有一幅,人头龟身,龟背上写着"反共老手丰子猷"。玩弄文字游戏(猷是呆的繁体字,其左边与恺字右边的繁体字写法相同),真是挖空心思,无聊透顶。

人怕出名猪怕肥。没名气的人相对地说比较安稳些,像爸爸这样,大字报一上街,连我们这些家属,乃至他的亲戚朋友,都会受牵连。"文革"结束后,从各方传来消息,才知爸爸牵连了不少仰慕他的人,使他们也受尽折磨!

据各方面的反映,爸爸对于批斗,颇能处之泰然。他只是终日抽烟。在牛棚里,他坐得笔直。有人问他这样累不累,他说坐直了反而不累。没有外人的时候,他风趣乐观,谈笑风生。他常常谈些文艺上的词汇和术语,把日语和英语的读法加以比较,谈到日英词语在内容上的差异。也谈生活方面的事情。有时被造反派叫去审问,回来后,好像没这回事,就像去小便一次似的,继续往下谈。还有人说,他在"一不怕苦,二不怕死"后面加上"三不怕羞,四不怕痛",听来令人寒心。还有人说,造反派在批斗时问他:"你为什么信佛教?"爸爸居然说:"佛教是众人信,不是我丰子恺信。佛教有几千年历史。"这些都是听别人说的,不是我直接采访来的。

不过,正因为爸爸信佛教,想得开,在对付这场空前的劫难时还

能撑住。他不仅自己想得开,还劝别人想开些。唐云先生于一九八一年五月二十六日在《解放日报》上写的文章中说:

> 记得一九六九年初冬我们到上海郊区曹行公社劳动的时候,丰老常常和我一起谈心。有一次我向他吐露出自己的悲观情绪,说等这场运动结束后我要到乡下去找一个安静之处以了余生。丰老不以为然,他对我说:"老唐,你不应该走掉。留在上海吧。将来上海更需要你画画的。这班人(指四人帮)倒行逆施,决不会长久。你等着吧,一定能看到他们的下场。你要为国家多做一点贡献。千万不要有此消极的念头。"他这一席话至今还给我留下深刻的印象。

尽管爸爸这样劝唐云先生,实际上在这场运动中,他自己肯定也有过种种想法。太长久了啊,这场运动!抗战也只忍受了八年,"文革"竟长达十年!

又据画院的人说,一九六八年毛泽东关于"严禁逼供信"的指示下达时,画院召集"牛棚"里的人谈感想,谈的人都哭。爸爸也在其内。是啊,他怎能不哭呢!逼供就是屈打成招。相信屈打成招的人说的话,然后加以批斗,百般折磨,这种情况自"文革"以来都已一年半了!挨骂的早已被骂过了,挨打的早已被打过了,自杀的早已死了。到如今才发下指示来,怎不叫人悲泪纵横!

运交华盖欲何求

我知道俞云阶先生的大名,但和他没私交,更不知他的住址,所以"文革"结束后没去访问他。幸而在一九八六年第四期的《演讲与社交》杂志上看到了方坚先生的一篇文章《风雨忆故人——丰子恺先生在文革中》。全文都是写的向俞云阶先生采访我爸爸的情况。我现在把这篇文章里俞先生讲给方先生听的关于"文革"中我爸爸的全部情况摘录如下:

> 你们要求我谈谈丰子恺先生,我想了许多天。丰先生是我的长者,后辈理当少谈前辈,尤其对这位近代中国真正伟大的艺术家,他生前从不受别人奉承。想来想去,还是谈点我们之间的一些交往,对年轻人也许有好处。……
> 一九六六年一夜间,中国陷入了"红色恐怖"之中,我自然在劫难逃。不久我被唤到设在市博物馆的"牛棚"里。当时,我自忖自己"久经沙场",又是只被人从灵魂上消灭了的"死老虎",心里很坦然。报到之日,便稳稳地踱进"牛棚"。一进门,却大吃一惊,只见几十位先来者,早已靠着四面墙角,规规矩矩,席地而坐。两个戴袖章的人上来拽住我,一把拖到他们先前排定的座位上。刚坐下,抬眼见丰子恺先生盘腿坐在对面墙根下,朝我点头微笑,仿佛说:我料到你会来的。

就这样,我们有幸结为"牛友"。

丰先生当然数"大牛"了,我是"小牛"。大大小小几十头"牛",被圈在棚子里,每天读《敦促杜聿明等投降书》。投降书很长,一位老先生老眼昏花背不出,被人打得死去活来。丰先生不像别人那样高声诵读,只是微合双目,喃喃默念,天知道他在读什么。

当时,国无国法,"棚"却有"棚"规。我们必须清晨五点到"牛棚",去做早请示;回家时,胸口挂的"牛鬼蛇神"标志牌不让摘下,以便使我们的"资产阶级思想"让路人皆知。我可受不了,一出"牛棚"便把牌子扯下塞入口袋,免得让家人心惊胆战。

丰先生似乎永远戴着牌子。一次,我乘二十六路电车,恰逢他从陕西路站上车,胸前赫然戴着"反动学术权威丰子恺"的标志牌,车上许多人围着他起哄,有人高喊打倒他。丰先生并不在意,自管自紧拽车顶扶杆,纹丝不动,眼睛定定地眺望窗外,人站得笔直,像块厚实的木板。我想他也许真的四大皆空了。

林彪"一号通令"下达后,我和丰先生一起被赶到乡下。看守的"小将"常常逼迫我们用漫画的形式,来进行自我批判。这也算"以其人之道,还治其人之身"吧。丰先生也画了。一次,他把自己画成一个叼着烟卷沉思的老头,嘴里喷出的烟雾,一圈又一圈,冉冉上升,在头上盘旋成一堆高帽子。众"小将"把这幅画大批一通,说是丰先生这种时候有条件抽烟,可见革命尚未触及灵魂。以后,他画一张,被批一顿,并收入"黑画册"。现在想来,那些画真是绝品,凝聚着历史思考、时代特征和中国人的精神意识。想起解放初期,他批评一幅一个人拉着大大小小一群羊朝前走的画,说这幅画缺乏生活,其实只要拉一只头羊,别的羊就会跟着走。几位"左派人士"当即拍案而起,反驳他是在暗示"不要党的领导"。丰先生当时一声不吭,脸色煞白,拂袖而去……可见丰先生挨批是有历史的。多少年来,我们社会真的、美的、善的东西总不对一些人胃口,而丑恶的、虚假的、教条主义封建主义的东西,却又备受许多人青睐。很早的时候,十年动乱的种子就已经埋下了。

好不容易捱到六九年,我被"解放"了。一位朋友来告诉我,有人想落实丰子恺的政策,张春桥恶毒地批复道:"巴(巴金)、丰、周(周信芳)三人不杀他们就算落实政策了。"我听了不寒而栗。

对于别人"解放",丰先生仿佛很淡泊,但他确实也想尽早"解放"。自由对他来说就像生命一样的珍贵。早上,我常到博物馆对面的弄堂摊头上吃大饼油条、豆浆。一次我发现丰先生也正吃得津津有味,见我来了,便指指旁边的板凳,示意我靠着他坐。他低声问我说:"你看我什么时候也能'解放'?"我没回答。如果我说真话,实在于心不忍,说假话,去哄骗一位如此忠厚的长者,实在于心不安。见我语塞,他摇摇头,笑笑说:"吃,吃吧。"吃完了,我说:"忍让是中国人的美德,先别急,养好身体,总有一天会'解放'的。"他自言自语道:"大概我等不到了。"

他的心并不冷漠,尽管现实这样无情。他仍旧酷爱生活。一天我走过他在"长乐村"的寓所,远远地见丰先生正回家,他夫人领着孙子站在门口。丰先生步履蹒跚,匆匆上前,紧紧搂着孩子,连连亲吻……

后来他"解放"了，但不多时，他又被人拖到画院去斗，像一头牛，任人牵来牵去，脸都发黑了。不久，被送进了医院。再后来，他死了。

俞云阶先生回忆到这里，到书桌前取出一幅字轴来，说这是我爸爸逝世前送给他的一幅字，写的是鲁迅先生的诗。他说他很珍爱，无论如何要保留着，时常看看，说是见到了它，就像又见到了丰先生。

俞云阶先生最后又说了一句似问非问的话：

"这首诗为什么像是专门为我们这些人写的呢？"

这句话问得好！这首诗真像是写当时知识分子的心情。

运交华盖欲何求，未敢翻身已碰头。
破帽遮颜过闹市，漏船载酒泛中流。
横眉冷对千夫指，俯首甘为孺子牛。
躲进小楼成一统，管他冬夏与春秋。

爸爸在这种时候写这首诗给俞先生，真是再合适不过了。一是因为这首诗所描写的情况，和他们当时的情况非常相似；二是在那个非常时期，文艺界几乎所有的人都被打倒，只有鲁迅大旗不倒。哪怕造反派在这首诗里看出了爸爸对现状的反感，谁又敢对着鲁迅的作品说一个"不"字呢！

串联和外调

"革命小将"们批斗"牛鬼蛇神"好辛苦啊。不过,他们也有受到犒劳的时候。全国开始大串联了。"革命小将"们都可以免费乘火车到全国去"串联"——就是去看各地的大字报,向各地取经的意思。不仅"小将"们,只要不是"牛鬼蛇神",都可以到外地去。

记得宝姐去了广州,朝婴去了北京。我因家里走不开,只去了杭州。据去北京的朝婴说,火车上挤满了人。她是坐在椅子背上的,上个厕所比登天还难。

当然有更多的人从外地来到上海。我们里弄里也安排了不少外来人,还到我们家来借东西。有一次要借我家的可方可圆的大桌子,妈妈很舍不得,因为这张桌子是爸爸特地从杭州定制来的,其结构很巧妙。当时一般圆桌或是在方桌上加一个"圆台面",或是从四边各拉起一块弧形的板来,再从里边各拉出一根木条来支撑那弧形的板,以构成一个圆台面。而那四个木条往往承不住圆形的板,于是饭碗放在上面就会向身边歪斜。爸爸定制的这只桌子只要把本来下垂的四块弧形板抬起来转一下,利用桌子的四个角承载它们。

爸爸和我都劝妈妈不可不借,其实妈妈也只是说说而已,哪敢不借。幸而这桌子还来时没损坏。如今我已把它捐给缘缘堂作为纪念品了。除了大串联以外,"小将"们还有一种机会可以去外地。那就是"外调",即根据"牛鬼蛇神"供出来的资料到有关的外地去调查,去核实。

我就曾经被"外调"过。外地来了两个"小将",对我很凶。因为他们知道我虽非"牛",却是"牛"之女。一开口就说:"你以前的同学没有一个好人,你知道吗?"我一头雾水。于是他们说出一个个名字来问我。我几乎都不认识,有时甚至反问他们"是男生还是女生"。我并非装傻。我在学校时总是低着头走路,交际很少;而同学们都知道我是某某人的女儿,所以在交代中提到我。外调的人要找我也比较容易找到,还可以趁机跑一趟大上海。但每次对我的外调几乎都是空手而回。

爸爸的事当然更需要外调。造反派知道我们祖上在家乡有一点土地出租,还开过染坊,就特地去了石门,指望调查出我们家是地主加资本家。据说他们深入到石门乡下的六塔村、八泉村,想从农民口里收集到一点罪行,可是乡下的农民都说丰子恺家怎么怎么好。造反派们没办法,就找丰蓉赓母女了解情况。蓉哥事后把当时的情况都告诉我们,后来还写了一篇文章记载其事。她说,她看见造反派手里在翻一本小册子,上面的一些名字显然是恺叔写的。其中就有她母亲叶阿七的名字。她说可见恺叔光明磊落,真金不怕火来烧。因为他在故乡没有做过昧心的事,即使是七八十岁的老公公老婆婆,你们去盘问好了。

造反派从她母亲那里问不出什么,就缠住蓉哥,甚至敲台拍桌地问她,要她说丰子恺的染坊剥削了多少?收了多少租米?多少房款等等。蓉哥一切如实反映。造反派一无所得而回。

后来,一九八零年四月嘉兴师范专科学校的《教与学》杂志上发表了丰蓉赓的一篇文章《忆恺叔二三事》。其中说:

> 记得一九六八年,在沪帮你家处理家务的英娥(她是石门镇人)曾偷偷地来我家,对我和我母亲说:"先生晚上回家,仍是喝一点酒,神情依旧,使人什么也感觉不出,其实他是怕我们难受。""先生老是吸低档的香烟。"英

娥眼圈红了，多好的先生，使英娥也情同亲人。我母亲则想起了恺叔的童年，祖母连生了六个女儿，到第七个才生下他，家人及亲友，谁不当他宝贝？如今到了古稀之年，却受此浩劫。母亲抽噎起来，我也在一旁流泪。"不管怎样，先生仍是每天早上五时左右起身，看书写字，从不间断。"英娥这样说了，我们好像得到莫大的安慰。恺叔有宽广的胸怀，他的身体精神大概还不错吧！

"隔离审查"

一九六七年的仲夏,那时画院分"红旗派"和"斩阎王"两派。"斩阎王"要斗丰子恺,"红旗派"就把他藏到漕溪北路当时的美术学校(就是学生曾来抄过我们家的那个学校)里关起来,美其名曰"隔离审查"。有时还把他临时转移到对面的电影制片厂去。爸爸犹如他们的猎物,只得任其摆布。

画院的邵洛阳先生也被关在同一间房里。爸爸去世后,我也访问了邵先生,知道了当时的一些情况。在一九七九年六月二十八日爸爸的冤案得到所谓"平反",骨灰被安放到龙华革命公墓后的七月十一日和十二日,上海的《新民晚报》连载了邵洛阳先生的一篇长文《挑灯风雨夜,往事从头说》。邵先生在该文中介绍了老院长丰子恺的生平后,提到了他们两人关在一起的情况。今抄录如下:

> 一九六七年的仲夏,上海布满了"怀疑一切,打倒一切"的恶风,丰老和我都被"隔离",可还有点自由,可到饭堂吃饭,可至井边汲水,两人"牛棚"一间,短榻两具。丰老有一瓶药酒,晚上尚可浅酌。他把自己摘录的鲁迅语录一本给我看。他几乎每天被揪出去批斗。他心胸宽荡,从不在意。夜阑人静,虽蜗居斗室,却谈得海阔天空,也不免谈到宗教,谈佛教中的大乘和小乘,佛教的南北宗(顿悟与渐悟),慢慢转到丰老的宗教信仰。我说,日本

的谷崎说你是现代的陶渊明、王维,看来颇有些淡泊明志、宁静致远吧?丰老笑着说:"我可没有这样雅,我在二十年前说过,我是一个二重人格的人。一方面是一个已近知命之年的、三男四女俱已长大的、虚伪的、冷酷的、尖利的老人……另一方面又是一个天真的、热情的、好奇的、不通世故的孩子。这两种人常在我心中交战。弘一法师一生由翩翩公子一变为留学生,再变为教师,三变为道人,四变为和尚,每一变都认真。他的遗训"认真"两字永远使我铭记心头。"

后来爸爸又和他谈宗教信仰。爸爸说:

"无常之恸"是宗教信念的出发点,一切慷慨的、忍苦的、慈悲的、舍身的宗教的行为,皆建筑在这点上。古诗中的"伤彼蕙兰花,含笑扬光辉,过时而不采,将随秋草萎。""今年花似去年好,去年人到今年老。始知人老不如花,可惜落花君莫扫。"都是借花喻惜人生之无常。诗人对这点最为敏感,而醉心名利的人,是给荣誉和黄金蒙住眼睛的,毫无认识自身的能力与余暇。其实"人生无常",原是个平凡的道理。但世间'相逢不知老'的人太多,因此这话成了空言。

爸爸和他又谈到吃素和戒杀,爸爸对邵先生说:

"我是父亲的遗习,除幼年吃过火腿外,平生不知肉味,吃了鲜肉要呕吐。现在偶尔吃点鱼和蛋,基本上吃素食。我戒过酒,现在晚餐时喝一点黄酒,对睡觉有好处。""戒杀"——他沉吟了一下——是为了"护生",内骨子是"护心",去掉残忍心,长养慈悲心,然后拿此心来待人处世,乃是护生的主要目的。残杀动植物这种举动,足以养成人的残忍心理,扩大了就会移用于同类的人。故护生戒杀实在是为了人生,不是为动植物。对"护生戒杀"切勿拘泥字面,一拘泥连水也不能喝了,一滴水中有多多少少微生物啊?"

谈到这里,两人相顾大笑。

爸爸被关在美术学校里"隔离审查"一个多月,竟在这"牢房"似的地方和邵先生大谈其宗教和护生。如果让"造反派"们知道了,会被称为"放毒",受到大批特批。没想到他们在这雨横风狂暗无天日的日子里给他创造了一个世外桃源,使他可以在其中痛快地宣扬宗教思想。

关于邵先生文中所说的"短榻两具",听邵先生说,造反派把一只抄家得来的全新的钢丝床给爸爸睡了,邵先生只睡一张普通的硬板床。他们对爸爸还算不错,可能是看他年长些吧。

至于邵先生说爸爸在"隔离"室里喝"药酒",那可是上了爸爸的当!爸爸是一个嗜酒如命的人,还必须喝黄酒,不惯于喝别的酒。为了这个,他离开了没有绍兴酒的台湾。如今被隔离在美术学校,没酒喝,度日如年。坐牢房可以探监,在美术学校当然也应该容许家人探望送物。我和妈妈经常前去送物。

有一次,爸爸悄悄地说:

"给我送点酒来!"

"让他们知道了会有问题吗?"

"就说是治病的药酒。"

"噢噢,好好!"

就这样,爸爸虽被隔离,却能天天喝到绍兴酒。

还有一件事,也是爸爸开动脑筋对付造反派的策略。爸爸的假牙原本有一颗不记得是什么时候掉了。他在隔离期间有一次对造反派说:

"我刚才跌了一跤,把牙齿也跌落了。"

"能吃东西吗?"看来是遇到了一个有良心的造反派,居然关心爸爸吃东西。

"不方便了啊……"爸爸趁机说。

就这样,爸爸居然赢得了一次回去补牙的机会。

就在这一次,我和弟弟奉命去美术学校接爸爸。我们搀扶着爸爸,高高兴兴地穿过马路,来到电影制片厂门口42路起点站。正好有一辆空车停着。我们连忙上车,巴不得车马上开,早早离开这是非之地。可是偏偏乘客还少,开车时间还没到。我好像有什么预感,眼睛望着对面的美术学校,忐忑不安地等待着一秒钟一秒钟地过去。忽然,学校里跑出一个人来。不是冲着我们来的吧?!我心里怦怦乱跳。弟弟竟也注意到了。如果他们要叫爸爸回去,怎么办呢!

那人竟直奔42路,而且走上车来了。我连忙站起来笑脸相迎。

"丰子恺!你不能回去!你今天的检查还没交呢。"

弟弟是个烈性子人,脸色已经变得很不好看。我连忙站过去,遮住他一点,对那人说:

"爸爸今天很不舒服,大概是不消化吧——"我话音未落,爸爸马上结结巴巴地说:

"我回去写,来的时候补交……我一定好好写,写长一点,深深地挖挖自己的思想根源……"

"是啊,是啊!我们会监督他写……"我说尽了好话。

幸好在这时,大概开车的时间快到了,司机上来了。那造反派犹豫了一下。在这时要说服我们,由他一人搀扶七旬老人下车,恐怕司机会等不及。司机是工人阶级啊,他才不买造反派的账呢。再说,那造反派可能只是专门管收检讨之类的,而不是那种哼哼呵呵的头头,所以他妥协了,自己赶快走下车去。

车开了!这真是一辆救护车啊!如果车不在这节骨眼上开,如果那造反派是个狼心狗肺,定要把爸爸拖下车,今天的事就不堪设想了!

不是为了爸爸不能回去和家人团圆,而是弟弟一定会和那人大吵一场甚至打起来。一个"黑八类"的儿子和造反派干起来,会有什么好结果!

弟弟是一个十分真诚的人,所以他很不适宜与造反派周旋。记得有一次因为我劝他在政治上心里一套表面一套,他与我争论得很激烈,终于吵翻了。他怒气冲冲地走掉,有好长一段时间不跟我说话。是啊!我们是在爸爸的教育下长大的。爸爸教我们做人要真诚。他歌颂儿童的天真烂漫,讨厌大人的虚伪。可是在这暗无天日的日子里,这种做人的办法行得通吗?!

虽然那一次逃过了劫难,得以回家团团圆圆地过上几天,但爸爸还是得回去继续接受"隔离审查"。而且有一次在受批斗时被剪掉了一部分胡须。爸爸回家来还是以平常心对待这件事。他甚至诙谐地说:

"野火烧不尽,春风吹又生。过几天就会长出来的。"

在一九四七年出版的《又生画集》的自序中,爸爸说想不到抗日战争胜利后他还能出版画册,真是野火烧不尽,春风吹又生。他叫当时才九岁的新枚以这两句诗为题,画了一幅画充作扉页。想不到二十年后爸爸又遇到了更厉害的"野火",可是这一回他终于没能等到春风的来临!

狂妄之至

可是，一九六八年三月十四日的那次冲击，却实在太惨无人道了。或许是因为那帮唯恐天下不乱的好斗的人觉得不过瘾吧，又冒出来一个什么"狂妄大队"来，据说是属于上海戏剧学院"造反派"组织"革命楼"的。他们提出了"老朽滚蛋"的口号。他们专给运动搞得不够激烈的单位点火。"文革"已搞了一年多，在他们看来已经松松垮垮了。所以一家家地来放火。记得上一天，三月十三日，他们先到我们出版社。那股气势汹汹的样子，我是见所未见，闻所未闻。他们把一些批斗对象揪出来，喑呜叱咤地吆喝着，时不时手持小红书《毛主席语录》，口喊"毛主席，万岁！万岁！万岁！万岁！"声音响得震天动地，连甩动小红书的姿势也别有一功。那天带头的是一个女的，据说是作家协会会员，暗无天日时挺红的，云开日出以后也挺红的。

他们来过以后，我们单位就有一位颇有才华的男同事（当然是靠边受审查的）开煤气自杀了。可以想见这帮人是多么杀气腾腾！

画院的人听说了这个"戏班子"表演得声势浩大，与众不同，如果不把他们请到画院也来表演一下，不但错过机会，还会显得自己"落后"，更何况"狂妄大队"已经点了画院的名。

第二天，这群凶神恶煞果然光临了画院。

爸爸每次从画院回家，问他今天怎么样，他总是说"呒啥呒啥"，然后催着要喝酒。可这一次回来，他就瞒不过我们了。脸色苍白，甚至步态有点不稳。等到他坐下来时，我们发现他那藏青色衣服的背上全是浆糊迹。

"你今天怎么了?"我们异口同声地问。

"今天是外面来的'造反派',"这一回爸爸只好直说了。"很凶!有人被打了……不过我还好……大家跪在草地上,有人在背后刷浆糊,贴上大字报……"

爸爸不再说下去了。抚摸一下我的孩子,强颜欢笑,连连说:"吃吧吃吧! 我每天都能回家来就不错了。只要有得酒吃就好! "

那一天我们都神情黯然,默默无言。我们料想爸爸受到的折磨一定比他自己所说的厉害。事后听人说,果然如此! 据说那帮没人性的魔鬼命令他们跪着示众,用热浆糊在他们背后贴上大字报,上面写的内容无非是姓名、身份、罪行之类。(爸爸逝后我从画院程亚君先生那儿得知,爸爸背后贴大字报淌下来的浆糊,事后是他奉命打扫的。)跪了一段时间,又被命令往前面草地上走。可爸爸跪了那么久,站都站不起来。魔鬼们就用皮鞭抽他,赶他往前爬,爬到指定的地方。

惨无人道! 可怜的爸爸! ……这些情况都是爸爸去世后我为了写他的第一本传记向画院的人挨家挨户访问才得知的。如果那时爸爸还在世,我回家后一定会抱着他痛哭一场!

我们呢？

也谈谈我们的情况吧。

领导要我和宝姐写材料揭发爸爸。想必是受画院的嘱托。

我和宝姐是两个部门。在那个乱世，当权的人是一批一批换的。这批被打倒了，另一批上来。我们编译所那时的领导对我还可以。我费尽心机凑合了几条材料，揭发了爸爸几个很疏远的朋友，已经去了香港的，说他们向爸爸要过画，居心何在等等。甚至从爸爸的画题中寻找骨头，说爸爸如何如何画得不对，根本称不上"学术权威"等等。材料送了上去，他们就不再找我麻烦。

宝姐的领导，当时是一个来过我们家指导过我们学印尼文的印尼籍同事，应该说与我们交情还不错。但他找宝姐要揭发材料时，是在众目睽睽之下。他对宝姐很凶。宝姐是个老实人，紧张得不得了，以为这意味着爸爸问题严重。她约我见了一次面，商量此事。我告诉她我已对付了事，这并不意味着爸爸问题严重，这是例规，找几条应付应付就行了。于是我们一起商量了几条。第二天宝姐去交给那领导时，那人竟变得非常客气。原来当时房间里一个人也没有，他又以朋友的姿态对待宝姐了。唉！搞运动搞得人都变成两面派了。

民望哥单位里有一次为了爸爸的事单独给他开一次会，并要求参加会议的人个个都发言，"帮助"他，批判他。其中有一人大概实在想不出说什么好，竟从人名上找碴儿说：

"你叫杨民望，你岳父叫丰子恺。你们一个是搞'洋、名、古'一套，一个是搞'封、资、修'一套,配合得蛮好么!"

竟把爸爸的名字和封建主义、资本主义、修正主义联系在一起,亏他想得出。

记得我们单位也有类似的情况。要大家写大字报,每天一定要写满一定的数目。我们只好挖空心思想。有一个同事居然想出写某人这样的一条罪状:

"某某人,你跟朋友相约,打电话时只响一次就停下的,表示你马上动身。你这样利用电话而又节约电话费,不是拆电话局的台,挖社会主义的墙脚吗?"

如此上纲上线,妙!

不过,单位里并非一直如此平静。狂妄大队冲击我们出版社时,要求"牛"们回家后自己写了认罪书贴在自家门口。有一位同事受不了这种奇耻大辱,回去后就开煤气自杀了。

记得还有一个人,长得很魁梧,却被指控私藏枪支(其实此人以前是军人,用过手枪,后来上缴了),于是被列为审查对象。造反派中有几个唯恐天下不乱的好斗的男人有一天吃了饭没事干,竟以"排三和土"来折磨那人,也就是几个人把那人的四肢抬起来再用力甩下去。如此连连折磨致死。

如此惨死或自杀的人当时在社会上不计其数,我们怎么会不为爸爸担心呢。

一对可怜的青梅竹马

新枚和他的表妹沈纶（又名佩红）是一对青梅竹马。沈纶是我妈妈的亲妹妹的女儿。他们俩长大了分开很久后，终于结成夫妇。

那是在一九六七年，爸爸正到处挨斗的时期。他们结婚证明上的日子是一九六七年十二月十九日，但举行婚礼是在十一月的某一天。什么"婚礼"啊！除了自己人一起在家里吃一顿饭以外，什么都没有。哪像现在。事后我要他们夫妇回忆结婚的日子，新枚说不记得了（其实是他不愿谈以往不快的事），沈纶给了我两个日子：二十七号或二十九号。

我们家乡往往用"小"字称呼幼小或年轻的人。但惯于把这个"小"字读成"ao"的去声。沈纶小时候，人家叫她"小毛头"，也就是"ao 毛头"，长大后，就称她"ao 毛"。毛与猫同音，所以我们常戏称她和恩狗（新枚）是一只狗一只猫。而这个"ao"，写成文字时很难。爸爸在给沈纶的信里，本来写成"咬毛"（我们家乡话这个"咬"字就念成"ao"）。"文革"以后不行了，这样写要被批斗甚至上纲上线戴上"现行反革命"帽子的。于是爸爸就改用"咬猫"、"好猫"或"好毛"。

一九七八年末，我曾给好猫去信，要求她回忆当时结婚的情况。如今我写这段话时，这对可怜的狗猫都已长眠地下了，所以我已无法再问他们本人，只得把好猫两次回信中有关的情况摘抄下来。一九七九年一月九日她的复信如下：

一吟姐：

由枚转来的信收到。我回忆了好久也回忆不出个详细情景来，但多少有些记忆。

我们结婚是在一九六七年十一月二十九日（也许二十七日）……那天又是阴雨天，反正按外国人的说法是个不吉利的日子，即都是单数，又是风雨交加。那天确是正好父亲又挨批斗的一天，去哪里批斗我也记不清。反正我清清楚楚记得我们轮流在窗口急盼父亲归来的情景。枚又下楼去弄堂口等多次。最后还是由枚等到了父亲后搀着上楼的。那好像已经靠近傍晚了。父亲正像你说的每次开完批斗会后回家来从不谈批斗的情况。那天也一样，而且他不但自己丝毫无不高兴的样子，还让我们也要高兴些，说："今天是你们的好日脚，勿要为我的事扫了你们的兴，我自己都不在乎，你们更犯不着不开心了。"过后又让我们快点去重南吃喜酒（吟按：指重庆南路好猫的母家）。婆婆宝姐去重南是肯定的，你去不去我忘了。也许你也留下来和英娥一起陪父亲的。吃过饭后分几批回陕南，都去看了看三楼的新房。父也亲自上三楼来为我们祝贺。还亲自为我们在新房中点燃了一支红蜡烛。我清楚记得父亲为我们的新婚写过一首诗。我找了好久，终于找出来了：

喜气满新房，新人福慧双。

山盟铭肺腑，海誓刻肝肠。

月黑灯弥皎，风狂草自香。

向平今愿了，美酒进千觞。

父亲还送给我和枚各一精美小镜子以示我们同镜同心，至今我还保存着（吟按：现已找不到）。那天晚上虽然有父亲亲自上来为我们贺喜及两家人的道喜,但心情总是不一样。人人都因父亲而心事重重,尤其是枚,晚上发泄了一通后一直沉默不语,间或歇斯底里地大拍床等。难忘的不眠之夜!

当时这一阶段父亲的被批斗没完没了,全家都为此而难受不堪,才想出了结婚这个"冲冲喜"的办法。至少当天从表面上来看是起到了一定的"冲喜"作用,父亲表面看来那天晚上是很高兴的,他吃了不少酒。

爸爸后来又在这首诗的基础上作了一首长诗寄给新枚,没有附信,一切尽在不言中。诗未署年代,按常理推算,应该是一九六七年十二月所作。内容为:

贺新枚结婚

香阁气氤氲,佳期逢小春。山盟铭肺腑,海誓守心魂。
月黑灯弥皎,风寒被自温。向平今愿了,美酒进千樽。
美酒进千樽,当筵祝意深。相亲如手足,相爱似宾朋。
衣食当须记,诗词莫忘温。胸襟须广大,世事似浮云。

这末句意味深长。爸爸看惯了似浮云变幻的世事,所以谆谆嘱咐胸襟不够宽广的新枚。

好猫在发出上一信后过了二十天,又在另一封复信中补谈了一些:

新枚是一九六四年天津大学毕业后进上海科技大学念研究生的。按理一九六六年夏就可科大毕业,并且肯定是分配工作在上海一个较好的单位的。因为"文革"开始了才把毕业事拖下来，直到一九六八年三四月份才分配到石家庄报到……结婚是我从天津去沪的。你还记得我们结婚是"先斩后奏"吗？我记得特别清楚，是过后才写信给天津单位寄来证明，然后才去登记的。那已经是快一九六八年元旦了。所以好像是临时决定才结婚的……吃酒时间肯定是当天晚上在我家……而且肯定就吃这一次，而未在陕南吃过。你想当时的陕南是何环境？父亲当天确实是想去我家吃喜酒的。但因父亲当天刚批斗完，而且当时他是除了家和被批斗的地方外任何地方都不去的，所以由你在家相陪父亲。我记得新枚在去我家路上及吃酒过程中面色一直是阴沉的，一直惦记着父亲，所以吃完就赶紧回陕南……我听我阿姐说画院里父亲被罚跪在地上……当时阿姐告诫我不要告诉你们尤其是新枚。即使现在告诉新枚，他也会气得发狂的……父亲在这种对待一个七十年迈老人的惨无人道的迫害下，在家里也从来不对亲人吐露一点迫害真况，这样的可贵品德怎能不令人心酸而又可敬呢！

这一对苦命夫妻以后似乎被注定了一直过着分居的生活，难得相聚在一起。先是分居在石家庄和天津，后来新枚赶末班车去北京考取了研究生（他读了两次研究生），三年都被派出国。爸爸去世后他自己设法调工作到杭州，为了离上海近一点好照顾妈妈。好容易把好猫也调到了杭州，香港友人又推荐他去香港工作。后来好猫提早退休住到深圳去，为的是好让丈夫和当时也在香港工作的儿子丰羽周末回来团聚。没想到这种时分时合的生活竟以好猫生癌而告结束。她来沪治癌两年，新枚指望退休后回沪照料她，谁料在退休前两个多月，苦命的好猫就离开了人世。新枚只影来沪，孤单地独居在专为好猫买下的房子里。幸而那房子离我家很近，早已丧偶的我（阿崔于一九九四年死于肺癌）和他，姐弟俩互相照顾，互相慰乐，再加上有在沪的大姐二姐和好猫的诸多姐妹兄长时相往来，他倒也能安度晚年。尤其是我，有这样一个满腹古诗词的弟弟毗邻，我研究爸爸时发生什么问题，一个电话打给他就能解决。据宝姐后来告诉我，新枚肚子里有两千首古诗词，都能背诵。

  我常为有一个弟弟毗邻，觉得有一种幸福感。我虽然和女儿女婿外孙住在一起有照顾，但他们白天都不在家。弟弟则每天闲暇无事，我有事可以差遣他。从来都是我这小妹承担丰家的一些事务，如今有弟弟顶我了。他比我小九岁啊！这种有弟弟在一旁助一臂之力的感觉真好！

  那时，先姐的儿子的小家庭、宝姐的女儿的小家庭，以及宝姐祖孙三代，都已迁往外环线外的航华新村。他们互相可以一呼就到，在一起饮酒作乐，颇有"肯与邻翁相对饮，隔篱呼取尽余杯"的情趣。他们自诩为"三家村"。唯有我家还住在内环线内斜土路上近龙华医院的地方。而新枚的房子就在龙华医院对面。他回来以后，我和他就成了"两家村"，也可享受一下"隔离呼取"的情趣。我有事要他帮忙，也可一呼就到。

  大哥中风多年后终于去世，我就叫弟弟张罗花圈的事；胡治均先生患气管癌不治而去世，也是弟弟张罗花圈。

  谁又料到，退休回来还不到一年的弟弟，却是由我们来为他张罗花圈了！

  他的死实在太突然。好端端地中午请我们吃饭，走出餐馆，在门口硬地上往后一跌，响声震天，送往医院检查，颅内大出血，开刀后十四天就与我们永别了。

  关于弟弟的死，我不想多说了。那是我一生中最悲伤的一件事。爸妈去世，丈夫去世，都有一个生病的过程，让人有思想准备。弟弟却如此迅速,不别而行。我好长一个时期几乎天天暗自流泪,现在写这一段文章也是伴着泪水写成的——其实写"文革"的好几个片段时何尝不都是和泪写成的啊。

时间确实是最好的医生。我现在已经能适应没有弟弟的日子了。只是在和好猫的姊妹们谈起他俩时,仍禁不住要叹息这一对青梅竹马的夫妇好命苦啊!

日月楼中的邻居

家里应该是最安全的地方,可以说些私房话。我们家的房子让出了以后,好一阵子没人搬进来。可是有一天,楼下忽然闹哄哄。我走到楼梯口张望一下,乖乖!一群造反派闯进了我家。不过,他们不是冲着我们来的,而且也不算很嚣张。他们进了空荡荡的客厅,喧哗了一阵子,静了下来,好像在听一个人说话。

我们以为他们暂时进来一下就走的,岂知就在这里驻扎下了。不知他们从哪里打听到我们楼下空着,就擅自进来住。后来才知道这是建工队的一支造反派,把我们楼下作为一个据点。

他们中有几个人常要到楼上来上厕所,这对我们是一种威胁。妈妈很担心爸爸的安全。

"一吟,你去说说看,能不能叫他们用楼下的厕所?"

我硬着头皮下楼去。先问清了谁是头头,谈判就开始了。我按事先想好的策略,先表示欢迎他们来我们楼下住,把紧张的气氛缓和下来,然后进入正题。我说,我们一家除了爸爸以外,都是女人,你们上楼来用厕所,多有不便。楼下也有一个厕所,如果你们嫌脏,我们可以打扫干净。对你们来说,也省得爬楼梯了……如此等等说了一通。那头头还算通情达理,跟我聊起天来,问了一些爸爸的情况。我怀疑他们上楼来用厕所可能是想张望一下,看看名画家丰子恺是怎么个长相。这件事总算太平地过去了。有了他们在楼下,我家还平安些呢。

若干年以后,我在淮海路新华书店买书,有一个人向我打招呼。

我这个人，认人的能力极差。我望着他发呆。

"你不认识我了？我是建工队的，'文革'期间到你们楼下住过。"

"啊，想起来了！对不起，我健忘。"

彼此寒暄了一番。造反派里绝大多数人是正常的人。只有极少数是残酷的，狂妄的。

我们二楼有前后两间，前间又自己隔成东西两间，住得还算宽舒。可是有一天，来了两个不速之客——画院的造反派。他们提出要暂借我们二楼后房办公。说是暂借，谁知道住多久。

那时正好新枚和好猫在家。我至今还记得新枚瞪出了两只眼睛，脸涨得通红。我真怕他当场发作。有造反派为贴邻，对爸爸自然是极大的威胁。但我们哪敢不答应。他们看见我们爽脆地答应了，就吩咐我们清理一下后房的细软，给他们留下家具，转身下楼了。

谁知他们还没走下楼梯，新枚就大发雷霆，敲台拍桌。我们要劝住他，已来不及。那两个造反派已闻声回到楼上来。

空气凝住了。一场恶性的战争眼看就要爆发。

"怎么？对我们不满意吗？"

这时我要感谢新枚，他总算抑制住，没吭声。

但更要感谢我那聪明善良而又机灵的弟媳急中生智，马上对他们说：

"跟你们没关系。我们夫妻吵架，你们来以前我们就在吵了。他看见你们一走，就又吵了。没你们的事！对不起！对不起！"

这一席话挽救了爸爸，更挽救了新枚。如果被造反派戳穿了，他们不但要为此批斗爸爸，对新枚也绝不会罢休。那个时代，只要一通知新枚单位，新枚的前途就不堪设想！

造反派一听说是夫妻吵架的继续，倒也很像，就下楼离开我们家走了。

好一个聪明的好猫！新枚的命运，就在她说了这几句话后转危为安了！

其实好猫不止这一次扭转了新枚的命运。她从天津调到石家庄和新枚团圆后，新枚赶末班车（当时考研的极限年龄正好是四十岁）去北京考研究生，也是她出的主意。否则，他们后来可能一直留在石家庄，无由返回江南，新枚更谈不上去香港。

说起去香港，又有好猫的一功。在当研究生的三年里，由于新枚外语好，而且懂好几国语言（英、俄、日、德、法），屡屡被派出国。其中一次竟是派到德国去进修专利。据新枚说，那时专利这一行在国内还是空白，德方提出可派人去进修，我国就派了几个对专利还不熟悉的人去，其中就有新枚。新枚学习一向认真，得了一个文凭回来。但从此就不碰专利了。

新枚夫妇回杭州后，和他一起在德国进修过专利的一个朋友从香港写信来，说我国驻香港的永新专利公司需要人才。那人就推荐高才生丰新枚。

这在当时是一个极好的机会。可是新枚向计算机研究所领导提出要去香港工作，领导一口回绝。新枚是个不会转弯的人，回来对好猫说一声"不成功"就算数了。可好猫不肯罢休，她去新枚单位软磨硬缠，居然被她说成功了。所以我们总说好猫有"帮夫运"。

可是天下的事神秘难测。如果他们走了另一条路，不知后来又是什么结局。

唉！人好像真的是有命运在主宰着。好猫这一生似乎就是为新枚活着的。她患癌后，来上海治疗，我虽然照顾了她两年，总觉得还欠她的情。好猫真是标准的贤妻良母。燃烧了自己，幸福了别人。

我们还是回过来谈吧。后来，楼下来了新房客。

我曾保存着一张发票,是一九六八年三月十三日我家卖菜橱的日子。凭这张发票,可以断定楼下几家新房客是这日子以前陆续进来的。为什么呢?只因房客中有一个复员军人很厉害,一搬进来就在厨房里贴上一张标语:"千万不要忘记阶级斗争!"然后指着纱橱对英娥阿姨气势汹汹地说:

"把这搬掉!现在厨房是大家共用的了,不是你们一家的。快搬掉!"

英娥阿姨唯唯诺诺了一下,连忙上楼来找我。她两目睁圆,一脸紧张,好像发生了大事。等到我弄清楚了是怎么一回事后,和爸妈商量了一下,就决定卖掉这口橱。

"那橱里的东西放到哪里去?这么多碗!"英娥阿姨显然舍不得。是啊,她已跟了我们十多年了,而且她的工作主要就是在厨房里。要卖掉这口橱,就像要卖掉她自己的家具一样舍不得。

"现在这房子里住的已不止我们一家,"爸爸晓以大义,"我们的碗橱占地方确实太多了。我们就把它卖掉吧,里面的东西精简一下。抗战八年,我们到处流浪,哪有这么大的碗橱,日子不也过了吗。"

"我去旧货商店跑一趟,叫他们来运走。"

英娥阿姨听见我这样说,显然已无可挽回,只好惋惜地不声不响下楼去了。

我们在福州路时,住的房子虽然差,倒是独家独院。这里本来也是独家独院,而且房子好得多。想不到住了十几年,变成了一房四家。我们小心翼翼地对付那个穿军装的人,后来倒也相安无事。其他几家新房客都是很客气的。

爸爸一九七五年去世后三年我们搬离日月楼。开头几年我有事回旧居去转转时,还能看到墙上乱七八糟写着的"打倒丰子恺"之类的字。后来渐渐看不清了。再后来,院子外面装了些低低的围栏。大门上由卢湾区旅游管理办公室出面订了一块铁牌子,上面写着"丰子恺曾在此居住"。再后来,卢湾区文化局隆重地在门口举行了一个重新挂牌的仪式(几家房客仍住在里面)。家属们也到场,弟弟还代表家属发了言。日月楼的门口又恢复了光彩。

唉,早知今日,何必当初!

欲加之罪 何患无辞

到了一九六八年，被拖来拖去批斗已两年了，竟还要对爸爸举行一次专场批斗会。

我和宝姐接到通知后，终日惶惑不安。不去是不可能的，又要被指责为"没有和父亲划清界限"。去吧，又怎能忍心看自己的爸爸在台上被斗。爸爸被斗虽然已无数次，但我们从未亲眼见过。这回定要我们亲眼去看他"受刑"，实在太残酷了。

我们一天天数着日子，在痛楚的心情中等待着，希望这非人道的一幕早点过去。

如今再来写当时的情况，事过境迁，回忆起来甚至有些模糊了。

我收藏着好几份批判爸爸的小报。什么《打倒美术界反共老手丰子恺》啦，《砸烂美术界反共老手丰子恺》啦，《撕开臭权威画皮》啦，以及综合性的《砸烂黑画院——毒画毒文毒诗毒章批判专辑》。对了，还有一份《打丰战报》——就是那次批斗时刊印的。

批斗专场是一九六八年八月十六日在北京东路贵州路附近的黄浦剧场举行的。

上台发言的是贫下中农代表、解放军、交通大学"反到底兵团"、美术学校"红联"的红卫兵小将、上海中国画院"红旗"战士，以及美术口的革命派代表。一次像模像样的大会，组织工作一定费了不少时间。

《打丰战报》上刊出的爸爸的画有《一时之雄》、《炮弹作花瓶，万世乐太平》《城中好高髻，四方高一尺……》《船里看春景，春景像画图……》《只是青云浮水上，教人错认作山看》《互割互啖图》，以及我们担心了很久的那幅《月子弯弯照九州》。

《只是青云》这幅画，造反派说他是"把水上浮云比拟新中国的铁打江山。其实这幅画初次发表于一九四二年，正当抗日后期，意指日本侵略者犹如浮云。一九六三年重画后又在香港《新晚报》上发表。那是沈柔坚先生介绍，要爸爸为该报每周作漫画两幅，对台湾"动之以情，晓之以理"。爸爸平生所作漫画，光是我们能收集到的，就有四千多幅。画得多了，难免有瑕疵，但怎么可以反过来说他把浮云比作新中国呢！

《船里看春景》一画，那所村屋的门楣上写着"人民公社好"五字。为了美化风景，爸爸把岸边的桃花在水里画了个倒影。题字为"船里看春景，春景像画图。临水种桃花，一株当两株"，竟被批判为"丰子恺赤裸裸地咒骂我们的人民公社似船里看春景，此景不过是'三月桃花一时红，风吹雨打一场空'，诬蔑人民公社即将消逝"。

《打丰战报》上说，这次批判会得到《文汇报》《解放日报》等等的热烈支持，还收到上海轻工业学校、南京军区卫生学校、空军政治干部学校的各造反兵团的贺电。会后还放映了丰子恺漫画幻灯片。

对爸爸漫画的吹毛求疵、颠倒是非、恶毒中伤的批判，不胜枚举。这里还想介绍两则可笑的批判。

爸爸喜欢苏曼殊的诗《过蒲田》："柳荫深处马蹄骄，无际银沙逐浪潮。茅店冰旗知市近，满山红叶女郎樵。"取其末句作画。画一村姑正在山坡上扫红叶，树上落下几片红叶来。这幅画画过好几次。每一幅红叶落下来的片数都不一样。造反派们掌握的恰好是落下三片红叶，于是便指责作者是恶毒攻击"三面红旗"落地。（"三面红旗"即总路线、大跃进、人民公社。）

还有一组画的批判，让人哭笑不得。那是爸爸应中国少年儿童出

《只是青云浮水上，教人错认作山看》

版社要求为一册幼儿读物画插图。文字是出版社提供的,内容为正确与错误相对照,让幼儿辨别哪一页对哪一页错。例如正确的一页上画"东方出了个红太阳,爸爸抱我去买糖";错误的一页上画"西方出了个绿太阳,我抱爸爸去买糖"。他们单取错误的一页来批判。"西方出了个绿太阳",那还了得!岂不是和"红太阳毛主席"唱反调吗?其实一九五七年出版这册书时还没有把毛主席比作红太阳呢!

这幅画的批判出现在一次"毒草"批判的展览会上。看见的人很多。人们不知就里,以为丰子恺的这条罪状太明显了。直到如今还有人问我究竟是怎么回事。

我还想起一件事。我在出版社校读电台教日文的教科书时,有人告诉我:后面那篇词汇表的排列要注意,不可把"万岁"和"熊猫"排在贴邻。因为"万岁"两字应该是毛主席专用的,放在熊猫隔壁,变成"熊猫万岁"了。而在这本教科书的词汇表里,偏偏这两个词应该是贴邻,于是只得颠倒一下次序。更有甚者,还有造反派要把薄薄的书页竖起来看反面是什么词,正反面两个词搭配起来不可有"犯上"的意义。现在想起来真是笑话。

枕边雪和半盆水

一九六九年十月二十九日宣布：十一月三日人民文学出版社上海分社要疏散到奉贤县柘林镇。我们上海编译所当时已是该社属下，这批原来不坐班只拿车马费的人也必须跟着他们走。十月三十一日放假一天，让大家作准备。

爸爸那时已到郊区港口曹行公社民建大队参加"三秋"劳动。（这已是他"三夏"劳动后第二次下乡了。）"一号通令"下达，他们当然就不回上海了。妈妈心急如焚。我决定就利用休息这一天去看爸爸，给他送寒衣去。

朔风凛冽的早晨，我带着不满五岁的女儿，在徐家汇搭56路到港口换乘龙吴路到曹家港，然后打听爸爸所在生产队的方向。好容易找到那生产队，又说他在棉花地里摘棉花。我东寻西找，到了将近晌午时，来到一块棉花地边，望见前方有一个老农正在摘棉花。白发苍苍，老态龙钟，动作迟缓。我放下背上的孩子，想问个讯：

"喂，请问……"

那老人抬起头来，呀，这不就是爸爸吗？！可我几乎认不出来了：脸色憔悴，神态萎靡，眼泪汪汪，胸前腹部挂着一只褴褛的棉花袋。

"爸爸，我来看你了！"我说了一句，不觉鼻子里一阵酸，勉强抑制着自己。

爸爸用手擦了擦他那迎风流泪的双眼。

"咦,一吟,你来做什么呀?"

他说这话时,除了惊讶,似乎还有不想让我看到他这副可怜相的语气。

"天冷了,我给你送寒衣来。"

爸爸用双手把棉花枝条往左右拨开,磕磕绊绊地走近我。当他发现早先被棉花枝挡住的孩子时,脸上突然掠过一个复杂的表情:从惊讶到高兴,又从高兴转为悲哀。他没想到意外地看到他喜欢的孩子,却又不愿让孩子看到他的狼狈相。

"囡囡,你怎么也来了啊!"

"来看公公。公公,你躲在那里做什么呀?怎么不回家呀?我想公公。"

我怕孩子的话伤了爸爸的心,赶快接过话头,把这次下乡的情由一五一十讲给爸爸听了。

我们边说边在田头坐下来。我关心爸爸在乡下的饮食起居,问这问那。但他照例不肯多说。他总是说"很好很好",叫我们不必为他担心。

"别人过得惯的,我也过得惯。我们抗战时期逃难的日子也过来了,现在就当它逃难嘛!"爸爸总是讲些安慰人的话,好让我放心。

一声哨子,表示要收工回去吃午饭了。人们从四面八方的庄稼地里集合拢来。"牛鬼蛇神"排成纵队,在押队人的叱咤声中往一座院落迤逦走去。我背起女儿在一旁跟着。路相当远,走得很快,老人们都气喘吁吁。走到那充当食堂的院子里时,我看见爸爸脸色苍白,上气不接下气。在紧张拘束的气氛中,爸爸用饭菜票多买了两份粗劣的饭菜招待我们,就催我们上路回去。我要求到他宿处看看,他犹豫了一下,同意了,便带我们走出院子,绕过河浜,来到一所低矮的农舍前。一进门就是地铺,潮湿的泥地上铺着些稻草,并排着一副副被褥蚊帐,爸爸就宿在这里。屋子显然透风,到了雨雪交加的季节,这日子怎么过啊!

一九七零年六月（约十六日），爸爸给石家庄的恩狗写信时说：

> 听说画院的人都下乡"三夏"了。那八十八岁的朱姓的（吟按：指朱屺瞻先生，应为七十八岁）也去，我很同情他。去冬他被上（因屋漏）落了许多雪，我睡的地方好，枕边略有些雪。

"枕边有雪"这件事，我直到为爸爸编文集向弟弟要来爸爸给他的信时，看了才知道。爸爸是一直瞒着我们的。

那一天，我看了爸爸的住处后，他就催我们回家。经过门口的河浜时，我问了一下，才知这就是他们洗脸的地方。天寒地冻的时候，老人家怎么下河打水呢？

爸爸似乎看出了我的心事，立刻打趣地说：

"地当床，天当被，还有一河浜的洗脸水，取之无禁，用之不竭，是造物者之无尽藏也，快带着囡囡回去吧，不要为我担心，这里还是有不少好人照顾我的。"

虽说"取之无禁"，其实后来我从程十发先生那里了解到，爸爸每天只从河浜里打半盆水，这半盆水就用一天了。如今看着白花花的自来水"用之不竭"，我常常想起爸爸一天用半盆水的事。

那一回，我怀着忐忑不安的郁悒心情离开了爸爸。我深知爸爸有很多事瞒着我。事隔多年后，我才从他的"难友"们那儿了解到了不少情况。

在港口时，常有半夜"急行军"，一声哨子，就得起床，跟着他们年轻人摸黑走田径。爸爸对付这一招的办法就是和衣而卧。不仅和衣，连鞋也不脱。所以集合时他总是比别人早到。后来回到家里，他也常常和衣而卧,就是那时养成的习惯。

据程亚君先生说,有一次半夜"拉练",他们把"走资派"程亚君和"反动学术'权威'"丰子恺当敌人,一起押走。走了不少路,又是拖,又是推,一路吆喝,爸爸受了不少苦。程亚君先生说,还有一晚,造反派轮流批斗爸爸。爸爸一直低头站着,到后半夜站不动了,他们还是批,一直批了个通宵。他们叫爸爸承认是"反革命""反共老手",是这样,是那样,他什么都承认。

一九九三年十一月二十三日,张充仁先生曾在《新民晚报》上发表了一篇回忆文,题为《"牛棚"衷肠》,谈的都是他和我爸爸的事,很有价值。全文抄录如下:

> 一九六九年夏,我随文艺界大队人马集中到一个市郊农村,任务是边劳动边继续改造。一日,我与丰子恺先生凑在一起,旁无他人,不禁心照而宣,斗胆诉起各自的命运来。我向来敬重丰老,特向他吐露:我有个问题至今不明白,非常苦恼。他们(指"革命派")说我至今还没有站过来,顽固不化,我却觉得已经非常努力了,毛主席的书读得非常认真,《在延安文艺座谈会上的讲话》已读了十七遍,连军宣队、工宣队领导的讲话也背得出来,怎么还没有站过来呀?丰老笑了,他略思一下,反问我:"要说站过来,那你首先想一想有没有'站过去'?如果没有'站过去',那么谈何'站过来'?"我先是一愣,继而茅塞顿开。我回想新中国成立以来,我真心拥护共产党、社会主义,在毛主席《讲话》的指导下,努力用自己的作品反映时代精神,我的许多作品都是有目共睹的,何必在这个问题上自

寻苦恼呢？顿觉坦然起来。我为丰老如此深刻的幽默折服，连声称"有道理有道理"！

可是，定期写"思想汇报"，搜肠刮肚几年下来，实在刮不出新东西来了，还要永无止境下去，这难题无法做了。我又讨教丰老。丰老叹道："就是炒冷饭么！"我说："原来写的东西早无实质材料了，都是用语录和报纸文章凑的，这无材料等于炒冷饭，何以可炒？"丰老问我："你是否读过八股文？"我说没有，并告诉他，我生于光绪卅四年，辛亥革命我只有四岁，科举已废，我是从"人手足刀尺"开始识字，往后读历代古文，就是明清的八股文也从未读过。但我听说从前写起八股文来，题目只一个字，文章就可写得洋洋大观，不能自已，故请教丰老凭空拉长文章的技法在哪里？丰老笑曰："听我念来。'赳赳之武夫，武夫之赳赳，夫武夫而赳赳，诚赳赳之武夫矣！'还有，'宇宙乃天地之乾坤，久矣千百年而一日……'没有实质内容，翻来覆去不说明任何问题。"我听之不禁抚掌大笑，丰老居然如此古为今用，讽刺当代的新八股，一针见血，真不愧是大学问家！戏言过后，却隐隐涌起一丝悲哀："五四"运动已五十年，我们还得拾起八股来过日子！

丰老接着沉吟道："日子（指运动）拖得太长了，大家吃不消的。像我这样，只有争取退休，今后还'放毒'吗？不放了。"我听之难过，想到自己的大批水彩画、油画付之一炬，雕塑作品被砸碎，我也想过今后再也不搞艺术了。眼前这位追求毕生并已经获得很高成就的艺术大师，最后被迫把自己的艺术生命一笔勾销，这是多么难以置信的事！果然，从那时之后，未见他发表过一个字，一幅画！

丰老未等到艺术的春天复苏就离世而去了。而我，是拨乱反正，改革开放，恢复了艺术青春，抚今追昔，感慨万端！

也是张充仁先生告诉我，说在乡下时，他曾和我爸爸一起在冰冷的河水里洗菠菜。

爸爸对张充仁先生说话这样大胆，就意味着他对"难友"们是绝对信任的。"难友"们也都很信任他。难得有一回，他对某人说了些什么，那人在"思想汇报"里提了一笔，其实多半是微不足道的事，在唯恐天下不乱的造反派看来都是大事。

据朱屺瞻先生回忆，他和我爸爸在乡下是一对老人，年龄比其他人都大。没事的时候，两人就一起晒太阳取暖。（在画院时两人也曾一起坐在花园内树根上聊天。）乡下到入冬时还有蚊子，睡在地上就更多。朱老先生的蚊帐里常有蚊子钻进来扰他睡觉，爸爸就把木夹子借给他用。

在乡下的苦难日子，原以为没有尽头。岂料这一年的十二月十九日，文化广场一场火灾，使爸爸和他的难友们因祸得福，都从乡下回到了上海。文化广场的管理与上海中国画院属同一系统，广场失火，需要画院等单位在乡下的军宣队、工宣队上来处理善后事宜。所以大家都跟了上来。

人们都忙于处理火灾的事，爸爸则患了重感冒，正好在家里休息。没料到这重感冒终于转为一场大病，差点夺去了爸爸的生命。

"未须寂寞养残生"

为了响应毛主席号召,我们新闻出版系统在奉贤柘林镇附近的杭州湾边,建立了一个"五七干校"。一九六九年十一月三日我们为了疏散而下乡时,那"干校"尚未完工。我们就暂时被安置在柘林镇上一所小学里。自然也是在地上铺稻草,每天帮农民做些活,干完了活开开会。我倒喜欢这种生活,这比天天在上海开会舒服多了。主要是有实事干,乡下空气新鲜。每月回家三天。只是十分思念家中老小和港口棉花地里的爸爸。

我想把女儿接乡下来,向工宣队汇报了,竟然得到他们批准。我欣喜若狂,马上到镇上买了一只小竹凳,让她来了好坐。哪里知道有一个女同事得知此事后,向工宣队提出抗议:丰一吟可以带孩子下来,我们也可以带,大家都可以带,那我们这支队伍还成什么样!那个女同事是"革命"群众,而且是党员干部,比我这个一般的群众过硬得多。我们母女团圆的愿望就这样破灭了。我偷偷地哭了一场。幸而家中有英娥阿姨带她睡,接送幼儿园,还不致给妈妈带来累赘。

可是天有不测风云。一月二十九日,是我们回家的日子。我刚跨上大卡车,忽然从镇上奔来一个人,嘴里喊着:"有没有一个叫丰一吟的,家里来长途电话,快去接!"我心惊肉跳地跑去,一路设想着种种坏消息:莫非爸爸出事了?莫非妈妈病了?莫非孩子……

"喂!一吟姐,"是好猫的声音,他们夫妇正在上海探亲。"英娥阿姨中风了,送医院没救活,已经去世。家中乱成一团,你快请假回来!"

"噢噢,我们今天正好是回家的日子。我本来就已上车,车子等着我呢。我马上回来!"我一边说,一边已禁不住掉下泪水来,使刚才叫电话的人在一旁吃惊,关心地问我。我说了实情,她似乎替我松了一口气。她哪里知道英娥阿姨虽然在我家做保姆,却和自家人一样。她是一九五三年还没搬到日月楼时来我家的。她和我们同甘共苦,已有十七年了!她一直有高血压。平时我们总让她好好地睡个午觉,虽然年已六十,身体还很硬朗呀。我一个个都想到了,怎么就没想到她出了事!卡车一路开去,我的泪水禁不住一直在淌。大家安慰我。同事萧荀说,她有一个人可以介绍给我们,说是做得还不错的。

回到家里,仍然泪水难禁,但有三件事必须马上解决。一是英娥阿姨的后事,二是孩子今后由谁带,三是家务事找谁来做。恩狗说由他去联系殡葬的事。好猫说宝姐已经来电,要我把女儿交给她家。至于家务事,看来就得去找好朋友萧荀了。

三件事都落实了。殡葬定在二月一日,租了半个大厅。那是我平生第一次参加葬礼,英娥阿姨的弟妹们和家属都来了。

萧荀介绍的人很快就到,叫阿英妈妈。家务事做得不错,只是有点厉害。后来我曾看见,她儿子前来探望她时,她一不称心,就打儿子一个耳光。爸爸每天要喝绍兴酒,妈妈有一回吩咐阿英妈妈去买酒时说得啰嗦了些,她回答说:"你们资产阶级挑东挑西的,不如自己去开一家店吧!"妈妈是个软弱的人,只是任她去说。我当时有一个不恰当的比喻:好比离了婚,总惦念着前夫这样好那样好。我们确实很怀念英娥阿姨。直到现在,我还和她的孙女钱珏保持着联系。

不是说英娥阿姨没缺点。她也很凶,但只是一只"纸老虎"。我堂姐丰蓉赟那篇《忆子恺叔二三事》中是这样描写英娥阿姨的:

记得文化大革命以前,我母亲每年秋天要去上海住上几个月,其间也必去恺叔家住上几个月(吟按:英娥阿姨就是这位三大妈介绍的),为的是去帮婶妈(吟按:我的妈妈徐力民)翻丝绵。母亲回来常说:"英娥性子真躁,你婶妈去买菜回来,她常要大声挑剔:什么黄鱼太小,而且烂的。肉呢!骨头太重,买得不好,还得让她(自己)去重买。可是他们谁也不计较她的态度,恺叔则常称赞英娥菜烧得好吃,吃饭时必几次三番叫她一起吃。"英娥在恺叔家将近二十年,分享了他们家庭的欢乐,也分担了他们家庭的忧患,她早已忘了自己是姓"何"的。

其实妈妈自己去买菜,也只是一种习惯,决不像有些人那样是怕保姆在菜金上做文章。她深知英娥的忠诚。

恩狗与好猫是难得一起来上海探亲的。况且爸爸因文化广场的失火而提早回上海了,正好我也在。一家人好容易团圆在一起,所以决定在办完英娥阿姨的丧事后,二月二日全家出游,到城隍庙的市场和豫园去玩一天,中午在那里吃顿素菜。哪里想到,坏事一桩接着一桩来。二月二日早晨爸爸起来小便,忽然跌倒在床前。

爸爸在一九七零年六月四日写给恩狗的信里说:

> 我回想过去,颇觉奇怪。二月二日早晨,我病明明是全身抽筋,是神经痛发作。为什么你和阿姐、好猫会带我去看肺病,而且果然验出严重的肺病来。秋姐(吟按:我姨妈的长女,当时是厂医)很难得来,当天晚上会来苦劝我住院。凡此种种,好像都有鬼神指使的。可谓奇迹。
>
> 赖有上述奇迹,使我摆脱了奔走上班之劳。假定不病,

即使解放了,到现在还要奔走(贺天健是其例)。到七月十六止,我已病半年,半年即为"常病假",永不再上班了。近日,猜想画院的人也下乡"三夏"了,我倘不病,也要参加。

爸爸信中庆幸自己生病。他虽然与"病魔"打上了交道,却从此可以摆脱"人魔"的纠缠和折磨。岂知这一回"塞翁得马,安知非祸"!只因一请假便是三个月,爸爸一心与"人魔"诀别,竟忽视了病魔的侵袭。他只要宝姐去医院代诊,取到了续假证明,便满足地说:"又可太平三个月了!"自己就不再去透视复查。比肺结核更加可恶的病魔——肺癌——后来便开始向他进攻。不过,这是后话。

那天全靠秋姐的帮助,爸爸住进了淮海医院,住在"六二六病房"第十二号床。直到三月二十八日才得出院。妈妈有青光眼病,去医院服侍爸爸,取自来水是要用脚踩的,她怎么也看不见下方那踏脚板在哪儿。

"一吟,你请得出假吗?我的眼睛这样,怎么能服侍你爸爸!"

那时,柾林的队伍即将转入"五七干校"。但我总算请准了假,他们同意我留在上海服侍爸爸以后直接去干校。

爸爸进医院后一直昏迷不醒。外面街头的大字报上屡屡提到爸爸的名字,甚至还有批判他的专栏,画着他丑化了的形象。如果医生也是个激进的造反派,那就麻烦了。不过我听秋姐说,爸爸进医院时收下他的那位内科主任张医生是不错的。在那种场合她竟果断地收进了一个全市重点批斗对象!

有一回,正逢张医生值班。她急匆匆地来爸爸床前换了补液的药水后又急匆匆地离去,我连忙跟着她走,一路问她:

"医生,十二床的病人不会有危险吧?"

"怎么不会!他血压那么低,很危险!"她头也不回,但果断地回答了我的问话。

我回到十二号床边，望着昏迷的爸爸，泪水难禁。医生诊断爸爸患的是"中毒性肺炎"。

天可怜见，爸爸这一回总算活了下来。全家暗自庆幸。爸爸的病情稳定后，三月四日我不得不回到乡下，进了干校。爸爸的事就由妈妈和阿英妈妈凑合着照顾。好在还有姐姐哥哥他们一下班就到医院探望。

爸爸一有精神，便在床上低吟古诗词，有时低得让外人听不见。有一次，他竟吟出一首自己作的诗来：

病中口占

风风雨雨忆前程，七十年来剩此生。
满眼儿孙皆俊秀，未须寂寞养残生。

"满眼儿孙皆俊秀"，爸爸特别怀念的是小孙子丰羽。丰羽的父母分居两地，至今未能团圆。所以小羽只能托上海的外婆带。外婆（就是我姨妈）有时把小羽送过来给爷爷看看。但绝大多数时间爸爸只能望望插在窗棂上的照片。卧病医院时，他又想念起小羽来，草草地在一张小纸上写下了一首打油诗：

小羽

小羽生四月，小脸极可爱。
父母各一方，形似三角恋。
小羽叫妈妈，泪溅桃花脸。

妈妈在天津，如何听得见。
小羽叫爸爸，声音一连串。
要向石家庄，播送无线电。
安得缩地方，千乡如一县。
天下有情人，朝夕长相见。

虽然生重病住医院，但这一段时间可能是爸爸自"文革"以来过得最"轻松"甚至最"幸福"的日子。

"寂寞便是福"

三月二十八日,爸爸终于出院了。他本来睡在前房。阳台上另有一只小床,是专供他午休的。但他出院后因为不必再去上班,整天在家,而那时华瞻哥一家五口都已搬入,爸爸病后喜欢安静,从此就睡在那只小床上。那小床在阳台东头,顶住南北两墙,宽不过七十一点五厘米,长不过一百五十七厘米。爸爸睡在床上,两腿伸不直。但他说自己睡觉本来就是曲着腿的。

"这里好,这里蛮好,这里安静。"

爸爸在这小床上一睡就睡了五年多(还不包括这以前的午睡),直到逝世!(如今这小床已陈列在石门故居缘缘堂。)

当初被他们拖来拖去,一会儿到画院,一会儿到博物馆,一会儿到乡下,没完没了地批斗。那段时期,爸爸多么盼望"解放"啊!所谓"解放",就是"审查"完毕。我统计了一下,爸爸在给恩狗的信里盼望"解放"或自己推测即将"解放"的文字,一共有五十一处之多!从一九六八年五月起,他就已在翘首盼望。想不到盼到了一九七零年,还是靠自己的一场病自己解放了自己。

说是"未须寂寞养残生",那只是自己安慰自己。生病,毕竟是寂寞的。幸而有诗词相伴。

说到这里,我必须把恩狗刊于第二十五期《桐乡文艺》上的一篇文章(转载于一九九零年十一月八日菲律宾《商报》)全文引用如下:

父亲与诗词

人生如梦。现已四十八岁的我,回顾三十年前之事,犹如昨日。当时我正在上海格致中学读高中。虽然我已决定投考理工科大学,但对古文及诗词仍颇感兴趣。这大约与父亲对我的熏陶不无关系。

在我主动要求下,父亲每星期给我上三次课,使我得到一个较有系统地学习古典文学的机会。父亲教我读了一部分《古文观止》中的文章,四书中的《孟子》,以及古诗和唐宋诗词等。其中我最感兴趣的是唐宋诗词。在那以前,中学语文老师也给我们讲过诗词。但他是用普通话教的。诗词这东西,打起京片子读,显得张口结舌,今天背了明天就忘记,而且读起来体会不出音律的妙处。而父亲教我读诗词时,是用石门白吟唱的。说来也奇怪,我跟随父亲吟诵,过不多久,就能辨别出其中音律及措辞的奥妙来。用父亲当时的话来说,诗词只能像歌一样唱,不能像话剧道白一样读。的确如此。在父亲的指教下,我在考入天津大学以前,居然背出了二千多首诗词。而且由于这些诗词是"唱"出来的,故迄今犹记得不少。

父亲对诗词的酷爱,已到了难以用笔墨形容的地步。他在晚年曾对我说,他死后只有一样东西舍不得抛弃,那就是诗词。他的古诗新画,被世人称为诗中有画、画中有诗,这是他酷爱诗词的最好见证。

我入大学后,经常与父亲通信。父亲每有诗稿,必用宣纸写好寄我。我们还经常互换诗词游戏,比如蕉叶诗、连环诗等。在动乱的"文革"期间,父亲从"牛棚"中寄信给我，往往把某句当时见不得人的话隐藏在一首诗中。我给他的信中，也时常有这样的密码诗。但因我在诗词上下的功夫比起父亲来相差太远，故我只能集古人诗句，将暗语隐藏其中。比如取七句七言诗，第一句之第一字，第二句之第二字……第七句之第七字，恰好组成一句暗语。读诗词，本为陶冶性情，想不到在"文革"中被父亲与我当作密码使用，现在回想起来，唯令人苦笑而已。

可惜父亲在未曾重见天日之前与世长辞了。但直到现在，只要我闭起眼睛，就仿佛看见父亲吟诵诗词时的洒脱风度，听见他那抑扬顿挫的声调。愿诗词的性灵长伴父亲于天国之中。

一九八五年六月二十五日于杭州

多好的一篇文章！要不是恩狗留下这篇文章，我这个粗心人还不知道爸爸晚年的心情和爱好。如今重读此文，发现自己也已步入爱好古文诗词的老年境域。童年和青年时，满娘或爸爸教我念古文诗词，我总当成一种负担应付过去，仿佛鹦鹉学舌，根本不懂诗文的意义。现在却会主动去拿以前读过的这些书来咀嚼、品味。文学的魅力似乎超过了其他艺术。

爸爸曾对我说："我们中华民族有五千年的文化史，传留下来的只有数得清的这些文学作品，其他的都被历史淘汰了。至于现代的文学作品，当然也有不少优秀的，但毕竟还没有经过历史的淘汰。再隔五千年后能保存下来的才是精华。我们光是从这一点想，就会知道古代文学的可贵。"

爸爸当时对我说这一席话，有点对牛弹琴。但如今回想起来，真是字字珠玑。

恩狗文中提到的父子二人利用诗词写暗语，是一件既有趣而又苦涩的事。我不妨选一首引用在下面。那是爸爸在一九六九年约十月上半月写给恩狗的（请注意黑体字）：

看花携酒去　　**可**汗大点兵
携**来**朱门家　　莫**得**同车归
动即**到**君家　　死者**长**已矣
几日喜**春**晴　　玄鸟殊**安**适
冷落清秋**节**　　客行虽云**乐**

父子通信成了爸爸晚年的乐事和慰藉。除此以外，就是寂寞陪伴着他。到了晚上，虽然我们上班的人都回来了，但漫长的白天只有爸爸一个人躺在阳台的小床上。于是他在一九七零年六月中的某日写了一首全仄音的诗，描述自己当时的心情，寄给知心人幼子：

病中作

岁晚命运恶，病肺又病足。
日夜卧病榻，食面又食粥。
切勿诉苦闷，寂寞便是福。

爸爸不甘寂寞，躺在床上，还是量力而行看一些书。主要看的无非是古文诗词，但有时也会抓一本日文词典来随意翻翻，多少也能学到几个生字。有时发现有趣的词语，就写信与幼子共享。例如，他写了自编的两句日文，第一句每一个字的元音都是 A（啊）音，第二句每一个字的元音都是 O 音：

あなたがあたまははなはだあたたかった（你的头很热了。）

このおとこのこどものおとぉと,こよ（这男孩子的兄弟，来吧！）

读起来好像绕口令一样。还有一处，他告诉新枚，"卧床寂寞时，乱翻字典，学得许多词"如下：

葱（ねぎ）蒜（ひる）韭（にら）鎌切（かまきり意为螳螂）呕吐（えずく）

又有一处，爸爸告诉新枚"大蒜"的另一种读法：蒜（ひる）=大蒜（にんにく），还有"杏仁"日文念 あんにん，与石门白发音同。至于"鞦韆往生"在日文中就是"缢死"的意思。

我们这些人白天上班，逢到星期一三五，晚上还有政治学习。回家来问过爸爸的病情后，就匆匆忙忙地做这样做那样，哪里还顾得到爸爸的寂寞。所以当时爸爸能在床上与爱子交流，是唯一的乐趣了。

"地下活动"

病好一点,能起床了,爸爸就悄悄地开始工作。其实,他在床上就已开始写诗。他写了三首"调笑转踏",又写了三十一首七绝诗,总题目是《红楼杂咏》。他把曹雪芹《红楼梦》里的一个个重要人物都写到,最后一首是写大观园门前的石狮子。

但能坐起来以后,他就不满足于写诗了。他精神最好是在清晨。那时家里的人都还没起来,没人打搅他。而且他也不想让我们知道,怕我们要替他担忧,会劝阻他。其实我有时也只好眼开眼闭。

就在一九七零年下半年,他又开始翻译。译的是他喜爱的日本最早的《竹取物语》和《落洼物语》,一九七二年又译了《伊势物语》,把日本三个著名的物语都译了出来。

一九七一年,爸爸用心良苦,重新提起画笔,从以前画过的题材中选取七十余幅,画了四套,分给他所关爱的四个人:幼子新枚、长孙女南颖、弟子胡治均和我的女儿小明。还写了一篇序言,内容如下:

敝帚自珍序言

予少壮时,喜为讽刺漫画,写目睹之现状,揭人间之丑相。然亦作古诗新画,以今日之形相,写古诗之情景。今老矣!回思少作,深悔讽刺之徒增口业,而窃喜古诗之美妙天真,可以陶情适性,排遣世虑也。然旧作都已散失。因追忆

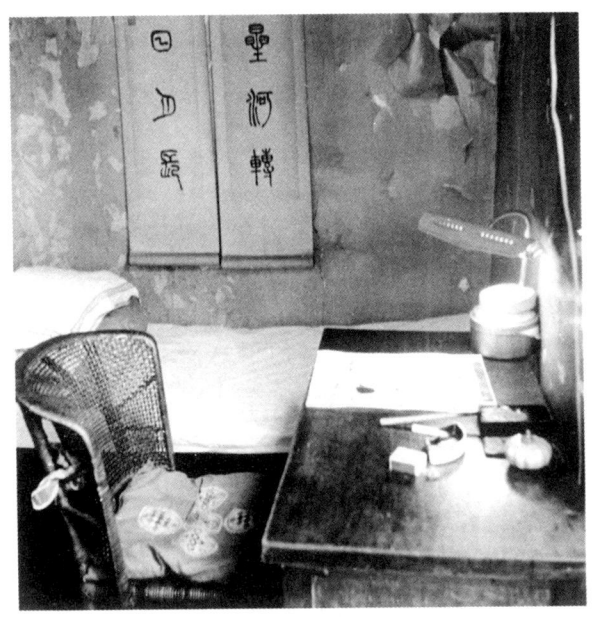

"文革"期间爸爸就是在这里进行"地下活动"的。

画题,从新绘制,得七十余帧。虽甚草率,而笔力反胜于昔。因名之曰"敝帚自珍",交爱我者藏之。今生画缘尽于此矣。辛亥新秋子恺识。(吟按:标点是我所加。)

"今生画缘尽于此矣"一语,读之令人心酸!爸爸在自己贫病交加、环境如此恶劣的情况下,竟还为他所关爱的几个人着想,为这几个人各留下一套他的绝笔。序言中说"交爱我者藏之",恩狗和胡先生确实是关爱他的人;而我的女儿那时还只有六岁,是外公喜欢她,她对外公能有几许关爱呀!但当爸爸把这套画交给我而我表示不好意思接受

敝帚自珍序言

予廿载吟苦乏多讽刺漫画曾目睹之现状揭人间之丑相世事作古诗歌画以今日之形相写古诗之情景今老矣目面对廿年深海讽刺之後增之业而窝著古诗之美妙天真可以陶情适性排遣世虑也他旧作都已散失因追忆画题从新绘制得七十余帧虽甚草率而笔力反胜於昔因名之曰敝帚自珍交爱家者藏之今生画缘画於此矣 辛亥新秋 子恺识

《敝帚自珍序言》手迹。

时,他信心十足地说:

"拿着吧,以后会有用的。"

是的,以后这套画成了珍宝。我和女儿每想起这件事,都从心底里感激如此关爱我们的爸爸、外公。

爸爸还不止做这些事。他从一九七一年开始写《缘缘堂续笔》共三十三篇,一九七二年完成,一九七三年定稿。

说起这件事,还得讲讲来龙去脉。爸爸在浩劫前,每当饮酒时,常把他童年和青少年时期的往事讲给我听,讲得很生动。我常对爸爸说:

"你把这些往事写成随笔,让读者共享吧!"

"是的,是值得写下来。"爸爸说。

后来他甚至已把书名也拟好,叫《往事琐记》。但由于种种原因,一直没动笔。到一九七一年,他在昏暗的灯光下开始动笔了。不过,书名改成了《续缘缘堂随笔》,最后定名为《缘缘堂续笔》。爸爸在这样恶劣的环境中,把《缘缘堂随笔》《再笔》《新笔》直到《续笔》这一套作品画上了一个圆满的句号。

浙江省桐乡市"丰子恺研究会"会长叶瑜荪在二零零五年的"丰子恺研究国际学术会议"上发表一篇题为《略谈〈缘缘堂续笔〉在丰子恺散文中的地位》,对《续笔》的评价甚高,把它称为丰子恺散文"皇冠"上的"明珠"。瑜荪认为:"他能'身披忍辱甲,手提智慧剑'去看透这群魔乱舞的世道,真是进入了宠辱不惊的心态。"又说他:"得太史公、蒲留仙笔法之精髓,他将夹叙夹议的手法运用得如身使臂,得心应手,左右逢源。议理的严密透彻,韵味的深长隽永,文风的平易自然,都已达到无以复加的地步。"

作家林斤澜在重读了我爸爸的散文后,于二零零四年四月重访缘缘堂时,特别称颂《续笔》中《塘栖》一文。据张振刚先生当年六月二十八日在《嘉兴日报·桐乡版》上所写的《他满不在乎——听林斤澜谈散文》一文中引用林斤澜先生的话说：

  上个世纪前五十年，中国的散文除了周作人，应当是丰子恺。鲁迅的散文当然好，但他的成就应算在小说上。茅盾也是。不过，丰子恺要没有晚年写的《缘缘堂续笔》三十余篇，那他在散文上的成就也许就排不上第二。他写的《塘栖》好似没有结构，漫不经心，实则精心构思，匠心独运。历来文章讲究虚实；丰子恺的可贵处是，实者虚写，虚者实写，将实来作铺垫，在虚处铺陈，使文章进入哲学的深度。比如他写到著名的塘栖枇杷，说在船里吃枇杷是一件快适的事。吃枇杷要剥皮，要出核，把手弄脏，把桌子弄脏。吃好之后必须收拾桌子，洗手，实在麻烦。船里吃枇杷就没有这种麻烦。靠在船窗口吃，皮和核都丢在河里，吃之后在河里洗手。又写坐船逢天雨，在别处是不快的，在塘栖却别有趣味，因为岸上"淋不着"，绝不妨碍你上岸，有一种诗趣。因而使人联想起古人歌颂江南的佳句："人人尽说江南好，游人只合江南老。春水碧于天，画船听雨眠。"称江南佳丽地，塘栖是代表。说他谢绝二十世纪的文明产物火车，不惜工本地坐客船去杭州，实在并非顽固。

  林斤澜先生说，他一遍两遍三遍四遍地读《塘栖》，不知读了多少遍，已读得口齿生香……
  难得这位老作家如此欣赏我父亲在晨曦中昏暗的灯光下写出的这篇文章。
  一九七一年，爸爸还翻译了由日本汤次了荣加以阐述的《大乘起信论新释》。在"文革"时期译这本书，比起译三个物语来，可谓"背时"。但这也是缘分所在。抄家时，日文书都没有抄走。如果造反派知道这是一本佛教书，一定不会给爸爸留下来。可是他们哪里懂什么"大乘"，或许还以为是一本数学书呢。

爸爸译毕后，还写了一篇序。全文如下：

译者小序

大乘起信论乃学习大乘佛教之启蒙书。古来佛教徒藉此启蒙而归依三宝者甚多。但文理深奥，一般人不易尽解。日本佛学家汤次了荣氏有鉴于此，将此书逐段译为近代文，又详加解说，对读者助益甚多。今将日文书译为中文本，以广流传，亦宏法之一助也。译者搁笔后附记，时一九六六年初夏。

这短短几行文字末了的"一九六六年初夏"这日期，用心良苦。有一天我起得早了点，看见爸爸似乎在结束那译稿，我就问他：

"爸爸，你译出这本书来打算怎么样？"

"今后有便人时带交广洽法师保存。"

"唉，你还要让人带出去！新加坡还有谁会在这个时候到中国来！"

"我包好了放着，将来总会有人来的。"

爸爸对"将来"信心十足。

"广洽法师收到了这部译著，很有可能在新加坡出版。这件事让国内知道，你又多了一条罪状。"

我说着，随手拿起一页纸来，就是这篇"译者小序"。最后的日期还没写上。

"一吟，我正要和你商量。我想把日期写早一点。"

我心中暗喜：爸爸的"觉悟"总算提高了。我们两人商量了一下，决定提早五年，写成"一九六六年初夏"。那时虽已开始"文革"，但爸爸已搁笔，可见是"文革"以前译的。用心良苦啊！在译者的署名上，爸爸也避免用真名而用了"中国无名氏译"。

宏法的事，自有人暗中相助。一九七三年，从新加坡来了一位叫周颖南的先生，是企业家兼作家。他竟敢大胆地到日月楼来访问，而且替爸爸拍下了他平生唯一的两张彩色照片。有这么好的机会，爸爸连忙把那包封了两年的译稿托他带交广洽法师。两张照片中有一张就是爸爸拿着那包译稿。

译稿带到新加坡，情况就完全不一样了。我们的用心良苦，法师根本不能领会；中国无名氏译，也被从另一角度来阐释。

首先，法师没有把译文的手迹改为铅字，而是手迹影印。这样一来，熟悉丰体字的人一看就知道是谁译的了。他在跋语中干脆点明了译者的名字。跋语大意如下：

> 马鸣菩萨造大乘起信论，自梁武帝时，真谛及实叉难陀二尊者译成华文，流传东土。各家注疏，极为繁赜……晚近日本汤次了荣教授，复有大乘起信论新释行世。内容分为和译、字译、要译、详译四段。运用浅显流利之现代语词，使学者易于揣摩领悟……吾友丰子恺居士于数年前，更由日文译为华文，苦心孤诣，慧思不竭，积月累功，以竟于成。而自署译者为"无名氏"，意乃体佛无我大悲之心、原空四相者也……今年春适有星洲友人观光故国，赴沪访晤，丰居士遂将其全部译稿托其转赠于余，告之曰："藉

此欲以纪念是年师与我二人合得一百五十岁之世寿矣！"居士长余两岁，精神矫健，如松鹤之清姿，以书画自娱晚景，余展颂译卷，都二百五十七页，字字珍重，句句珠玑……老而弥笃……遂决定影印，保留译者之手迹，且免校雠舛误之虞。初版印贰千部……余知子恺居士自幼受弘一大师之熏陶最深，高超志行，诚挚度人，不为时空之所限。其选译斯论，以为今后衽席群生共趋真正永久安乐之境界，盖有深远之理想存焉。

缘缘堂制五百格稿纸在每页上都印出。由此计算，《大乘起信论新释》一书，共计十二万八千五百字。加上《竹取》《伊势》《落洼》三物语共二十万零两百字。也就是说，爸爸在病中一共译了三十三万五千字。

但爸爸还不肯罢休。家中已无外文书可译。一九七四年一月他竟把夏目漱石的《旅宿》重译了一遍。《旅宿》的日文原名《草枕》。一九五八年六月人民文学出版社出版的《夏目漱石选集（第二卷）》一书中有两篇译文：《哥儿》和《旅宿》。《哥儿》是爸爸的朋友开西（即浙江海宁的世纪老人章克标先生）所译；《旅宿》就是爸爸译的。他太喜欢这篇文章了，所以把它重译了一遍。译毕后，他在译稿第一页右下端写了如下一段话：

夏目漱石旅宿，十余年前译成交人民文学出版社刊印。今重译一遍，各有短长。此稿交治均保留纪念。一九七五年元旦子恺记（图章）

一九七九年十二月翻译家戈宝权先生访问我家，特地来慰问我母亲。在聊天时，他劝我趁母亲健在时，请她回忆一些父亲的情况。我那时还没有想到要做一个专职的"丰研"工作者，但我还是按戈先生的关照去做了。这些点点滴滴的回忆，对我后来的研究工作确实有点帮助。我也请戈宝权先生有空时写些回忆我爸爸的文章。可他实在太忙了。终于没写成，遗憾！那天我还问起了他关于夏目漱石《草枕》的译本。他回北京后，给我来了一封信，把《草枕》的译本详细排列出来：第一个译本是一九二九年上海真善美书店出版的崔万秋所译；第二个译本是一九三零年上海美丽书店出版的郭沫若所译；第三个译本是一九四二年伪满时期出版的李君猛所译；第四个译本就是一九五八年爸爸译的。那么，一九七四年的新译稿该是第五个了。但据戈先生信上说，郭沫若其实从未译过《草枕》，那是投机商利用崔万秋的译本重印而擅自改变译者名为郭沫若的。他说李君猛的译本基本上也是照抄崔万秋译本的。这样看来，自一九二九年的译本以后，实际上就只有爸爸一九五八年的译本和一九七四年一月的新译稿了。

爸爸的"地下工作"成果多么丰富！他真是一个永远闲不住的人！

这段时期，登门拜访爸爸的人也不少。早就认识的故乡的于梦全先生（爸爸幼时的塾师于云芝是他的叔祖）时时来上海访问，送一些爸爸喜欢吃的豆制品之类。有一回，他送来我祖父丰鐄亲笔书写的自作《竹枝词》扇子一把，爸爸惊讶地观赏，连连赞叹"难得难得"。后来华瞻哥看见也喜欢，便要了去。

还有一位素不相识的在上海"沈大成"点心店当厨的卢永高先生，千方百计找到我们家来访问爸爸，以后一直关心我们一家的生活起居。

千呼万唤始出来

一九七二年十二月三十日,"审查"结论总算出来了,但并未带给我们预想的喜悦。原因是：它来得太晚太晚了！而且并不理想。审查结论是"不戴反动学术权威帽子,酌情发给生活费。"不戴"帽子",应该说是人民内部矛盾,却为何又像对待反革命分子（敌我矛盾）一样只发给生活费一百二十元,而不恢复原薪二百二十元。生活费虽然比受审查期间的六十元多了（他们算是上门实际调查了生活用费）,但这种莫名其妙的结论让人一头雾水。问了画院的领导,他们也无法解释。我看"文革"搞到这步田地,大概弄僵了。如一切都恢复原样,岂不说明他们搞了爸爸六年半是搞错了？！这才定下了这么个不三不四难以自圆其说的结论。

爸爸盼望早点"解放",从一九六八年年中给新枚的信中,一直盼到一九七二年年底。他盼了四年半,却盼到这样一个结论。

下面我把爸爸给新枚信中盼"解放"、盼行动自由后好去石家庄与新枚团聚的一些文字引用给读者看。这些可都是爸爸心灵深处的呼声啊：

"我解放已不成问题,唯拖延至今,真不可解。现廿四人中已解放十二（一半）,余十二人,看来不久即解决。我无疑是'一批二养'。且有补发工资,归还抄去存款之说。故我很乐观。你说退休问题,只要解放,出外即无问题,用请假亦可出外也。前告我'解放'之人,今见我,摇头

皱眉,表示他不料如此拖延也。"(一九六九年六月二十二日)

"政策拖延,上周解放了三人,我不在内。还有十二人未解放,不知何日轮到我……秋天到石家庄,已成泡影,明春一定可靠。"(一九六九年八月二十三日)

"本定二十日上午在乡开大会,解决八个人的问题,岂知十九日下午上海发生了大事——文化广场失火——别的单位连夜返市,只剩我们一个单位,大会就作罢了。我看来,我们要在画院的二星期中解决。大都无甚问题,总是要解放的,不过拖延而已……我之所大欲,是退休。据说,大家解放后,才可申请。大约不久了。那时我首先到石家庄。"(一九六九年十二月二十一日)

"未来之事,变化多端,我也不在心上。(但我之所大欲——退休,看来不远了。)……我们还有七人,看来也快了。"(一九六九年十二月三十一日)

"'退一步海阔天空'真乃至理名言。有不如意时,设想更坏的,便可自慰。不满现状而懊恨,徒自苦耳。比方说:我犯重罪,入了囹圄;或者我患癌病,不死不活,此时倘能变成今日的状态,真乃大幸了。如此一想,可以安眠闲梦了。"(一九七零年五月七日)

"病假到七月十六日,秋姐言,共有六个月了。病六个月,即可作'长病假'论,即等于退休了。秋姐又言,我属中央,定案要由北京,故较迟。较迟即较正确,较宽。

姑妄听之。我现在且不计较这些，但求安居。……华瞻言，周谷城由主席指定为全国人代。此间未定案者尚多。但拖延也不会太久了。"（一九七零年五月二十三日）

"阿姐等猜量，六月内或七月初，会解放我。我不急，迟早总要定案。"（一九七零年六月四日）

"华瞻从杭来，言郑晓沧先生最近解放，定为'历史反革命'云。他不是"重点"，故较早。上海几个'重点'（我是其一）皆未定，阿姐言不久可定，听之。"（一九七零年六月二十八日）

"阿姐言：上次两人来看我，是准备开一批斗会，然后宣布解放。所以我必须准备到会一次。我记得那天他们问我'能下楼否'？看来就是要我再出席听骂一次，我已有心理准备，只要他们派人来扶。你准备在城中觅屋，甚好。今秋我一定到石家庄，我对上海已发生恶感，颇想另营菟裘，也许在石家庄养老。你说有绍兴酒，那更好了……传说：中央指示，上海斗批改应早结束，但'头面人物'勿太早解放。我便是'头面人物'，所以迟迟。"（一九七一年三月二日）

"昨华瞻听中央报告，据说：老年知识分子'敌作内处'者，工资照旧（但不说以前扣的是否发还），抄家物资发还，但已坏者不赔，金子作价发还，……政策等等。"看来，快处理了。前几天有个工宣队来详细调查我们的房子让出经过，恐怕也是一种处理。"（一九七一年四月九日）

"盛传'上海斗批改快结束,但头面人物勿太早'。勿太早,大约也不会太迟了吧,总之,看来快了。参考别单位事实,我的工资应该恢复二百二十,而且过去扣的要还。若果如此,可发小财了。"(一九七一年四月十二日)

"宝姐告我,中央文教会议,决定:老年知识分子恢复工资,并补发以前扣除的,又说:抄家物资,除国家需要的以外,一概退还。已坏者不赔偿云云。宝姐说:'圆子吃到豆沙边了。'你信上叫我勿去上班,我要来生再去了。无论如何拖延,我总是一直在家'浅醉闲眠'了。问题一解决,我就想到石家庄。"(一九七一年四月十四日)

"信收到。的确,The tables are turning。(吟按:形势转变了)听说:某大专教授,未解放,但薪已照旧付二百多元,解放后补发以前所扣。此与宝姐所传达相同。看来不久有转机了。"(一九七一年四月二十二日)

"你的事,阿姐的事,我的事,都迟迟不解决,但肯定大家就要解决,看谁先……罗稷南患肺癌死。其妻提出要求:一、还抄家物资(三千多元,他解放已久,但迄未还),二、给她派工作。前者照办,后者叫自己向里弄要求云……看到罗稷南例,我的钱不知何日还我,(但各单位情形不同,未可概论。)且须忍耐。我只要不上班(画院老人都已不上班了),已是运气。不要等候,总有一天定头。"(一九七一年九月三日)

"我的官司至今没有打完,无颜写信给你们。目今万事拖延,我也不在乎了……我盼望官司打完,到杭州去,到石家庄去。现在好像有一根无形的绳子缚住我,不得自由走动。虽然我早上的工作很有兴味(译日本古典文学),总是单调。"(一九七二年六月二日)

"昨市革会来二人,送我六十元,说先补助你,即日正式解决后,恢复原薪二百二十。这是因为上次我说'六十元付房钱及保姆还不够'所以他们再送六十元来的。可见事情不久解决了。我提出,早点解放我,我可转地疗养,到北方去住一下,病可早愈。他们说'耐心点,快了'。"(一九七二年九月十三日)

"昨阿姐到画院,要求迁房屋。他们(工宣队)说:我的问题不久解决(待田中〔角荣〕去后),发还抄家物资,同时进行迁居房屋。又说正在组织统战对象,要我当政协委员。日子很快了,可稍待。云云。看来不久我可到石家庄,或你们来探亲。如果我嫌路途劳顿,不如把路费给你们作自费探亲之用。(你们来时,一定不在此屋内了。)我又想到杭州。抗战八年,文革差不多有七年,我真经得起考验……不久当有更好的消息告诉你们。"(一九七二年九月二十六日)

其实在从一九六八年中到一九七二年末的信件中,在四年半之内,爸爸在给新枚的信中提到盼望自由,竟有五十一次之多!

一位古稀老人,画了那么多为劳动人民伸张正义的画,在一九四九年特地从厦门率领家属赶到上海来迎接解放,为歌颂新中国发表了多少文章和画——到头来却成了一名罪人，迟迟得不到"解放"，整整六年半失去自由！

我在抄录这些信摘时，回想起当时的情景，再对比如今幸福自由的生活，而长眠地下的爸爸竟已享受不到，我不知赔了多少眼泪。

最忆是杭州

尽管结论莫名其妙,令人不快,但爸爸毕竟获得了人身自由。一九七二年十二月三十日才得到这消息,爸爸已经蠢蠢欲动了。第二年春天,他就来到了杭州。

致新枚的五十一封信中屡屡提到要去石家庄,为什么突然想起了要去杭州?爸爸在一九七二年五月十九日的信中是第一次提到想去杭州:

> 此间清和四月,柳絮已尽。窗外一片绿荫。我很盼望初秋到杭州去一下,到石家庄去一下。

在一九七二年九月二十六日的信中又一次提到,由石家庄改为杭州:

> 看来不久我可到石家庄,或你们来探亲。如果我嫌路途劳顿,不如把路费给你们作自费探亲之用。(吟按:当时有规定,如夫妇已团聚,四年可公费探父母一次。没到四年就要自费。)我又想到杭州。

一九七二年五月九日提到想去杭州,可能是因为那季节使他想起了马一浮先生在抗战期间写的诗句"清和四月巴山路,定有行人忆六桥"。爸爸也怀念起杭州的苏堤六桥来了。

同年九月二十六日又提到杭州，而且提得比较具体，我估计有两个原因：一是过了六七年囚禁般的生活，十分向往三秋桂子十里荷花的杭州；二是自己觉得体力不支，有余年无多的预感，想见见住在杭州的亲姐姐，而新枚好猫毕竟年轻，可以到上海来探亲。

那时我们都要上班，要陪同曾经是"牛鬼蛇神"的父亲出门而请假，是不会被批准的。幸而胡治均先生有空。他反正已被降职为抄火表的工人，每月只要完成抄表的任务，就没事了。于是由他陪同爸爸去杭州。

那是一九七三年三月。在杭州逗留了约六天。胡先生一九八七年在《西湖》杂志八月号上发表了《西湖忆游》一文回忆其事。今摘录几段如下：

> 丰子恺先生最后一次赴杭，是在一九七三年三月下旬……除了上海，杭州可说是丰子恺先生的第二故乡……满姑是丰先生的三姐……我们这回在杭州见到她的时候，已是八十多岁的白发老太了。满姑家的房子，原住三间，"文革"开始，给革去了一间，留下一大一小。俗语说"有屋住千间，无屋住一间"，从知足角度看，倒也可以。如今后面小间留给丰先生作客邸。（吟按：胡先生到亲友家住，早来晚去。）婿维贤是教文科的，好书满架，也说得上"室雅何须大"。这前间，倒是个"开窗见山"风景优美的好住处，打开南窗，正前方的宝石山，不偏不倚，刚好映入窗框之中，保俶塔、初阳台伸展在绿荫丛中，悠扬的箫声笛韵，自黄龙洞边的戏曲学校阵阵传来，犹如一幅立体山水画，天然大盆景，真美！
>
> 酒后饭饱，丰先生时而临窗眺望。一次，他偶然低头俯视，见楼下一株桃花，正满放一树，便连声说：好看，好看！

在我这个俗子凡夫看来,它不过是一株单瓣的、淡红色的极其普通的桃花,有什么值得赞赏的呢。我禁不住问:"重瓣的不更好看吗?"可是先生却摇头说:"不好看,这种重瓣桃花,浓妆艳抹,娇柔做作,东栽西接,全凭花匠之意,人为生长,呆头呆脑的,有什么好看。"继而,丰先生指着楼下的那株桃花说:"你看,她开得多么茂盛,多么豪放,多么自在呀!她具有天然美。"

接着,先生慢慢离开窗口,移步来到藤椅上坐下,一面吸着纸烟,一面想起了当年在上海长乐村居处,日月楼下,也有过这样一株淳美的桃花,也许是受到主人的株连,不知什么时候,桃花的命也被革去了。

三月二十六日,爸爸和胡先生雇船游湖。据此日期,他们很可能是二十四日赴杭(当时火车不像现在这么快),二十五日休息一天。

西湖是每个到杭州的游客必去的地方。但爸爸对西湖太熟了,只想泛舟,没有目的地。胡先生叫船女划到花港观鱼。他知道老师崇拜马一浮先生,总想去看看马先生蒋庄的故居吧。胡先生文中说:

> 解放后,著名高士马一浮先生,受到党和国家的关怀和尊敬,让他住在这里著书立说,颐养天年。周总理十分推崇马老先生,五十年代曾有位国宾来杭,周总理郑重向他介绍,说马老先生是我国当代理学大师。岂知"红卫"军兴,一些"小将""司令"无视党和国家政策,竟将八十高龄的马一浮先生撵出蒋庄,不久含冤去世。(吟按:关于此事,另有一说。)

过去丰子恺先生每到杭州,必来蒋庄探望这位长者。

我本想趁这次游湖之机，陪丰先生到蒋庄凭吊马老先生的故居，但是，在我们走到花港观鱼的御碑亭附近时，丰先生忽然停步不前，摇摇手对我说："我不去了，你去看一看就来，我在此等你。"随后先生又自言自语说："人已不在世了，看又何益。"声调甚是含糊。我怕先生为此感伤，就不敢勉强，在附近有条石凳的地方，让他坐定。然后独自走到蒋庄门口，在湖边石级上，当年马老先生洗砚处，伫立沉思：丰子恺先生还在学生时代，由于老师李叔同的关系，已经拜识了马一浮先生，丰先生十分敬重马老先生的道德文章，数十年如一日，始终把马老先生尊为自己的师长，如今蒋庄已是人去楼空，感慨一定很深……

后来，他们想直接回湖滨去吃酒了。岂知船女是个一板三眼的人，说是他们买的票规定游程，还有三潭印月、湖心亭，要到孤山上岸才算结束。胡先生表示情愿放弃，也不行。于是只得去三潭印月。胡先生文中说：

这三潭印月的景色，虽亦十分宜人，但是对一心想回湖滨吃酒的我俩来说，已无多大吸引力，好比走马看花，一掠而过。行不多久，来到"曲径通幽"的洞门处。四个字乃是康有为的原迹。丰先生至此驻足不前，好像在找寻什么东西似的。"喏，喏！就在这里。"丰先生指着路的北面说："这里过去有一座三角亭，亭上有一副对联，写得很好，是写实景的。"说着，他就随口吟了出来：

忆故乡亦有仙潭，看一样湖光，添得石桥长九曲。
到此地宜邀明月，问谁家秋思，吹残玉笛到三更。

丰先生说:"我年轻的时候,常来这里读书写生,非常欢喜这副对联,因此至今仍能随口背咏。抗战胜利后重游杭州时,已不见此对联,据说被日本军阀盗去了。不久,三角亭也不存。"先生恐怕我记不住,就拿我手中的游览图,一字不漏地把联句写在上面,后面还注明"清俞樾撰并书"的字样。经丰先生对我说明之后,我才知道俞樾就是当代红学家、诗人俞平伯先生的先人。这张西湖游览图,有了丰先生的亲书题字,更加珍贵,至今我仍把它小心地保存着。

三月二十七日清晨,师生二人来到了灵隐,在冷泉亭旁茶室里拣上一个闹中取静的座头,品尝阔别已久的西湖龙井茶,欣赏这个"劫中桃源"。太阳渐渐升高,到游人越来越多时,他们就本着"人取我弃"的精神,退出茶室,离开了灵隐。

三月二十八日,师生二人游了城隍山。上城隍山的一节,还是让我们直接看看胡先生的回忆文吧:

久闻"立马吴山第一峰"的城隍山,听说如今已能以汽车代步上山了。我虽多次到过杭州,却从未登过此山。据丰先生告诉我,过去城隍山上庵、庙、观、祠,鳞次栉比,星相医卜,百耍杂陈,是一个雅俗共赏的去处。先生知道我没有去过,欣然助兴,说是解放几十年来,自己也未曾上去过,于是我们决定上吴山。

三月二十八日晨,我们在工人路后面车场上,叫了一辆三轮汽车。司机是位热心而健谈的人。车开动不久,就和我们交谈了:"两位是上海来的吗?"我回答:"是的。""这位老爹爹是教授,是艺术家?!"司机操着带绍兴音的杭

一九七三年爸爸与弟子胡治均在杭州灵隐寺。

州官话,似有八成把握地说。

丰先生和我都被这突如其来的一问,感到一惊。自忖未到城隍山,先碰到"相面司机"了,杭州毕竟"人杰地灵"。再一想,相面先生也得先对准你的面孔看一看,然后再发表议论,然而我们的这位"相面司机"连头也没有回过一次,已能未相先知,实在惊人。惊讶之余,总得问个明白:"同志!你是怎么知道的呢?"司机仍未回头,风趣地说:"我一看就看出来了。"说话时他摆动着头,抿嘴向前方的反光镜:"面容慈祥,不用介绍,看得出是位有修养、有知识的长者。"随后又补上一句:"我猜对了吧!""对!"我佩服这位谈吐不俗、"善观气色"的司机同志,就毫无保留地把我们的"老爹爹"名字告诉了他。并约略地回答了类似他所说的一些话。

司机同志听了连连说:"丰子恺,老先生,是画家,知道知道,我还读过老先生的作品,看过老先生的画。我说嘛,是好人嘛。老先生挨斗的事,我们杭州早已知道了。"还缓缓劝慰:"老爹爹千万不要难过呀!"丰先生报以亲切的微笑,并说:"不难过,谢谢你,同志,你是个好心肠的人呀!"

当车子开到吴山脚下,爬不到十公尺的山坡,忽然不动了。司机同志用尽力气,踏足油门,却无济于事。他建议:"让空车开上山去等候,委屈你们步行上山。"我看这山倒是不高,充其量五六十公尺而已,只得"下定决心,不怕牺牲"了。我搀住丰先生,沿着盘山公路而上。岂知只转一个弯,丰先生已经走不动了,看来已无法"排除万难"了。先生就近拣了一块干净的山石,坐了下来,挥手叫我一个人上去。这真是乘兴而来,扫兴而终。早知开不上山,我们也不来了,我也决定不游。不过，我还得把已经上山去的汽车叫回来，又得像孙悟空划圈圈那样，叮咛先生不要离开寸步。然后择短坡，选近路，迅速爬上山顶。不是我夸口，这样的小山丘，不需十分钟，一下子就能到达顶峰，可是我们的先生却寸步难行。年岁不饶人，当然是一个原因。但是，"动乱"给他带来的摧残，也显出了恶果。

司机同志见我一个人上山，忙问："老爹爹呢？"听到情况之后，司机顿时露出内疚形色："怪我太粗心，我没想到车上坐一个人也许能开上来。现在我开车下去，一定要把老爹爹接上来。"说着，就跨进汽车，往下开去。不多时，丰先生果然被他接上来了。我敢肯定，这位司机同志能把丰先生接上山来，准是费了一番感人的口舌才行哩。

此时的城隍山，星相医卜、庵、庙、观、祠早已荡然无存，只是扫不掉的大自然风光，依然是那么妩媚。此处居高临下，一览无遗，确也不枉此行。其他的旧址遗迹，先生也有所指点，但已不甚记忆，倒是那位陌路知己——汽车司机，给了我良好的印象，至今记忆犹新。可惜在我们归途话别之际，漏了请教他的尊姓大名。回想起来，是件憾事。却似：

新朋到处喜相逢，天下何人不识君。

三月二十九日，爸爸在胡先生的陪同下，居然访问了一位朋友。我们还是来看看胡先生的记载，更为详尽生动：

这次游杭，为了避免不必要的麻烦，丰先生专门关照，不作任何应酬性的交往。他事先告诉甥女软姐，要她务必遵守。因此在杭期间，并无人访和访人之苦。不过有一人倒例外，那就是先生的多年老友、浙江大学教授、当时也"靠边"在家的郑晓沧先生。郑先生曾留学美国，研究教育学，早在抗战前，丰子恺先生和郑先生已结成莫逆之交。一九三八年，丰先生受聘浙大任艺术指导，还是竺可桢校长通过郑晓沧先生转邀的。丰先生和郑先生作诗赠词，相互唱和，亦很频繁。其中有丰子恺先生的《浣溪沙·慰晓沧》：

苍狗白云不可凭，水光山色与人亲，诗人老去惜余春；

满架图书都解语，一庭风月最关情，谁言寂寞养残生。

八月二十九日上午，我们乘公共汽车，来到湖边少年官下车，在龙游路的一座小花园住宅门首，我们揿了电铃，迟迟来开园门的，是同宅邻居，一位上了年纪的妇女。她见我问的是郑家，表情不甚活络，生硬地回说："郑家没有人。"我们管自跨进院子，又说："请问，郑家什么时候有人？"答："不知道。"再问："郑家可能到什么地方去了？"我们的意思，如果是去买东西，或者在近处，很快就会回来的，就等一会再说。可是邻居的回答，仍是三个字"不知道"。不知怎的，后来倒又有气无力地补上一句："说是到西山公园赏牡丹去了。谁知道他们有介好兴致。"她对我们如此冷淡，是不是郑先生也有过什么"反动学术权威"的"罪名"，因而对郑先生的客人，也来一个划清界限呢？实在令人不解。

鉴此，丰先生说："留张字条，我们走吧！"我在笔记簿上撕下一页白纸，先生写了"来访未晤"的话，我也没有认真注意，见最后却写了"弟今晚回沪"等语，倒使我愕然，赶紧提醒他："我们买的火车票是后天的呀！"先生笑笑说："我晓得，按晓沧的脾气，如果我写了后天，他明天能不来回访吗?"我这才恍然大悟。后来,在我们回到上海不久,丰先生在杭州的亲戚朋友,才知丰先生已到过杭州,有的写信来埋怨丰先生,为何不早点告诉他们。杭州一家很大宾馆的一位负责人,就来信说:"先生为什么不住到我的地方来,我是不怕的。"来信中就有晓沧先生的"责怪"信。两位老友,此后再也没有谋面机会。

三月三十日,爸爸在软姐家又住了一天,次日才回上海。他在那儿写了一些字留作纪念。胡先生这篇文章的最后一段是这样写的:

  天朗气清,明窗净几,丰先生兴致极好,一共写了八件行书。其中一纸横批,写的是丰子恺先生的父亲斛泉公《扫墓竹枝词》,共计二百二十四字。行笔流畅,一气呵成。字字流丽,笔笔刚健,甚是优美。竹枝词是满姑指定的内容,书成之后,老姐弟共同朗读七十年前父亲的作品,雅趣横生。
  为软姐、维贤兄写的是一张立轴,一副对联,我的两个侄儿,一个叫克祥,刚巧在杭州出差,一个叫建祥,正在浙大读书,两人也意外地获得先生墨宝各一件,高兴极了;再有一张横批,是先生叫我寄给青海的大儿子易强的。我当即在杭州寄出。
  给我的最是优惠,共得两件,一件是先生旧作《一剪梅·清明》,为了纪念这次游杭,先生特地加跋为记,跋曰:
  一九七三年清明时节,偕治均游杭州,明山秀水,悦目赏心,客窗率录旧作。子恺
  另一件是二尺小联。联曰:
  寒岩枯木原无想,野馆梅花别有春。

我没能陪爸爸去杭州，只好引用胡先生的文章。胡先生是学徒出身，全靠自学成才，竟留下了这么好的一篇文章，补充了爸爸一九七三年杭州之游的空白。我真该好好谢谢他。可是到哪里去谢呢？胡治均先生已于二零零四年九月十八日因患气管癌离世。终年虚龄八十四岁。胡先生的母亲活到一百零二岁。我们以为胡先生有长寿的遗传，也会活过一百岁。岂料天不假年，说走就走了。人就是这样听天摆布的，所以我每天赶着要把这本书在我有生之年写好，给后人留下一点纪念我父亲的资料。

旷世巨著《护生画集》

从杭州回来，爸爸又投入了工作。

爸爸在养病期间所做的工作中最难能可贵的，要算画《护生画集》第六册的事了。弘一大师诞生于一八八零年。爸爸画护生画集为他做寿，从弘公五十岁开始，每次整寿按年龄数作画出书。本应在一九六九年画成第五册九十幅的，爸爸提早在一九六五年上半年就完成了。寄给广洽法师后，法师马上交香港商务印书馆于同年九月出版。此次出版不仅第五册，连同前面的一、二、三、四册也一起出版了，而且都是根据手迹印出，不是从以前出版的书翻印的。第四册的手迹一九六零年完成寄广洽法师于次年年初出版后，原稿手迹本来就在法师处。而前面三集的原稿如何也都集中到了法师手上呢？其中有个奇迹。法师在一九六五年仲夏所写的《〈护生画集〉五集合刊附言》中，曾把这个奇迹交待了一番。

《护生画集》原是非卖品，欢迎翻印的。第一集一九二九年由开明书店出版后，佛学书局、中国保护动物会、大法轮书局都发行过。第三集一九四九年爸爸从香港带回后就交大法轮书局出版，这两集的原稿都由书局的主人苏慧纯保存着，但第一集只有文稿，缺了画稿。第二集也是由开明书店出版，佛学书局和大法轮书局发行过的，但原稿（无论文稿或画稿），都已遗失。奇迹就在这时出现了。

爸爸的一位私淑弟子，名朱南田（一九一八～一九八八），当时是酿造七厂总务股干部。业余爱好书画，又擅长诗词。他十分爱好我爸爸的作品。一九六零年，爸爸就任画院院长的消息在报上公布后，勾起了他二十多年来渴慕之忱，就通过画院转信得识了我爸爸。以后几乎每周日上午都来访问。有一回，朱南田先生讲了一件得意的事给我爸爸听。我现在把朱先生于一九八五年七月用小楷写成送给我的一篇长文《我与子恺师的因缘》中有关此事的一段文字引用如下：

解放后，我偶在广东路古玩商店看到李、丰两先生合作的《续护生画集》手迹，出自敬慕，决心购下珍藏。这份手迹书画共六十页。索价一百六十元，后以九十六元成交。我手头拮据，先付二十元定金，而回家筹措未竟，只得卖去家具三人沙发椅一张，才勉成其事。我就此写了五绝一首：

未识丰师面，先联翰墨缘。
护生心恻恻，祝寿意拳拳。
画笔精而约，书风静若禅。
沽资何处着，鬻椅凑囊钱。

没有想到日后为我与丰师在情谊上增添了一段佳话。

朱南田先生讲了这件事，爸爸听后十分兴奋，那时《护生画集》已在新加坡出版第四册（文字部分由朱幼兰先生书写），正愁前三册原稿分散遗失。他便于一九六四年把觅得第二册原稿之事写信告诉广洽法师，信中说：

朱南田先生去年曾携原稿来与弟看，苏居士亦来看，共庆四册护生原稿全部在世，皆大欢喜。弟曾私下打算：最好将一二三都买得，送弟尊处，与第四一同保存在弥陀学校。但不曾出口。因一则朱甚宝爱，不知肯让否，二则苏居士是否肯让，亦不可知。来信有欲得之意，则不妨开口征求意见。此乃宏法之物，非私人财产可比。求其集中稳妥，勿东分西散，以便永久保存，正是好道之心，非谋利也。倘尊意欲收集，弟当为交涉。

此信末尾，爸爸又补写了几行：

> 补告：朱南田言，第二原稿原由嘉兴范古农居士之亲戚某保存，后其人死，子侄作废纸卖与旧货摊，幸为彼所得。可见私人保藏之不可靠。弟回思画第二后，即逃难（抗战）。此原稿在上海，不知缘何流入嘉兴。

爸爸说的旧货摊，其实就是广东路古玩商店。后来广洽法师来信一定要爸爸设法买得一二三集原稿，并表示愿向朱、苏两位居士致谢。爸爸向二位请商，蒙他们慨然同意捐赠。爸爸自己又补画了第一集的画稿。这样一来，三集都完整了。于是全部寄新加坡交广洽法师保存在他创办的弥陀学校内。

这件事，实在是种种因缘的凑合。试想：如果第二集没有到朱南田先生手里，如果朱南田先生没有认识我父亲，如果苏慧纯居士那里缺少的不是画稿而是弘公写文字的文稿，《护生画集》头三集就永远无法团圆了。广洽法师感谢"佛力加被"，我却认为弘公在天之灵在暗中保佑着，促使这一浩大的"工程"圆满完成。

弘公保佑的还不止这件事。《护生画集》第五集原来应该在一九七零年出版的，爸爸却提早在一九六五年（"文革"前一年！）上半年就画好，请厦门籍书法家（当时在北京工作）、因明学家虞愚先生写了文字部分，寄交广洽法师于同年九月就出版了。如果晚了一年,"文革"一声炮响,爸爸便忙于应付批斗,怎么可能完成这第五册呢!

但更稀奇的事还在第六册。想必又是弘公在冥冥之中示意他的忠实的弟子:"余年无多!"爸爸毅然决然地在一九七三年(逝世前两年!)筹划起第六集的材料来。

"文革"前几乎定期来我家的几位常客,自爸爸病休后渐渐地恢复来探望他。朱幼兰先生就是其中的一位。关于第六册的情况,他知道得很清楚。一九八六年一月他在《大成》杂志上发表了《丰子恺和他的护生画集》一文。其中关于第六集的情况介绍如下:

> 十年动乱,一场浩劫,丰先生受到冲击,《护生画集》成为批判材料。然而,先生毕竟学佛有得,临危不惧,仍然以护生画第六集凤愿为念,遂于一九七三年毅然决然筹划第六集,以圆满其功德。但在"文革"动乱中,有关书籍损失殆尽,缺乏画材,先生于此颇费踌躇。一天,他与我谈及筹划护生六集事,命我搜集可供参考的书籍。我回家在尘封的旧书中找到《动物鉴》一册送去,先生翻阅后笑曰:此书材料丰富,有此参考,画材不愁了。先生篝火中宵,认真选材构思,鸡未鸣即起床,孜孜不倦地作画,不久百幅护生画圆满告成了。他将画稿给我看时,低声对我说:"绘《护生画集》是担着很大风险的,为报师恩,为践前约,也就在所不计了!"并说:"此集题词,本想烦你,因为风险太大了,还是等来日再说吧。"我听后,深感先生的为人,时时想到别人的安全,唯独不考虑自己的安全。我在先生为法轻身精神的感动下,就毛遂自荐说,我是佛门弟子,为宏法利生,也愿担此风险,乐于题词。

先生见我至诚，也不固拒，于是护生第六集的书画，在艰难中提前于一九七三年完成定稿了。越二年，先生西逝，在安详舍报之前，以护生画六集的夙愿，前后经过五十年左右，终于圆满完成为慰！

《护生画集》第六集是广洽法师于一九七八年带到新加坡去出版的。

那时爸爸已经去世，但朱幼兰先生还健在。法师一九七八年回国观光时我夫妇到广州去接他。法师看到我后第一句话就问："你爸爸的第六集《护生画集》完成了没有？"我告诉他"完成了"。他很高兴。一到上海，在机场接他的朱幼兰先生就和他谈了详细情况。记得当时筹划如何把这一集原稿带出去，煞费苦心。广洽法师决定随身带。他说佛会保佑的；我相信弘公在天之灵也会保佑的。爸爸和朱先生冒了这么大的风险完成这项大事，难道出境这一关还会出事吗？是一位法师带一套保护生命的书画册，又不是寻常人带毒品啰！

一九七八年十月十二日，《护生画集》第六集的原稿果然安然带到了新加坡。这件大事圆满了，法师比什么都高兴。他把从第一集到第六集全部原稿都交给香港的时代图书有限公司，于一九七九年十月顺利出版。

这套《护生画集》从一九二九年出版第一集，到一九七九年出版第六集，整整半个世纪！在爸爸的生涯中，这是最伟大的"工程"！从第一集的五十幅，第二集的六十幅……一直到第六集的一百幅，总共四百五十幅护生画，四百五十篇护生文字，由弘一大师、爸爸、叶恭绰、朱幼兰、虞愚五位书写合力完成（弘公书写第一第二集，叶恭绰先生书写第三集，虞愚先生书写第五集，朱幼兰先生书写第四第六集），如此洋洋大观，世所罕见！而广洽法师把它付印，让广大读者都能见到这部巨著，真是功不可没！

这部书初次发行时，是赠阅的非卖品，印书的款子全部由新加坡善男信女（广洽法师的弟子们）捐赠。捐印者在这件事上也有一份功德。佛教的赠阅品大都是"欢迎翻印"的。所以后来海外各地纷纷翻印，其数量之多，不可胜数。一九九三年，深圳海天出版社出版了有书号的正式出售的版本。从此，各种有书号的版本、选集络绎问世。

二零零五年一月，上海人民出版社出版了全一册的新版本。这版本的特色是后四集的文字改由平湖书法家许士中用弘公的字体书写。这样一来，虽然失去了叶、虞、朱三位的书法特色，改变了数十年来看惯的版本，但从形式上得到了近似的风格。今后不妨两种版本并存。福建莆田广化寺于一九九六年翻印的《护生画集》全集，也是六集并一册的。版本为三十二开横排，每页一对字画。最有意义的是每集后面加一附录，把手写的书法部分译成铅字。这一举措功不可没。因为书法中有很多繁体字、古体字和草体字，一概译成简体铅字，就可使更广大的读者都能看懂。这一"翻译"绝非易事，实在值得感谢。我们在提供上海人民出版社出版《护生画集》时，就建议采用这现成的译文（校对后稍加修改）。

《护生画集》自一九二九年创作完成至今，已将近八十年，而且还会延续下去，直到永远!

爸爸在养病五年期间写了《红楼杂咏》，翻译了《竹取》《落洼》《伊势》三物语，画了《敝帚自珍》四套，创作了《续笔》三十三篇，翻译了《大乘起信论新释》，重译了《旅宿》，此外，还临摹他喜欢的字帖索靖《月仪》，还把童年时代唱过的歌曲凭记忆一一抄录下来……而最有意义最重要的还是提前完成了弘公嘱托的《护生画集》这部巨著!

卷土重来

一九七四年的某一天,钱君匋先生来访,手持一本册页,说是有人要我父亲也在这上面画一幅。爸爸当场就在册子上画了一幅《卖花人去路还香》,交还了钱先生。岂料这件事闯了祸,使爸爸在养病期间又得重新接受批判。

不过,话得说回来,其实即使没有这件事,等待着他的命运也是同样的。因为那时政治形势有变,"四人帮"借批"大儒"为名攻击周总理。于是一个霹雳天下响,下面的人马上跟进,全国都展开了"批林(彪)批孔(子)"运动。上海还举办了"黑画展"。

我们对政治一向反应迟钝,不知道矛头是指向周总理。素来敬仰周总理的爸爸在一九七四年三月六日给新枚的信中还很得意,说他应画院要求,写了一张大字报。他说:"上海正在'批孔'高潮。我也写了一张大字报,去画院张贴。我写了小字,他们代我写成大字报,说是省我劳力。照顾可谓周到。"

我们起先以为,爸爸居然也被授命写大字报,那不是把他也看作"革命群众"了吗!居然也暗自欣喜。谁又知道那是在批我们敬爱的周总理!

就在这封信里,爸爸还说:

求索字画者甚多。但我多写字,少作画,写字用鲁迅诗,画总是《东风浩荡,扶摇直上》(儿童放纸鹞),或者《种瓜得瓜》。上海书法展览会中展出了我的字,于是我的书名大噪，求画者少，求字者多，我很高兴。毕竟写字少麻烦。

岂料不久之后，就接到通知，要他去画院接受批判。事隔约两个月以后，爸爸于一九七四年七月十一日写给新枚的信中说：

> 来信语重心长，我很感动。此次为巩固"文革"成果，上海又开批判会，受批判的四人，我在其内。原因是我自己不好，画了一幅不好的画给人，其人交出去，被画院领导看到了，因此要去受批判。但很照顾，叫车子送我回来（上海现在三轮车绝少，三轮卡也少）。第一次在画院，不过一小时，一些人提出问题，要我回答，我当然都认错，就没事。送我回来，外加叫一个小青年骑脚踏车送来，恐防我走不上楼。第二次在天蟾舞台，那是听报告，不要我回答，不过报告中提到我的画。这次南颖陪我去，他们叫三轮卡送我回来。事过两月，我的工资照旧一百二十元，"内部矛盾"的身份也不改，你可放心。自今以后，我一定小心，足不出户，墨也不出户。真不得已，同阿姐等商量过行事。

所谓在天蟾舞台"听报告"，是爸爸怕新枚担心，特地写成"听报告"。其实就是对包括他在内的几个画家（刘海粟、程十发等）开批判会，只是没让他们上台而已。据说这次爸爸入场时，与会观众纷纷转身观看，他们是想一睹这位饱受苦难的大画家的风采啊。

这次批判的内容，其中一幅画正是《卖花人去路还香》。看来这本册页已落到了造反派手里。他们把"卖花人去"说成"卖画人去"。于是大做文章，说丰子恺被打倒了还说自己香，他还在放毒！此外还加了另外的画如《满山红叶女郎樵》，说这幅画是诬蔑"三面红旗"落地。

后来出版界开批判会时也提到这幅画。我心中纳罕，一看以后，才明白那幅画中从树上落下来的红叶正好是三片。

爸爸在一九七四年四月二十四日写给新枚的信中就提到过这幅画受批的事：

> 有一工厂中，贴一张大字报，说我的《满山红叶女郎樵》是讽刺。红是红中国，樵取红叶，即反对红中国。然而没有反响。见者一笑置之。由此，我提高警惕，以后不再画此画，即使画，要改为《满山黄叶女郎樵》。

一幅《满山红叶女郎樵》，竟有种种解释，真是欲加之罪何患无辞！我有时想想，上头定下调子来要批判几个人作为政治上的陪衬，在上海，爸爸作为美协主席、画院院长，总是逃不了的。虽然可批的内容已经批过好几回，但谁让爸爸一生画那么多画，随便再找一幅，就可以从豆腐里寻骨头。其实造反派们心中可能也在窃笑。大家都在做戏，应付上头的需要啊！

这件事过去之后，我们就在思量：爸爸画着《卖花人去路还香》的那本册页是否由钱君匋先生交了出去呢？为此，我们对钱先生很有意见。华瞻哥甚至还代表爸爸写了一封信去批评钱先生，表示要和他断绝师生关系，叫他以后别再来我们家向爸爸要画。据说钱先生为此十分惶恐，又不敢来解释。爸爸去世以后，胡治均先生曾访问钱先生。在言谈中，钱先生就讲起了这件事。他说那册子并非他交出去的。他因受命于某人，要把这画册传送给好几个画家作画，所以从我家取走后马上又送到另一个画家家里去了。他说，是造反派到那画家家里去批判，那画家才交出来的。至于那封绝交信，经胡先生说明情况后，他

才安心一点。爸爸去世开追悼会时他不敢出席,写了一首诗,题为《哭丰子恺先生》:

意气相投五十春,一朝传讹罪吾身。
临风遥哭先生殁,难雪此冤百世存。

爸爸骨灰安放时,钱先生心中已略释然,便参加了。

在那段时间里,出于保护爸爸的人身安全,宝姐、华瞻哥和我,三人曾到三楼小房间里讨论:如何制止爸爸给人们画画。讨论结果,认为最好的办法是取去他的笔砚,使他无法再写再画。他们叫我去执行此事。爸爸起初对此没有意见,但到了第三天,他已按捺不住不写不画闲坐着的难受,焦躁地对我说:

"一吟,你拿走了我的笔砚,比挖了我的心肝还痛苦,赶快还我吧!我不写不画就是。让我临临字帖吧!"

我听了很内疚,马上还给了他,也没向两个共同商量的人请示。

是的,爸爸是个闲不住的人。在这暗无天日的环境中,难道连写写画画也没有权利了吗?此后他确实只是用毛笔临临帖而已。

人们对于"文革"实在已很厌倦。谁愿意一天到晚生活在斗争中呢。人民大众所喜爱的毕竟是真、善、美!据说这次"黑画展"的观众,除了极少数人蒙在鼓里以外,绝大多数是来欣赏名画家的名作。在那遍地硝烟、到处批斗的境遇中,难得有一次名画家的展览啊!

少小离家老大回

　　爸爸大概自己觉得健康情况越来越差,所以又动了回故乡看妹妹的念头。那时我们的健康知识实在太欠缺,甚至连"健康"二字都不敢提。记得朱幼兰先生曾经送我一张"健康第一"的横幅书法,我竟吓了一跳:这种横幅怎能公开地挂到墙上!造反派见了会说:怎么可以把健康放在第一!应该是把毛泽东思想、读毛主席的书放在第一啊!

　　爸爸长期坐在桌前,别说外出了,连房间里也不大走动,对健康肯定是不利的。癌症的病魔不知从什么时候开始侵袭他,但一九七五年回乡时,癌症肯定已有发展。可怜的爸爸,我怎么全然没有察觉啊,以为你只是年老体弱。那一年,爸爸虚龄七十八岁。我现在已将跨进八十岁,还在忙这忙那,天天出去走动。我对健康的无知贻害了爸爸,我们应该坚持让他按时拍片检查的。现在想来,真是遗恨无穷!

　　这回陪同前往故乡的仍是胡治均先生,而且他又写下了一篇《石门湾忆游——侍丰子恺老师游故乡》,给我写这本书帮了大忙。爸爸最后的两次出行,都有仗于胡先生的得力陪同。先姐这次虽然也同行,但她身体较弱,不能当主力军。同行的还有两个小姑娘:她女儿阿春和我女儿小明,一群人浩浩荡荡出发。胡先生文中说:

　　一九七五年四月十三日清晨,我们从上海搭沪杭火车,向浙江长安站出发……一行五人中,老中少三代人,谈谈聊聊,三小时的车厢生活,也很欢乐。先生爱饮酒,我们考虑到在火车上的方便,同时为了不致引人注意,把酒事先装在药水瓶里,要喝的时候,只须从瓶里一口口往嘴里送,也用不着杯子。先生就这样安逸地在车座上享受着旅途的乐趣。先生这种饮酒似吃药的动作,不知从什么时候,被邻座旅客发觉了,他们交头接耳,不断发出惊奇的微笑和轻声的议论。他们怀疑:"这位老公公得的是什么病呀!吃的是什么药呢?从来没有见过有这样不停地服药,而且药量又是那么重,二百五十克的药水快要喝完了。"他们不断地把眼光扫向先生,扫向我们同行的人,想在我们的面部表情中找出答案。可是我们没有告诉他们这个秘密。大药量的老公公只报以亲切的微笑,频频向他们点头,直到我们在长安站下车,与他们分手的时候,这些好奇的暂时同路人,还没有弄清楚究竟是怎么一回事。

到达长安站,从石门湾开来的小汽船,已经在等着我们。专程来接的有先生的外甥蒋正东、堂侄儿丰坤益,以及其他亲友共六七人。从长安站到船码头的这段路程,没有任何代步,只得由两个人搀扶先生行走。我们发现先生的脚力已非常差,他走一会就要停下来歇一歇,我们就请他在人家门前的阶沿上坐下来,有时就索性坐在路旁的石块上。这样走走坐坐,到船埠的二百多公尺距离,差不多休息了四五次。这位老人,在"四害"横行前,曾健步登临过井冈山革命圣迹,攀登过黄山天都峰。想不到被摧残之后,会留下这么严重的后果。我只是想着暗暗难过,其他同行的人,都面面相觑,同样是难过,却说不出话来。倒是先生自己打破了这一沉默。他说:"不要紧,慢慢走,总会走到的。"他那坚强的自信心,乐观的精神,依然是那么充沛,使我

一九七五年爸爸与弟子胡治均最后一次回故乡。

一九七五年爸爸回故乡时与众乡亲合影。

一九七五年爸爸与雪姑母和她的孩子们在故乡。

永远不会忘记。

在正东的妥帖布置下,我们在船舱里安顿下来。船舱小而不挤,粗而整洁,尽可自由自在地坐起。船中又有小桌矮椅,可放酒摆茶。先生一边悠闲地饮酒,一边指着坐在船尾上的蒋正东,讲出有关他的一段令人啼笑皆非的遭遇来。

正东本来的名字叫"镇东",是先生的嫡亲外甥,也是这次招待我们的主人。他是个道道地地的贫下中农。镇东的母亲是先生的妹妹,就是《缘缘堂随笔》中提到的雪雪。抗日战争爆发,先生仓促离开石门湾后,正是从镇东的家乡南圣浜开始,从此辗转流徙内地。那时正东还是个没取名的孩子。先生在离开南圣浜时，为了表达痛恨日本帝国主义的侵略，为了纪念这次离乡出奔，特地给外甥取一个名字叫"镇东"，是镇服东洋鬼子的意思。可是，这样含义非常明白的爱国思想，在"四害"横行的时期却被叱之为"恶毒攻击"，因为他们把"东"字曲解为东方，即中国。娘舅外甥为此受到冤屈，外甥不得不把原来的"镇东"改为现在的"正东"。先生讲完这段新鲜故事，沉痛地叹了一口气说："唉，真是爱国也有罪呀！"

我想补充几句。据我所知，镇东改名并非为此，而是因为镇东姓蒋，叫蒋镇东。如果把"东"字理解为一位伟大领导人的名字，再把"蒋"字引申一下，于是就会出现某某人镇压某某人，那还了得！明明胡先生也是对我这样讲的。但如今发现他文中换了一个说法，那要不是编辑改的，就是他自己换了一种写法。胡先生的文章写于一九七九年，阳光还远远没有如今这么灿烂。在"阴，有时有小雨"的时节，把这故事修改一下，完全是可以理解的。

爸爸在船中饱览两岸美景，经过了我妈妈的家乡崇福后，不久石门的南皋桥在望。

南皋桥是先生多么稔熟的名字呀，但是，此刻他怎么也认不出来了，过去它是用条石砌成的环洞古桥，现在已变成钢筋水泥的现代化新桥了，据说将来公路通了，载重十九吨的大卡车也可以通过。大概由于现今桥身又高又大的缘故，索性连"皋"字也改成"高"字了，桥上写着"南高桥"三个字。"变了样了，不认识了。"先生为故乡不断前进，发出多么喜悦的赞叹。

汽船从大运河驶入后河经缘缘堂遗址时，岸上已有人在向船里人打招呼。但爸爸此行的目的地是南圣浜，所以驶过木场桥，出了通市桥，径向西北方向开去。南圣浜离石门镇水路七里。

船开十数分钟后，又遇到一座古老的石桥，往上望去，桥栏上刻的是"画书桥"，多么优雅的名字呀。据先生回忆，桥边昔年还有一座萧王庙，从前每逢庙会，萧王庙的花台戏是远近闻名的。花台者，乃是用鲜花扎成的戏台，在这个台上演戏，就叫做花台戏。先生儿时曾在这里看过花台戏。他说："有一次，我在台上看到一个漂亮的花旦，在卸装后再看到他的时候，却是一个穿着竹布大褂、头颈下拖着一根长辫子、手里拿着旱烟筒的中年男子。"先生说来有声有色，津津有味，这位白发老翁顿时回复到他那甜蜜的童年时代的境界里去了。我们也在不知不觉中分享了先生儿时的幸福。如今萧王庙早已不存，而花台戏的诗情画意，还在石门湾周围流传。

船过画书桥，河道更见狭小。汽船停了火，改用竹篙撑行前进，有点像桃花源里缘溪行的味道，不过两岸不是桃林，而是桑林。四月里的桑树，嫩绿满枝，其景之美，不亚于落英缤纷。桑地里的豆花，随着微风一阵阵飘来清香，使人心旷神怡，我们犹如进入了迷人的仙境。

须臾，正东过来说："到了。"他一面说，一面用手指向前方大约二百公尺的尽头处。我顺着他的指头看去，不禁大吃一惊。我疑心自己的视力不佳，带着惊疑的眼光问正东："这两岸，都是……？"正东首肯地答道："是呀！都是我们的村里人，都要见见娘舅。"他接着为难地又说："我们总算保密了,但消息还是给泄漏了。"原来这是一群自愿的、朴素的欢迎队伍。我怀着激动的心情,向两岸望去,蓊蓊然总有一二百人,有老的,有小的,有男的,有女的,有衣着楚楚像是经过打扮的,也有连锄头铁搭还未放下而挤在人群中的。船越撑越近,"夹河"欢迎者的笑脸,徐徐地向我们掠过。他们笑得那么坦然,那么诚恳。等到我们上了岸,年老的纷纷过来,向先生问好招呼,他们又是那样亲切,那样真挚。这个感人的镜头,在我的脑子里,久久不能磨灭。想想"四人帮"一伙,费尽心机贬低和否定子恺先生,妄图破坏先生在人民群众中的美好形象,对比之下,这是多么愚蠢,多么可怜。

第二天,让先生安静地休息一天,我和林先抽空先到石门镇去兜一转,凭吊了缘缘堂遗址,浏览了石门镇市容,虽说草草一掠,也可算是先睹为快了。

到第三天,四月十五日,先生和我们,还有南圣浜的几个陪客和撑船的亲戚,一行十余人,乘木船至石门镇。原打算看看市容,访访故址,作整日游。可是,船到镇上,已经中午,我们在先生的堂侄坤益家吃了中饭。饭后,忽然天下雨了,雨越落越大,游览计划全部打消。下午只得原船回南圣浜。

自此以后,天天阴雨连绵,农村道路泥泞,我们无法出门。再度游石门镇的计划当然也无法实现。我和林先以及孩子们,有些不耐烦,不免抱怨天公不肯作美,还是先生风趣地劝我们,说:"勿急,这就叫'落雨天留客'嘛,既来之,则安之。"神态是如此安详,兴致是如此勃勃。就在这雨窗的客舍里,先生为我随身带去的一本《缘缘堂随笔》的封面上,亲笔题了签,落了款,笔力苍劲挺秀,布局疏密相宜。我十分宝爱这本书,如今它已成为我石门湾之游的珍贵纪念文物之一。

雨连下四天,却并没有给我们造成寂寞,来南圣浜探望子恺先生的乡亲络绎不绝。他们不顾天雨路滑,有从二九里(即十八里)外练市来的,有从三九里(即二十七里)远的崇福来的,从石门镇和就近乡村里来的,当然就更多了。

先生乳名叫慈玉,所以来访的客人,大多依照年龄不同,亲切地称先生为"慈哥""慈伯"或"慈公公""慈爷爷",叫人听来,感到乡土风味非常浓郁。来客中有说今话旧的,有致意问好的,先生和蔼可亲地一一和他们交谈;时而抚髯微笑,时而感慨系之。也有从未见过面的年轻客人,当他们叫一声"慈公公好!"之后,继续自我介绍说:"我是某某某某的儿子。"这时,先生似乎有些想不起来,等到对方再补充一句"某某某是我的祖父"后,这才使先生哈哈大笑,连说:"晓得,晓得,你爷爷可好呀!"当年轻人说道:"爷爷早已去世了。"这时先生又感到怅然若失,低低吟出"去日儿童皆长大,昔年亲友半凋零"之句。来客中也有素不相识的求字求画者,先生慎重其事地要我把他们的名字一一记下,后来在回到上海后,都写了画了寄给他们。得画得字的人都非常高兴。

在这里,我要回过去引用胡先生文章开头的几句话。他是这样说的:

先生的幼女一吟,过去经常陪先生出游,这次因工作关系不能同去,但她出于对父亲的爱护,与我约法三章:

谢绝应酬性赴宴；不要惊动乡里；不写字作画。一吟的顾虑是有道理的，在当时的气候环境中，好端端的会来个无事生非，给先生带来麻烦，因此小心谨慎一点是应该的。但是这三条中，只有第一条我们是坚决做到了，这是因为先生从来就讨厌那种虚伪客套的酬酢。第二条呢？尽管我们对自己的行止相当"保密"，但到底"泄了密"，因此也还是惊动了乡里。至于第三条，先生是这样说的："爱我画的人，爱我字的人，总是爱护我的。爱护我的人，总不会是坏人吧！要画的，要写的，把名字记下。"都答应了。先生为人如此厚道，我复何言。

爸爸这番话是有点道理的。因为在实际生活中，我们确实没有碰到过爱爸爸作品的坏人。这并非偶然，究其原因，是因为他的作品能够感动人心，唤醒人们的良知。爸爸在文章里，在画里，写的都是一个"爱"字：爱护人类，乃至爱护生物。他画了四百五十幅护生画，为的就是唤醒人们心中的爱。他提倡护生，目的不仅要人们爱护动物；更重要的，是爱护自己的心。只要人人都有一颗爱心，天下就会太平！

爸爸回来后，给很多乡亲画画写字。更多的是写贺知章的那首《回乡偶书》：少小离家老大回，乡音未改鬓毛衰。儿童相见不相识，笑问客从何处来。《跋》云：离乡三十九年，乙卯百花时节重游旧地，但见建筑全新，园林畅茂，如入一新世界。写贺知章诗赠亲友留念。

又有谁料到，一九七三年去杭州，一九七五年回故乡，其实是爸爸向他的亲姊妹道别！石家庄之行，终于未能实现。

暂时脱离人世

这一年的八月初,有一天吃晚饭时,我们发现爸爸用筷子挟菜竟挟不住,最后几口是我喂给他吃的。一量体温,三十八度六!右手指不灵活,逐渐发展到右腕也不灵活,又发展到右肘乃至右肩都不灵活。

爸爸的公费医疗已从高级的医院降到一般的医院。我们几次陪爸爸去看病,医生虽然也作了X光透视,却没有发现肿瘤,只说"有肺结核老疤"。验血,白细胞六千。医生诊断为"感冒"。

八月十五日,杭州传来了满娘去世的消息。这对爸爸是一个沉重的打击。他病体奄奄,躺在那张腿也伸不直的小床上,不断地遵医嘱服药,等待"感冒"痊愈。

忽然有一天,挂在他身旁墙壁上的马一浮先生书写的对联"星河界里星河转,日月楼中日月长"掉了一联下来,落在爸爸身上。我赶紧去收取。展开一看,竟是下联"日月楼中日月长"!我心里咯噔一下。怎么那么巧!难道是坏的预兆?我尽量在心中把这现象斥之为迷信,而且当时对谁也没说。

就这样一直拖到了八月二十九日的傍晚。秋姐陪了她的朋友丁训杰医生来到日月楼上给爸爸看病。丁医生了解了种种情况后,主张赶快送医院。医生走后,我们立刻行动。好容易叫到了一辆汽车,但怎么把爸爸弄下楼去呢?这时家里没一个男人,时间刻不容缓,就由我背了爸爸下楼。爸爸已是那么瘦,我并不觉得吃力。

那个时期,公费医疗规定在哪里,就不能到别的医院去以公费看病。

所以还是送到大华医院看急诊。医院里人满为患，爸爸连观察室也进不了，只能睡在走廊里的"加床"上。晚上由我留下来陪夜。

这是一个不眠之夜。爸爸要我扶他起来，让我坐到床头，他靠在我身上。妈妈曾讲给我听，说我祖母病危时，就是这样靠在人身上。爸妈都充当过靠垫。莫非爸爸病危了？唉，我怎么尽想些不祥之兆！

爸爸和我聊天，他断断续续地轻声地说了很多话：

"你知道吗？胡治均告诉我说，都是江青无法无天，还说……这班人哪……哼，看你横行到几时！"

爸爸虽然说得很轻，我却听得很清楚，因为两个人的头是挨在一起的。忽然他感慨地说：

"我们这一代兄弟姊妹中要数你满娘寿最长了。她活了八十五岁。"

我觉得这是更不好的兆头，显然病人自己觉得活不长了。我连忙安慰他：

"爸爸，你会更长寿！"

"我么？……唉！……我真想看到这班人的下场，可是我这病……"

"你会好的！上次透视结果不是说你没事吗？"

爸爸的身子抖动了。他试图擦眼泪，但忘了自己的右臂已不听使唤。我屏住自己的眼泪，连忙替他擦。

爸爸似乎平静下去。过一会儿，他忽然轻声地吟诵起陆游的诗《示儿》来：

死去原知万事空，但悲不见九州同。
王师北定中原日，家祭毋忘告乃翁。

"爸爸，你……"这回轮着我的身子抖动了。

"我们谈点别的吧！"爸爸显然不喜欢让这种悲伤的情绪持续太久，突然转变了话题：

"我永远也忘不了去北京出席全国政协会议时周总理同我握手的情景。周总理说：'啊，老漫画家，久仰久仰。'……他问我的年龄，原来我们是同年……他关心我为什么不带了老伴一起到北京来。他关照我说，下次要带来……周总理记性真好。第二次我带了你妈妈去北京时，周总理见了面就问我：'老伴带来了吗？'……还有一次，周总理来上海，一看见我就问我近来画得多吗？……问长问短……真亲切……"

接着，他无限怀念地补说一句：

"不知道周总理现在身体怎么样了……"

爸爸的身子又抖动起来。

他似乎预料到自己不久就要失去讲话的能力，这天晚上，话讲得特别多。

第二天，八月三十日，秋姐和胡治均先生一早就来了，秋姐主张马上通知画院。胡先生便赶到画院去，马上同来了杨振新——就是爸爸一直说他好的那一位。医生要为爸爸再做一次透视。但这时爸爸体力不支，已站不起来。于是，由杨振新和胡治均两个男子汉夹住爸爸的双臂，我和秋姐则扶着他的左右脚。好容易透视成功，医生仍然说肺部只是陈旧性病变。

秋姐坚决主张马上转院，转到市级的华山医院。但按当时规定，转市级医院必须先到区中心医院办转诊手续，而且必须病人亲自到区中心医院去，经过检查后才能转诊。秋姐马上去区中心医院找她熟悉的人。我和胡先生把半身已不能动弹的爸爸好不容易送进了汽车，来到徐汇区中心医院（俗称淮海医院）。幸亏秋姐那位熟悉的张医生帮忙，当天就办好了转诊手续。爸爸又被艰难地送进了华山医院急诊室。

爸爸起初被安置在华山医院内科观察室九床。八月三十一日检查超声波，结果良好。九月一日做脑电图，也未发现异常。九月二日，医生嘱我们把病人转到神内科观察室二十七床。为了排除患其他疾病的可能，神内科医生嘱我们把病人送去拍X光片检查肺部。我和先姐陪去。我想，在大华医院两次都做过X光透视，还会有问题吗？多半是神经方面的病。可是，拍片和透视就是不一样。片子洗出来，医生宣布爸爸竟是肺癌！

我和先姐一听见这消息，两人偷偷地抱头大哭。原来右肺的叶尖有一个约拳头大的肿瘤！如果是恶性的话，自然已属晚期。经过借旧片比较，拍了分层片，终于确定是肺癌！医生分析说：可能已转移到左脑，因此，使右臂不能动弹了。

妈妈和兄弟姊妹闻得这个坏消息，无不伤心痛哭。亲友们都来关心。卢永高先生送来一本杂志，上面报道湖州有一个中医，研制出一种叫"东风汤"的中药，说是治癌很灵验。真是"病急乱投医"，胡治均先生马上自告奋勇去湖州购买。据说买的人相当多，他还是托了熟人才能很快买到，赶紧送回上海给病人服用。此外，秋姐建议服羚羊角粉，我还曾到雁荡路附近一位我们家乡的名医家里，坐在他家门槛上等他回来，求他开了中药，煎好后赶紧送去给爸爸喝。

爸爸生病期间，也颇有一些人来看望他。张乐平先生也来过，平时经常登门的人就更不必说了。还有不少人写信来慰问病情。

自从爸爸住院以后，我们就组织了值班的安排，并由每个值班者及时记录每一次检查、治疗、服药以及病人的一举一动等等情况，以便接班人了解。这些资料共有两小册。到二零零六年，故乡桐乡档案馆找上门来，我就把这两个小册子捐赠给他们了。他们打印了一份副本让我保存着。

新枚也从石家庄赶回来侍病了。在九月四日侍病的日记上,他写着:爸爸说自己"东想西想困勿着(即睡不着)",新枚问他想什么,他说想诗词,想"黄莺久住似相识,欲别频啼三两声"以及秦少游词。那时爸爸离去世已只有十一天,还牵挂着诗词,难怪他晚年曾对新枚说,他死后只有诗词舍不得抛弃。

在爸爸很难把话说清楚时,也没忘记要把自己在"地下活动"时译出的由他亲自包好的三篇"物语"交新枚保存。爸爸做了一下手势,表示一包东西,再指指新枚。我马上领会了。因为他在健康时已提到过这三篇译作要交新枚保存。就像那套彩色精品风景人物画一样,他认为交新枚保存在石家庄比放在自己身边安全。他深信这些作品有朝一日会与读者见面。

爸爸病情日渐恶化。我看出他似乎心中有话不能表达,便反复地问他,但爸爸已经发不出声音了。新枚想了想,找出一本练习本,我给爸爸递上一支圆珠笔。爸爸下意识地把笔握住,在本子上画下了一些不成形状的图形,成为他留给世人的绝笔。

一九七五年九月十五日中午十二点零八分,一代艺术家丰子恺在华山医院的观察室里安详地合上了双眼。

他没有活到拨开乌云见青天的日子,就与世长辞了!

第六章 重回缘缘堂

向爸爸道别

一九七五年九月十九日,由画院出面,在龙华火葬场为这位前任院长举行了一次追悼会。这时,周恩来同志病重,由邓小平同志主持中央日常工作。一时,形势有了明显的好转。因此,追悼会总算在大厅中举行。画院里的老画师们,凡是走得动的,几乎都来参加了。他们在"牛棚"里共过患难,都怀念着这位与世无争的老画家。

送花圈的人很多。那时的花圈只有纸的,有一个却是鲜花的,用我们家乡称为"千年红"的小紫花球组成。我一看,原来是刘海粟先生请人送来的。后来得知刘先生当时正患重病,作诗曰:

暮年兄弟少,悲君亦自悲;泪雨满床头,真梦两依稀。

事后,刘先生在《怀念丰子恺先生》一文中说:

那时候养花被视为"资产阶级生活方式",到处买不到鲜花。我刚巧领到一个月的伙食费,便请人跑到虹口公园费了不少唇舌,买花扎成一个花圈,托一位有正义感的学生吴侃送到龙华火葬场殡仪馆……子恺和他的艺术是有生命有气节的真花!……真花能留下种子,馨香远播,秀色长存,沾溉后学,美化世界,歌颂青春!

一九七五年九月十九日追悼会。

妈妈和子女们与爸爸告别。

国内报刊上对这位海内外闻名的艺术家的逝世毫无反应，倒是由于我们通知了爸爸的方外莫逆之交新加坡广洽法师，在新加坡《南洋商报》和《星洲日报》上登出了两条消息。到一九七六年的二月十三日，香港《大拇指周报》上出现了两版"丰子恺先生纪念专辑"，发表了明川的《不悲不恸悼先生》和香山亚黄等人所写的《悼以外》《迟来的噩讯》等悼文。爸爸的老友叶圣陶先生得知噩耗后，寄来一首诗：

　　　　故交又复一人逝，潇洒风神永忆渠。
　　　　漫画初探招共酌，新篇细校得先娱。
　　　　深杯剪烛沙坪坝，野店投书遵义庐。
　　　　十载所希归怅恨，再谋一面愿终虚。

　　追悼会后，我整理了爸爸留下的可怜的书画遗物，全部拿出来，对姐姐们和兄弟们说：

　　"你们挑选吧，剩下的给我。"

　　我们对这些东西谁也不争。各人选了自己喜欢的书画作品和书，我拿了剩下的一幅小书法和一些日文书（日文书后来都捐给缘缘堂了）。大哥选了一些图章，余下的图章由弟弟拿去保存了。

　　爸爸给我们每个子女都画的那套四季屏，我的一套被美术学校的学生抄家时抄走了，所以当时爸爸的画在我手头一张也没有。数年前，我二哥送了一幅小画给我，我受宠若惊，如今一直挂在我书桌左壁上。

　　爸爸去世后我拿到的一幅小书法——陶渊明的四句诗"盛年不重来，一日难再晨，及时当勉励，岁月不待人"，则挂在右壁上。当时我选取这幅小书法，只是因为爸爸在那套"精品"画中有一幅是画我，画题正是用的这四句诗。如今这四句诗悬诸左右，正好成了我的座右铭。

上海社会科学院文学研究所副译审
上海市文史研究馆馆员
桐乡丰子恺研究会顾问
中国作家协会上海分会会员
上海翻译家协会会员

丰 一 吟

我的特色名片正面

我的特色名片反面。

十余年前，我把这幅画清除颜色，印在我的名片反面。我的晚年就是在爸爸这四句诗的勉励下度过的。我为研究爸爸的生平和创作，从未浪费过一分钟。因为"岁月不待人"啊！尤其不待我这八十岁的老妪！

重见天日

我想说的不是中国人民重见天日,那种欢庆就不必谈了,那不是从内地回到江南故乡的欢乐,而是从地狱回到天堂的欢乐。我在这里只谈爸爸的画重见天日。已经有十二年了,报刊上看不到爸爸一幅画、一篇文。

一九七八年四月二十三日的《文汇报》"风雷激"副刊上忽然登出了爸爸的一幅《山到成名毕竟高》。亲友们奔走相告,家属们欢喜雀跃。其实那并非为专门介绍丰子恺的画而登出的,那幅画只是作为插图陪衬一篇文章。文章题目叫《数学家的诗篇》,作者是复旦大学陆士清,内容是歌颂苏步青先生的。只因《文汇报》有一位先生持有此画,他想让十二年没和读者见面的丰子恺露露面,便作为此文的插图悄悄地"塞"了进去。这一炮打得好!爸爸的作品重见天日了。

由于这幅画下面载了"丰子恺遗作"五个字,看到报纸的读者方才知道他们所敬仰的老画家已经不在人世。爸爸去世后新加坡、香港等地的报道,当时国内是不可能看到的。全靠这幅画登了出来,起了讣告的作用。在他生前,老友叶圣陶、钱歌川先生先后来沪时曾要求和他见面,陪同的人都不让见,使爸爸失去了与老友诀别的机会。

就在这一九七八年,广洽法师从新加坡来上海,致祭于爸爸的灵前,洒了一地泪水。香港中文大学老师卢玮銮小姐(笔名明川、小思,后为中文系教授)来到上海,在她慕名已久而终未谋面的艺术家遗像前泣不成声。还有难以计数的虔诚的读者为一代艺术家写悼诗,表哀思。

一九七八年年末,上海文艺出版社为《往事与哀思》一书来约我写一篇回忆爸爸的文章。我从来没有写过文章。他们介绍我去向王西彦先生请教。一九七九年一月,我写出了《回忆我的父亲丰子恺》一文,近一万字。

一九八零年,那时我刚从上海译文出版社转到上海社会科学院文学研究所外国文学研究室,不久就有浙江文艺出版社来向我和宝姐约稿,要我们编《丰子恺文集》(七卷本,其实就是全集)。一九九零年九月,文集艺术卷四本出版(共三百二十二篇文);一九九二年六月,文学卷三本出版(如日记一天算一篇,诗词和书简一则算一篇,则共七百五十三篇)。全集共三百一十八万四千字,收一千零七十五篇。由于我身在外国文学研究室而做的却是"丰研"工作,就没有评上高级职称。退休后补申请,才得了一个"副译审"的空名衔。

文集出版后,宝姐和我就开始计议编《丰子恺漫画全集》。其实从一九八八年开始,我们就已开始在徐家汇藏书楼里啃面包找资料了。一九九八年正逢爸爸百岁诞辰,京华出版社得知我们正在编漫画全集,便来约稿。一九九九年二月出版,起初出十六卷本,共收漫画四千多幅。二零零四年四月又出九卷本。

到我写这段文字时,重新出版爸爸作品的书已经多达一百六十二种。研究介绍他生平作品的书也已有八十五种。还有拍成电视介绍他生平和作品的纪录片也已有十三部。

妈妈也走了

爸爸一九七五年离世后三年，我的小家庭和母亲就于一九七八年五月二十三日搬到了漕溪北路。那时还没有可以买卖房屋的规定，要搬家，只能以房易房。漕溪北路当时是市梢，不大有人愿意把市区的房子换到这里来。但我们看中了这里的房子是一套套单独的，不必爬楼梯。我们急于离开是非之地，所以通过画院由文化局替我们调换成功了。

妈妈搬到这里，高兴极了。因为陕西南路不仅已有了三四家邻居，而且我们住在二楼，厨房却在楼下，很不方便。有一次妈妈在床上呕吐，双手捧着污物，叫唤厨房里的保姆凤珠阿姨却叫不应。一直等到我女儿放学回来上楼才看到。如今一家人和厨房洗手间都在一个平面上，妈妈不仅唤人方便，还可以到厨房去看看煮什么菜，上厕所也不必跨几步扶梯。

妈妈在这里度过了五年安稳的生活，于一九八三年四月十日去世。她比爸爸寿长十年。爸爸是虚龄七十八岁去世，妈妈则是八十八岁去世。妈妈在一九八零年跌了一跤骨折，躺了几个月后虽能搀扶着走路了，但终于因脑血栓而去世。

由于那时我在爸爸的事上已开始忙起来，所以服侍妈妈的主要是我丈夫阿崔（崔锦钧）。他当时已退休回沪。他是至孝的人，而且吃苦耐劳。我至今还记得送妈妈去龙华医院复查接骨情况时的场景。那时不但没有私家车，连出租车也无法叫到。我们雇了一辆"黄鱼车"，就是人踩的三轮货车，由宝姐扶着让妈妈平躺在车上去医院。"黄鱼车"

踩得很快，我跟不上。六十多岁的阿崔硬是小跑步紧紧跟随着。虽是隆冬，到达时他满头大汗。得知接骨情况良好，可以慢慢锻炼了。那时也是阿崔双手搀着妈妈双手，自己退走，在走廊里甚至扶梯上慢慢地让她锻炼。妈妈后来得了老年痴呆症，发作最厉害时大骂我和阿崔，这是患这种病的人的特征之一。不过不发作时还和常人一样。

我和宝姐在妈妈已不再能走动只能坐在椅子上的一段时期内，经常陪妈妈说话解闷，还利用录音机把我们说的话录下来。例如给她念诗词，念心经，讲故事等等。宝姐不来或我没空时，我就把录音重新播放。妈妈青光眼，"文革"时期一只瞎了，开了刀，保留了另一只，那时也不大看得清楚了。她以为我们又在她身旁讲了。录音机这东西真管用。

妈妈长期卧床时，我们怕她生褥疮，异想天开地把她的上半身垫高。那时元草哥正好回沪探亲。我们两人去买来一些沙发内用的棕榈条，加上棉花，加上布套，制成了一块十几厘米高的正方形的床垫，让她的上半身睡在这垫子上。我买来一个橡皮扁马桶放在她的下半身。这样，既解决了大小便问题，又不至于生褥疮。

可是，千方百计，还是留不住妈妈。有一天她突然没声音了。赶快送淮海医院，才知她得了脑血栓。经医治后出了院，我们托卢永高先生买来一只医院用的病床，可以摇起来让她换换姿势。可是这床才睡了几天，一九八三年四月十日半夜，妈妈说了一句模糊不清的话，就永远离开了我们。

事后，我一直在想妈妈最后说的那句话。共五个字，发音是"我拂神功了"。那时新枚正在上海。我们琢磨了一阵子，恍然大悟。妈妈是要告诉我们"我不行了"。用石门话来说，是"我不成功了"。"成功"在石门话里是"行"的意思。我至今一直在想：人凭什么感觉知道自己快死了？在电视里常看到快死的人往往有此预感。可从来没有人再活过来告诉我快死时是什么感觉,就像从来没人死了又活过来告诉我究竟有没有"阴间"?有没有"天堂"?有没有"地狱"?有没有"轮回"?

唉,这些都不去想它了。在世的时候好好做一个人,多帮助别人,多造福人类,这才是现实的事!

重建缘缘堂

爸爸在《还我缘缘堂》一文中说:"在最后胜利之日,我定要日本还我缘缘堂来!"

可是,日本终于没有还我缘缘堂。缘缘堂是靠我们政府自己和新加坡广洽法师的捐款造成的。

一九八三年二月,故乡传来雪恩娘病危的消息。我和阿崔赶到南圣浜去看她。后来她去世了,我家竟未去人。为了此事我遗憾终生。在这方面我受爸爸影响太深。爸爸一直强调要慰问活着的人,要善待活着的人,不要在去世后做形式上的一套。我则变本加厉了。连葬仪也没去参加。乡下的人对此是很重视的:娘舅家怎么没人来?!后来我向表弟正东致歉时,他反而十分宽容地安慰我说:"你们忙啊!"唉!再忙也不该忘了礼仪啊。

就在我和阿崔探望雪恩娘经桐乡将回沪时,桐乡宣传部副部长吴珊同志和我们谈了一件事。她说:她快要退休了,但在退休前要办两件事,一是开放茅盾故居,二是重建丰子恺故居缘缘堂。

这个消息做梦也没想到。爸爸要日本"还我缘缘堂",抗战胜利到一九八三年已经三十八年了,日本不还。桐乡却没有忘记运河之水哺育成长的一代艺术家,发起要重建他的故居。我马上把这好消息告诉新加坡广洽法师。法师汇来三万元助建。那时三万元已够建造缘缘堂的房子。但要造就得造在原地,而原地已建造着一家玻璃纤维厂。要让他们搬走,不是那么容易的事。要给他们另置土地,还得付拆迁费

重建后的缘缘堂内景

等等。这一大笔就由政府包下来了。

  一九八五年九月十五日爸爸去世十周年那天,举行缘缘堂落成典礼。广洽法师亲自从新加坡来石门参加典礼。各地来的宾客不计其数。石门镇万人空巷,争着观看这盛典。

  缘缘堂对外开放后,海内外前来参观者络绎不绝。

  就在这一次,广洽法师离开石门后就到杭州,把六册《护生画集》的字画原稿各四百五十幅无偿捐献给浙江省博物馆,于九月十七日举行了捐赠仪式。这套《护生画集》后来出了种种版本,深受读者喜爱。

爸爸魂归故里

这一节的内容,我要借助二姐之子宋雪君和大姐之女杨朝婴的文章来向读者交代。是的,出版这本传记时我已八十岁,是该由下一代来接班了,何况爸爸骨灰归故里时我正生病,没有随车同去。下面是宋雪君登载在二零零六年三月《杨柳》第五十六期上的文章《丰子恺骨灰归故里》的全文:

我们的外公丰子恺,于一九七五年九月十五日在上海逝世,一九七九年六月二十八日,骨灰安放在上海龙华烈士陵园革命干部骨灰室。

外公是在十年浩劫中惨遭迫害含冤去世的。他的在天之灵也许知道,读者始终都在怀念他。二零零二年起,由他的大部分亲属主办了"上海弘丰文化艺术公司",开设了"丰子恺艺林",大力弘扬丰公的艺术。现在,他最大的愿望也许是早日叶落归根吧。是的,外公一九七五年春曾回故乡,至今已三十多年了,应该回家了。

二零零六年三月十一日,我们丰公的第三代一行八人,担负起了护送外公骨灰回家的重任。他们是:外孙宋雪君、乐岚夫妇,外孙女杨朝婴、倪培良夫妇,外孙杨子耘、施雅芳夫妇,外孙女崔东明等。八时三十分,我们开着两辆小汽车到达龙华烈士陵园,将骨灰箱从安放处冷冰冰的箱柜中小心翼翼地取出。朝婴说:"外公,我们带你回故乡去了!"然后将骨灰装入一个大红布袋,放到子耘驾驶的汽车内。雪君驾驶的汽车在后护送,徐徐起步,踏上了回乡之路。

不久,比天气预报提前而至的春雨飘洒而下,似乎也早早赶来为外公送行。一路上,外孙女、外孙媳们不停地向外公介绍经过的地方,还要仔细地说明一些外公也许听不懂的名字如立交桥、高速公路等,当然还要介绍外公当时还不认识的第四代甚至第五代。外公的后代再也不会遇到像"文化大革命"这种黑暗的时代了,他的后代现在已挑起大梁,要继承和弘扬丰公的艺术了。

丰公的研究工作已经在社会上广泛开展,相信一定能够千秋万代流传下去。

十时多,两辆汽车奔波近一百六十公里,到达浙江省桐乡市石门镇外公故居缘缘堂。缘缘堂的负责人工作人员褚万根、姚震天二位冒雨出来迎接并放鞭炮。大家隆重地将外公的骨灰送进缘缘堂正厅灵台上,正面放上照片,两侧是花篮,桌上放满供品。全体三鞠躬。就这样,外公的骨灰事隔三十多年,顺利到达故居,完成了他的一个心愿。今年四月二十二日上午,骨灰将安放到南圣浜原来的衣冠冢内,与我们的外婆、二位姑外婆合葬在一起。墓地现正由政府大加修缮。那时,必然面目一新,而且还会有更多的亲属朋友前来参加葬礼。

宋雪君执笔二零零六年三月十二日

接下来,是杨朝婴登载在二零零六年六月《杨柳》第五十七期上的文章《外公丰子恺魂归故里》的全文:

二零零六年四月二十二日,早就预定好的、盼望已久的这一天，我们亲属和朋友在浙江桐乡石门镇南圣浜，将外公的骨灰盒安葬在重新修葺过的墓地中。终于，自一九七五年外公最后一次回故乡看望亲戚后时隔三十一年，外公魂归故里，入土为安。

上海、杭州、香港，很多亲属参加了这次仪式。总共大约有六十人：丰公的孙子丰羽一家，我母亲（丰陈宝）和我家、我弟弟子耘一家，先娘姨一家，软娘姨一家，小娘姨一家，秋娘姨一家及咬胜娘舅和咪咪娘姨，卢永高伯伯夫妇，一共开了六辆车过去。再加上当地的亲戚，桐乡、嘉兴两地的领导和有关人员，还有两地的电视台记者，热闹得很。

众人先到石门镇的丰子恺故居缘缘堂，由丰羽郑重地捧出丰公的骨灰盒，上车开出时放鞭炮。

墓地在离开石门镇不远的南圣浜，今非昔比，已由当地政府修缮一新。虽然还没有完工，但其设计看得出很符合外公一贯的作风：简洁，明快，大方。一条青青的石板路，两行葱葱的松柏树，直通微微高起的墓地。墓地上地面已经平整，还添了石凳供人小坐。环绕四周的松柏是当年雪姑母的儿子正东娘舅亲手种下的，如今已经高大无比，像高高的华盖，保护着长眠地下的外公外婆和姑外婆们。据当地人说，这里风水很好，这使我们心里更多了一点安慰。

嘉兴市的党委副书记发言，说得很有人情味，还有桐乡市的领导等等都讲了话，最后是丰羽代表家属致辞，言简意赅，出口成章。他们除了称颂外公在绘画、音乐、文学、翻译等领域的成就外，更多的是对他人品的赞扬。是啊，看到太多的勾心斗角、争名夺利、尔虞我诈、贪赃枉法……回头再看看外公的一生，他的朴实正直、淡泊名利实在令人敬佩和景仰。

丰家的后代很少有做生意或做官的,读书人居多,而且大多心境平和。他们在求知和做学问方面锲而不舍,而对物质生活则知足常乐。虽然这年头老实人往往吃亏,可丰家的后代们仍然按照外公的轨迹走下去,一直走下去,第三代、第四代……

仪式结束后,镇领导在桐乡东方大酒店设宴招待各方人士。宾主频频举杯互相致谢,倍感暖意融融。

昨晚下雨,大家都很担心今天的天气。我们出发时还下着毛毛雨,仪式开始时就好转了,甚至出了一点太阳。

是的,太阳也想窥视一下永远活在读者心里的这位大艺术家的落葬仪式啊!

潇洒风神永忆渠

随着春回大地，纪念活动日益频繁。

一九八一年五月九日至二十二日，在上海美术展览馆举行丰子恺画展，展出其遗作彩色漫画数百幅。

一九八四年八月十九日，宝姐和我发起成立了"丰子恺研究会"。参加者有毕克官、毕宛婴父女，殷琦，曾路夫，陈星，胡治均，潘文彦，丰陈宝，丰宛音，丰元草，丰一吟共十一人。印发内部参考资料《杨柳》。

一九八七年十二月三日至八日，在新加坡大会堂举行"丰子恺遗作书画展览"，观众空前踊跃。

其他各种形式的展览不胜枚举。在爸爸诞生一百周年时，桐乡、上海、杭州、绍兴都展出他的作品或以不同形式纪念他。

一九九二年五月三日，浙江省桐乡县（一九九三年改为市）文联正式成立"丰子恺研究会"，继续给会员印发《杨柳》。

一九九六年十一月九日（丰子恺诞生九十八周年之际），浙江金华我们丰姓的祖地汤溪成立了"金华丰子恺研究会"。一九九八年丰子恺诞生一百周年时又隆重纪念，在黄堂丰姓五村的中心地立了一块纪念碑，上刻"丰子恺祖地"五个大字。背后的碑文记载了丰子恺是从黄堂迁往石门的丰圣文的十七世孙。

一九九七年十月三十日，杭州师范学院（今杭州师范大学）成立了"弘一大师·丰子恺研究中心"，不仅研究丰子恺，还研究他最敬爱的老师李叔同弘一大师。由陈星担任主任。每逢诞生或逝世的重要之年，总举行种种纪念，吸引国内外的丰研专家们前来参加学术研究会或其他活动。

一九九八年爸爸诞生一百周年时,在缘缘堂旁边建造了"丰子恺漫画馆"。

二零零零年六月,桐乡创刊了《缘缘漫画》杂志。

同年十一月,丰子恺漫画学校在桐乡成立,并开始举行一年一度的丰子恺故里漫画周。

二零零一年十一月,桐乡成为"中国漫画之乡"。同年举行首届"子恺杯"全国儿童漫画大赛。

二零零二年十二月二十六日,丰公后代合力出资在上海创办了一家画廊性质的店面,叫"丰子恺艺林",后来又成立了"上海弘丰文化艺术有限公司","艺林"归属该公司,供应一切与丰公有关的书画艺术品。

"丰子恺艺林"位在中山西路玉屏南路口的天山茶城三楼,由宋雪君、杨子耘和我主持其事。其他亲属都为这家店贡献自己的力量。两外甥各有各的职务,我也忙于丰研工作。没人有空考虑做宣传工作,也没钱做广告。居然凭着爸爸的艺术名望,支撑到今天已有六年了。我只要有空不生病,每周六下午三至五时总去坐坐。我在这里不仅遇到了旧朋友,而且认识了很多新朋友——爸爸的读者,乐莫乐于新相知,有不少来访者还成了我们的好朋友。

二零零五年丰子恺艺术幼儿园开园。

二零零八年三月,由桐乡团市委成立了"子恺少年漫画院",由一位从山东来桐乡落户的"丰迷"青年吴浩然担任漫画授课老师,教少年们课余专门学习子恺漫画。

桐乡的种种有关丰子恺和他的漫画的纪念和宣传是说不尽的。

如今,爸爸诞生一百一十五周年,更有一番隆重纪念。我谨以这本拙作敬献于爸爸灵前,聊表女儿的一点孝敬之心。